우회덤핑 방지 제도 해설 書

- 한국 우회덤핑 방지 제도 설계자의 해설 書 -

우회덤핑 방지 제도 해설 書

- 한국 우회덤핑 방지 제도 설계자의 해설 書 -

초판 1쇄 발행 2025년 12월 1일

지은이: 이원희
펴낸곳: (주)하움출판사
펴낸이: 문현광
출판등록 제 2019-000004호
주소: 전북 군산시 소송로 315, MJ빌딩 3층 하움출판사
전화: 070-4281-7160
블로그: blog.naver.com/haum1007, 인스타: @haum1007

표지 및 내지 디자인: 이원희
편집: 이원희
교정: 이원희
마케팅, 지원: 이창민
ISBN 979-11-7374-168-5(03320)
값 20,000원

ⓒ 이원희 2025 Printed in Korea

잘못된 책은 구입하신 곳에서 바꾸어 드립니다.
이 책의 전부 또는 일부 디자인 및 내용을 재사용하려면 사전에 저작권자인 지은이의 서면 동의를 반드시 받아야 합니다.

우회덤핑 방지 제도 해설 書

한국 우회덤핑 방지 제도 설계자의 해설 書

이 원 희 지음

한국 우회덤핑 방지 제도를 설계, 도입을 주도한 이의 법령에 대한 상세 해설서

U, 미국, 캐나다 우회 덤핑 제도 상세 설명과 인도, 호주, 중국 등 우회 제도 개략적 설명
관세법, 시행령 및 시행규칙, 덤핑방지관세 부과 세부 운영 규정에 대한 조항별 해설

SAPERE AUDE

머리말

    2025년 1월 2일부터 한국에서 우회덤핑 방지 제도가 처음 시행되었습니다. 필자는 한국에 우회덤핑 제도를 처음 도입하는 단계부터 관련 규정이 최종 마무리 될 때까지 실무적인 내용을 모두 주도하고 총괄한 소중한 경험을 가지고 있습니다. 이런 배경에서 이 제도와 관련된 내용을 책으로 정리해 달라는 주변의 적극적인 권유가 많이 있었습니다. 이에 따라 필자는 일종의 의무감으로 이 책을 집필하게 되었습니다.

    이 책은 먼저 우회덤핑의 개념에 대해 개략적으로 설명하고, 이어서 이 제도를 이미 시행하고 있는 EU, 미국, 캐나다 제도를 상세히 설명합니다. 이후 인도, 호주, 튀르키예, 중국 등 기타 국가의 우회덤핑 제도에 대해 개략적으로 설명할 것입니다. 마지막으로 한국에서 우회덤핑 방지 제도를 도입하게 된 배경과 구체적인 도입 과정에 대해서 설명한 후, 우회덤핑 방지를 규정하고 있는 관세법 및 동법 시행령·시행규칙과 관련 운영 규정에 대해 항목별로 상세히 설명할 것입니다. 다만 구체적인 사례에 적용될 법 규정에 대한 공식적인 유권 해석은 기획재정부[2026년 1월 2일 이후는 재정경제부]와 무역위원회에게 있으며, 이 해설책은 참고용으로만 활용하는 것이 좋다고 생각합니다.

    마지막으로 이 자리를 빌어, 우회덤핑 제도 도입에 물심양면으로 필자를 도와주신 이재민 무역위원회 위원장님, 천영길·양병내 무역위원회 상임위원님, 기획재정부 박경찬 과장님과 이태훈 사무관님, 산업통상자원부 한정선 사무관님, 관세청·법제처 및 국회 관계자분들, 법무법인 세종의 윤영원 변호사님과 맹조영 변호사님, 제도 도입에 적극적으로 의견을 개진해 주신 기업 여러분과 협·단체 관계자분들에게 이 지면을 빌어 진심으로 감사의 말씀을 드립니다. 이분들의 진심 어린 도움과 조언이 없었다면 우회덤핑 제도 도입은 사실상 불가능했을 것이라고 필자는 개인적으로 확신합니다. 이 책이 향후 한국에서 우회덤핑 방지 제도가 성공적으로 안착할 수 있는 조금만 계기가 되기를 간절히 희망해 봅니다.

저자 및 저서

이원희(李元熙)

서울대학교 경제학과, 서울대학교 행정대학원
JD at University of New Hampshire School of Law, Attorney at Law (N.Y. State)
행정고시 41회, 산업자원부 자원정책과, 투자진흥과,
국무총리실 심사평가심의관실, 지식경제부 부품소재총괄과
대한무역투자진흥공사 파견근무, 우정사업본부 예금사업단 대체투자팀장, 산업통상자원부 수출입과장, 산업통상자원부 무역규범과장, 무역위원회 덤핑조사과장, 산업통상자원부 통상법무기획과장, 現 산업통상부 부이사관

저서

외국인직접투자, 얼마나 알고 계십니까?(2002, 공저)
한일투자협정 해설(2003, 공저)
대체투자 파헤치기(상) - 세계 경제동향, 헤지펀드 編(2014)
대체투자 파헤치기(중) - 타이타노마키의 서막: PEF 編(2015)
대체투자 파헤치기(하) - 타이타노마키의 2막: 주주행동주의, 주요 대기업 그룹 해부 編(2015)
황금, 설탕, 이자(金糖利; **Gold, Sukkar, Máš**) - 바빌로니아의 수수께끼 編 (上-1) 券(2024)
황금, 설탕, 이자(金糖利; **Gold, Sukkar, Máš**) - 바빌로니아의 수수께끼 編 (上-2) 券(2024)
황금, 설탕, 이자(金糖利; **Gold, Sukkar, Máš**) - 바빌로니아의 수수께끼 編 (下-1) 券(2024)
황금, 설탕, 이자(金糖利; **Gold, Sukkar, Máš**) - 바빌로니아의 수수께끼 編 (下-2) 券(2024)
황금, 설탕, 이자(金糖利; **Gold, Sukkar, Máš**) - 성전기사단의 비밀 編 (上-1) 券(2024)
우회덤핑 방지 제도 해설 書 - 한국 우회덤핑 방지 제도 설계자의 해설 書(2025)

차례

Ⅰ. 프롤로그 : 우회의 개요 및 주요국의 우회 방지 제도 ········ 1

01 우회의 개요 ··· 1
1) 우회의 개념 ··· 1
2) 우회덤핑의 개념 ·· 3
3) 우회덤핑의 유형 ·· 5
4) 우회덤핑 방지 제도의 WTO 합치성 - 위배? ················ 10
5) 우회덤핑 방지 제도의 WTO 합치성 - 합치? ················ 12

02 주요국의 우회덤핑 방지 제도 개요: EU ················ 16
1) EU 우회 방지 법률 제도 개관 ······························ 16
2) Reg 2016/1036 제13조 1항: 우회덤핑의 요건 ① - 무역 패턴의 변화 ········ 18
3) Reg 2016/1036 제13조 1항과 2항: 우회덤핑의 요건 ② - 관행, 공정, 작업의 변화 ····· 22
4) Reg 2016/1036 제13조 1항: 우회덤핑의 요건 ③ - 무역 구제 조치의 훼손 여부 ········ 28
5) Reg 2016/1036 제13조 1항: 우회덤핑의 요건 ④ - 덤핑의 존재 ············· 29
6) Reg 2016/1036 제13조 3항: 우회덤핑 조사의 절차 ············· 32
7) Reg 2016/1036 제13조 4항과 5항: 우회덤핑의 면제와 관세 부과 ············· 34
8) 우회 조사기관 및 결정 절차 ································ 36
9) 직권조사와 소급효 ·· 38

03 주요국의 우회덤핑 방지 제도 개요: 미국 ··············· 41
1) 미국 우회 방지 법률 제도 개관 ····························· 41
2) 우회의 유형 ①, 관세법 제781조 (a): 미국 내 완성 혹은 조립 ············ 43

3) 우회의 유형 ②, 관세법 제781조 (b): 제3국 완성 혹은 조립 ············· 45
　4) 우회의 유형 ③, 관세법 제781조 (c): 사소한 변경 ······················· 54
　5) 우회의 유형 ④, 관세법 제781조 (d): 사후 개발 제품 ·················· 55
　6) Scope Ruling과 우회 조사의 관계 ·· 58
　7) 직권조사 ··· 59
　8) 우회 조사의 절차와 19 CFR Section 351.226 ····························· 61
　9) 우회 조사기관 ··· 72

04 주요국의 우회덤핑 방지 제도 개요: 캐나다 ························ 75

　1) 캐나다 우회 방지 법률 제도 개관 ·· 75
　2) SIMA 제71조: 캐나다 법령상 우회의 정의 ································ 76
　3) SIMR 제57.11조: 우회덤핑의 요건 ① - 무역 패턴의 변화 ·········· 76
　4) SIMR 제57.12조: 우회덤핑의 요건 ② - 특정 행위의 발생 ·········· 78
　5) SIMR 제57.12조 (a): 우회덤핑의 요건 ②-1 - 캐나다 내 조립 혹은 완성 ········· 79
　6) SIMR 제57.12조 (b): 우회덤핑의 요건 ②-2 - 제3국 조립 혹은 완성 ············ 80
　7) SIMR 제57.12조 (c): 우회덤핑의 요건 ②-3 - 사소한 변경 ············ 81
　8) SIMR 제57.15조: 우회덤핑의 요건 ②-4 - 무역구제조치 효과의 훼손 ············ 83
　9) SIMR 제57.16조: 우회덤핑의 요건 ③ - 덤핑방지관세 부과와 무역 패턴의 인과관계 ··· 83
　10) 우회 조사기관·조사 절차 및 기간 ·· 86
　11) 직권조사 ··· 90

05 기타 국가의 우회덤핑 방지 제도 ····································· 92

　1) 인도 ·· 92
　2) 호주 ·· 95
　3) 튀르키예 ··· 96
　4) 중국 ··· 100
　5) 기타 국가 ·· 101

Ⅱ. 텍스투스 : 한국의 우회덤핑 방지 제도 해설 ········· 105

01 한국의 우회덤핑 방지 제도 도입 과정 ················· 105
   1) 우회덤핑 방지제도에 대한 한국 정부의 과거 견해 ············· 105
   2) 우회덤핑 방지제도에 대한 한국 정부의 견해 변경 ············· 107
   3) 한국 우회덤핑 방지제도 도입 경과 ························ 108

02 한국의 우회덤핑 방지 제도 - 관세법 제56조의 2 ········· 111
   1) 관세법 제56조의 2 개관 ································ 111
   2) 관세법 제56조의 2, 제①항 : 덤핑방지관세가 부과되는 물품? ····· 112
   3) 관세법 제56조의 2, 제①항 : "등?" ························ 113
   4) 관세법 제56조의 2, 제①항 : 제51조에 따른 부과 요청을 한 자? ··· 114
   5) 관세법 제56조의 2, 제①항의 2 : 그 밖에 대통령령으로 정하는 경우? ····· 115
   6) 관세법 제56조의 2, 제②항 : 가격 약속과 잠정 조치 ············· 115
   7) 관세법 제56조의 2, 제③항 : 소급효 ························ 116

03 한국의 우회덤핑 방지 제도 - 관세법 시행령 제71조의2~제71조의 11 ······ 117
   1) 관세법 시행령 제71조의 2~제71조의 11 개관 ················· 117
   2) 관세법 시행령 제71조의 2 - 우회덤핑 행위의 유형: 경미한 변경 ····· 118
   3) 관세법 시행령 제71조의 3 - 우회덤핑 직권조사 사유 ············ 123
   4) 관세법 시행령 제71조의 6 - 우회덤핑 직권조사의 개시 ·········· 125
   5) 관세법 시행령 제71조의 4 - 우회덤핑 조사의 신청 ·············· 130
   6) 관세법 시행령 제71조의 5 - 우회덤핑 조사의 개시 ·············· 135
   7) 관세법 시행령 제71조의 7 - 우회덤핑의 조사 절차 ·············· 145
   8) 관세법 시행령 제71조의 8 - 우회덤핑 조사신청의 철회 및 종결 ····· 149
   9) 관세법 시행령 제71조의 9 - 우회덤핑과 관련한 이해관계인에 대한 자료협조 요청 등·152
   10) 관세법 시행령 제71조의 10 - 우회덤핑에 대한 덤핑방지관세의 부과 ········ 155
   11) 관세법 시행령 제71조의 11 - 우회덤핑과 관련한 이해관계인에 대한 통지·공고 등···167

04 한국의 우회덤핑 방지 제도 - 관세법 시행규칙 제20조의 2~제20조의 4 ··· 171

1) 관세법 시행규칙 제20조의 2~제20조의 4 개관 ··· 171
2) 관세법 시행규칙 제20조의 2, 제①항 - 경미한 변경행위의 판단 ····················· 172
3) 관세법 시행규칙 제20조의 3 - 우회덤핑 조사신청의 철회 ······························· 181
4) 관세법 시행규칙 제20조의 4 - 우회덤핑 조사 관련 비밀취급 자료 ·················· 182

05 한국의 우회덤핑 방지 제도 - 덤핑방지관세 부과 신청·조사·판정에 관한 세부 운영 규정 제2조, 제32조 내지 제37조 ················ 185

1) 운영 규정 제2조, 제32조 내지 제37조 개관 ··· 185
2) 운영 규정 제2조 - 용어의 정의 ·· 186
3) 운영 규정 제32조 - 우회덤핑 조사신청 자격 ·· 189
4) 운영 규정 제33조 - 우회물품에 대한 덤핑방지관세 부과에 필요한 조사신청····· 191
5) 운영 규정 제34조 - 신청서 검토 ·· 192
6) 운영 규정 제35조 - 우회덤핑 조사 대상 물품 범위에 대한 의견 제출··············· 193
7) 운영 규정 제36조 - 우회덤핑 조사 참여 신청··· 194
8) 운영 규정 제37조 - 조사개시 여부 결정 시 의견 문의····································· 195

Ⅲ 에필로그 ·· 198

01 한국의 우회 방지 제도 개선을 위한 제언 ·································· 199

Ⅳ. 별첨: 우회덤핑 조사 신청서 ·················· 205

01 우회덤핑 조사 신청서 ··· 206

SAPERE AUDE

I

프롤로그
우회 개요 및 주요국 우회 방지 제도

01 우회의 개요

마틸다 백작녀와 그레고리 7세 교황, 바티칸 박물관 소장

(1) 우회의 개념

우회^(Circumvention)는 원래의 경로 혹은 조치를 회피하는 모든 행위를 일컫는다. 가장 쉬운 개념은 길 찾기이다. 예컨대, 원래 예정된 경로가 밀라노-피사-로마인데, 피사에 홍수가 나서 밀라노-피렌체-로마로 길을 바꾸었다면 이는 경로를 우회한 것이다. 인터넷의 경우에도 A국 정부가 특정 사이트의 접속을 막았다면,

1773년 12월 16일, 인디언 복장을 한 미국 상인들이 런던에서 출항하여 보스톤 그리핀 부두(Griffin's wharf)에 입항한 영국 선박 "비버(Beaver) 호"에 올라 홍차가 가득 실린 상자를 뜯어 바다에 버리는 장면. 이때 바다에 던져진 홍차는 18,000파운드, 약 9톤에 이르는 엄청난 규모였다. 이 판화 그림은 겨울의 이른 저녁인 7시부터 밤 10시경에 일어난 일임에도 대낮처럼 환하게 그렸고, 홍차 색깔 또한 검은색이 아니라 하얀색으로 그려진 것이 특징이다. 영국 작가 뉴버리(E. Newberry)의 판화 작품, 1789. 영국 도서관 소장

I. 프롤로그 - 우회의 개요 및 주요국의 우회 방지 제도

VPN(Virtual Private Network)을 사용할 경우 이 사이트를 막지 않은 B국에서 접속하는 것처럼 우회하여 해당 특정 사이트에 접속할 수 있다.[1]

국제 무역에서도 우회는 존재한다. 역사적으로 가장 유명한 우회 사건은 미국 독립 전쟁을 촉발한 1773년의 보스톤 차 사건이다. 보스톤 차 사건이 우회 사건과 관련이 있다고? 18세기 당시 청나라의 홍차는 전 세계로 진출한 영국 귀족들의 필수 사치품이었는데, 전 세계 무역 유통 경로가 사실상 양분되어 있었다. 즉, "청나라 ⇨ (영국의) 동인도회사 ⇨ 영국과 영국 식민지"와 "청나라 ⇨ 네덜란드 ⇨ 영국과 영국 식민지"였다. 문제는 영국 정부는 당시 식민지 경영에 필요한 막대한 자금 수요를 충당하기 위해서 자국의 동인도 회사가 수입하는 홍차에 그 유명한 세율인 "25%"의 관세를 부과했는데, 네덜란드 정부는 네덜란드가 수입하는 청나라 홍차에 대해서는 관세를 부과하지 않았던 것이다. 그 결과 당시 영국의 식민지였던 미국 상인들은 영국의 동인도 회사의 홍차가 아니라, 관세가 부과되지 않아 그보다 가격이 훨씬 저렴했던 네덜란드 무역회사가 유통하던 홍차를 수입하였다. 영국 정부가 판단하기에 미국의 홍차 수입업자가 영국 정부에 관세를 납부하지 않고 네덜란드산 홍차를 수입한 이 행위가 바로 전형적인 우회 무역 행위이다.

영국 정부는 이 우회 무역 문제를 해결하기 위해 자국 식민지였던 미국의 홍차 수입업자에게 1767년 타운센드 수입법(Townshend Acts)을 통해 높은 세금을 부과하였고, 1767년 배상법(Indemnity Act)을 통해 자국의 동인도 회사가 미국으로 홍차를 수출할 때에는 세금을 환급해 주었다. 이 조치로 인해 영국의 동인도 회사가 미국에서 유통하던 홍차의 가격은 낮아지고, 네덜란드가 유통하던 홍차의 가격이 천정부지로 치솟으면서 미국의 홍차 수입업자들은 막대한 피해를 입게 된다. 이후 사건은 모두가 잘 아는 대로다. 식민지 과세권을 누가 보유하느냐에 대해 영국 정부와 영국 식민지였던 미국 양측이 격렬하게 대립하였고, 결국 미국 독립으로 이어졌다. 우회 무역이 미국 독립의 원인 중 하나였다니!

---

1 VPN(Virtual Private Network)은 인터넷을 전용선인 것처럼 사용할 수 있게 해주는 기술이다.

(2) 우회덤핑의 개념

이처럼 보스톤 차 사건에서 알 수 있듯이, 우회 무역은 물리적 전쟁도 불사할 만큼 과세 당국 관점에서는 절대로 용인할 수 없는 행위이다. 특히 특정 제품에 대해 과세 당국이 불공정 무역 거래 행위로서 반덤핑 관세나 상계관세를 부과하였는데, 이 조치를 회피하기 위한 우회덤핑이나 우회 상계관세 행위는 과세 당국으로서는 결코 수용할 수 없는 행위이다. 18세기 당시 세금 한 푼 내지 않고 보스톤으로 막대한 양의 네덜란드산 홍차가 유입되는 것을 지켜보던 영국 정부의 심정을 생각해 보라.

반대로 수입업자 관점에서는 관세를 내지 않아도 되기 때문에, 본국 정부를 상대로 "자유가 아니면 죽음을$^{(Live\ Free\ or\ Die)}$" 달라며 반란을 일으켜 독립 국가를 건설할 만큼 우회 행위에 대한 강력한 경제적 유인이 존재한다. 불행히도 국제 무역은 생산, 유통, 판매 등의 과정이 워낙 다양하고 복잡하기 때문에, 과세 당국이 우회를 방지하기 위한 조치를 효율적으로 시행하기가 쉽지가 않다.

대표적인 사례가 1987년 EEC의 일본산 전자 제품에 대한 우회덤핑 방지 조치 사례이다. 우선 EEC는 1980년대 중반을 전후한 무렵부터 유럽 지역에 범람하던 컬러 TV나 복사기, 도트 프린터와 같은 일본산 전자 제품에 대해 반덤핑 관세를 부과하기 시작하였다. 이 조치에 대응하여 일본 상인들은 보스톤 차 사건의 미국 상인들과 마찬가지로, 반덤핑 관세를 회피하기 위한 행위를 시도했다. 즉, 반덤핑 관세 부과 이후 일본 기업들이 EEC의 반덤핑 관세 조치를 회피하기 위해, 유럽 지역으로 공장을 옮겨서 그곳에서 이 제품을 생산한 후 EEC 지역에 판매한 것이다. 특히 1985년 플라자 합의 이후 엔화 강세가 시현되자, 엔화 강세를 활용하여 일본인들은 막대한 규모의 공장을 EEC 국가 내에 세우고 상품을 쏟아내기 시작했다. 그 결과 1987년 2월 11일 EEC의 대외 무역 총괄집행 위원장인 클레르크$^{(Willy\ de\ Clerq)}$에 따

I. 프롤로그 - 우회의 개요 및 주요국의 우회 방지 제도

르면, 일본산 전자 제품이 "EEC 지역에 기적적인 증가세(miraculously sprang up in Community)"를 시현했다고 한탄했다.[2] 사람들은 덤핑 부과 국가 내의 "조립"을 통해 덤핑 조치를 회피하였다고 해서 이 사건을 "스크루 드라이버 사건(Screwdriver Case)"이라고 부른다.

이 사건은 EEC 내에서도 상당한 논란을 일으켰는데, 결국 EEC는 일본의 이 행위가 덤핑방지관세를 회피하기 위한 불공정 거래인 우회덤핑 행위라고 판단하였다. 이에 따라 EEC는 1987년에 반덤핑 관세를 부과받은 기업의 "관계사"가 EEC 지역 내에 공장을 설치하여, 반덤핑 관세 부과 대상국인 일본에서 창출된 부가가치가 "50% 이상"인 부품을 수입한 뒤, 반덤핑 조치 시행 이후 조립 활동이 "개시되거나 급격히 증가"한 경우에 기존 덤핑방지관세를 "내국세 형태"로 이 제품에 부과하였다.[3]

이에 일본은 EEC의 조치가 수입품과 동일한 국내 제품에 대하여 차별적으로 과세 등을 금지한 GATT 제3.2조 위반이라고 문제를 제기했고, 결국 GATT에서 승소했다. GATT 소송 과정에 3자로 참여한 미국은 EEC의 조치를 지지했으며, 더 나아가 미국은 EEC의 조치를 모방하여 1988년 이른바 옴니버스법에 우회덤핑 방지 제도를 도입하게 된다. 특히 미국은 관세법 제781조에서 우회를 규정하는데, 우회 방지 조치의 근거 규정은 없고 오직 우회의 4가지 유형만 나열하는 형태의 법체계를 가지고 있다.[4] 이하 내용은 우회 상계관세에도 거의 동일하게 적용되지만, 우회덤핑으로 내용을 한정해서 설명하기로 한다.

---

2 Otto Grolig, 『The newly-Amended EEC Anti-Dumping Regulations: Black Holes in the Common Market』, Journal of World Trade, Volume 21, Issue 6, 1987, p. 54

3 『무역구제법(Council Regulation (EEC) No 2423/88 of 11 July 1988 on protection against dumped or subsidized imports from countries not members of the European Economic Community)』

4 ① 물품이 미국내 수입되어 완성되거나 조립된 경우(merchandise completed or assembled in United States) (Section 781(a)) ② 물품이 제3국에서 완성되거나 조립된 후 미국으로 수출된 경우(merchandise completed or assembled in a third country before exportation to the United States) (Section 781(b)) ③ 사소한 변경이 이루어진 경우(merchandise that has undergone minor alterations) (Section 781(c)) ④사후 개발된 상품 (merchandise that was later-developed after the order was established) (Section 781(d))

(3) 우회덤핑의 유형

우회덤핑의 유형은 크게 네 가지이다. 첫 번째는 환적^(transhipment) 행위. 예컨대 한국이 대만의 CD ROM에 대해 반덤핑 관세를 부과했더니, 대만 수출업자가 홍콩에서 물건을 환적하면서 대만산 표시를 홍콩산으로 바꾸는 것이다. 이 행위는 미국이 GATT 제6조를 만드는 논의 중에 덤핑 상품이 제조국이 아닌 제3국으로 수출된 후 ^(reroute) 운송되는 방식이라 하여 우회덤핑 방지제도의 논거로서 거론된 유형이다. 미국은 이 환적 행위를 "간접 덤핑^(indirect dumping)"이라고도

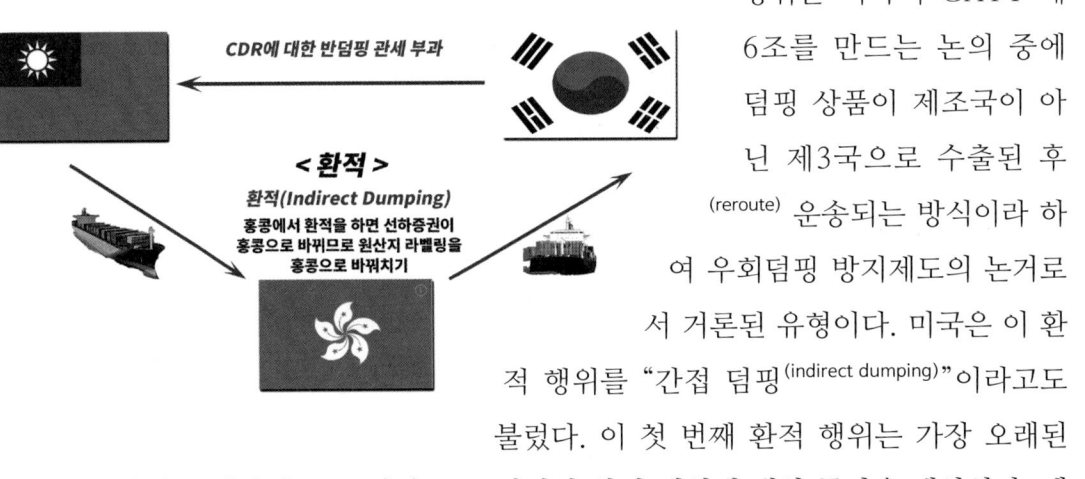

불렀다. 이 첫 번째 환적 행위는 가장 오래된 방식의 우회덤핑으로, 거의 모든 나라가 환적 행위에 대한 통관을 제한한다. 예컨대 EU는 의도하지 않은 원산지 위반에 대해서는 125~1,250유로에 달하는 벌금을 부과하고, 의도를 가진 원산지 위반에 대해서는 형법으로도 다룰 수 있다.[5] 우리나라도 관세법 제230조에 원산지 표시가 부정한 방법으로 사실과 다르게 표시된 경우, 통관을 제한한다고 규정한다. 다만 여기서 우회는 환적을 통한 원산지 라벨링 바꿔치기 등을 의미하는 것이지, 일반적인 원산지 위반을 포괄적으로 의미하는 것은 아니다. 미국과 브라질은 아예 환적을 포함한 원산지 위반이 우회와는 명백히 다르다는 견해를 확고히 고수하기도 한다.

두 번째 유형이 사소한 변경^(minor alterations)이다. 이 사소한 변경은 덤핑이나 상계관세가 부과된 물품을 사소하게 변경하여, 부과 대상 물품의 범위를 "기술적

---

5 EU Access2Markets, Article 36, Penalties: Each Party shall provide for the imposition of criminal, civil or administrative penalties for violations of its national legislation related to these Rules.

I. 프롤로그 - 우회의 개요 및 주요국의 우회 방지 제도

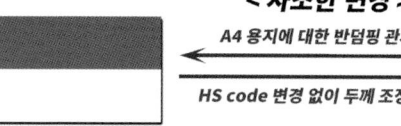

으로" 우회한 것이다. 예를 들어 미국이 인도네시아산 A4 용지에 덤핑 관세를 부과하였는데, 조사 당시에는 두께가 0.5mm가 안 되는 수입품이 없어서 대상 물품을 0.5mm 이상으로만 제한하였다고 하자. 그런데 이 조치 이후 두께가 0.3mm인 A4 종이 수입이 급증했다고 하자. A4 용지의 HS 코드는 두께를 세분화해서 구분하고 있지 않아, 크기와 중량이 범위 내에만 있으면 0.5mm 이상과 0.3mm의 HS 코드는 같다.

하지만 미국은 HS 코드 기준이 아니라 물리적 특성을 기준으로 덤핑이나 상계관세를 부과하기 때문에, 0.5mm 미만 두께의 종이는 덤핑방지관세의 대상이 아니다. 하지만 A4 용지 전체로 보았을 때, 종이 두께는 A4 용지 전체의 본질적 특성을 좌우하는 결정적인 요인이 아니다. 즉 두께 변경은 사소한 변경이다. 이 경우 덤핑이나 상계관세를 부과한 당국은 과세 대상 물품의 두께 제한을 없애 사소한 변경을 통한 우회 행위를 차단하려고 할 것이다.

미국은 사소한 변경에 더하여 사후 개발 제품(later-developed merchandise)이라는 범주를 추가하고 있다.[6] 미국 규정에 따르면 기존 제품과 물리적 특성이 같고, 구매자의 기대, 최종 사용처, 판매망이 기존 제품과 동일하며, 광고 방식 등이 기존 제품과 유사할 경우, 실질적으로 사소한 변경으로 간주하고 우회 방지 관세를 부과할 수 있다. 다만 사후 개발 제품의 추가된 성능이 주된 용도를 구성하고, 해당 성능 개발비가 총 생산원가에서 차지하는 비중이 상당한(significant) 경우에는 우회 방지 관세 대상에서 제외할 수 있다.

세 번째 유형이 생산지 변경 이후 조립 혹은 완성을 통한 우회이다.[7] 이 유형은 앞서도 설명한 바와 같이 EU가 1987년에 우회덤핑 제도를 최초로 도입하게

---

6 19 U.S. Code § 1677j(d)

7 필자는 이 유형을 생산 우회 혹은 제3국 우회라고 부를 것이다.

6

만든 결정적 계기가 된 유형이다. 즉 덤핑이나 상계관세를 부과받은 제품을 생산하는 기업이 생산 공장을 반덤핑 관세를 부과한 나라 혹은 제3국으로 옮겨서 생산하는 것이다. 예컨대 EU가 중국산 유리 섬유에 대해 덤핑 관세를 부과하였더니, 중국의 유리 섬유 제조업체가 모로코로 공장을 이전한다. 이후 모로코 공장이 유리 섬유를 EU로 수출한다.

이 우회 방식은 가장 복잡한 이슈를 제기한다. 가장 먼저 덤핑방지관세를 부과받은 기업의 제3국 이전이 덤핑이나 상계관세 조치를 부과받아서 발생한 것인지, 아니면 그것과 무관하게 글로벌 투자 전략에 따라서 공장을 이전한 것인지가 문제이다. 후술하게 될 우회의 "의도$^{(mens\ rea)}$"인데, 이 의도를 입증하기는 쉽지 않다. 최초 EU의 우회 방지 제도에는 덤핑 관세를 부과받은 일본 기업과 EEC로 이전된 공장을 가진 기업이 특수관계이어야 함을 요구했다. 이 요건은 우회의 의도와 관련된 것이다. 즉, 덤핑방지관세를 부과받은 기업과 이전된 기업이 특수관계라면, 우회를 하려는 의도가 추정되는 것으로 간주하는 것이다.

하지만 EU는 이후 우회 방지 제도를 개정하면서 특수관계 요건을 삭제했다. 대신 EU는 무역 패턴의 변화와 경제적 타당성을 요건으로 추가했다. 즉, 우회 방지 제도의 대상이 되기 위해서는 EU와 제3국 혹은 덤핑 관세 부과 대상 국가의 개별기업과 EU 상호 간 무역 패턴의 변화$^{(change\ in\ the\ pattern\ of}$

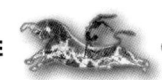

trade)가 발생해야 하며, 이러한 변화는 덤핑 관세 부과 이외의 다른 정당한 이유(due cause)나 경제적 타당성(economic justification)이 없어야 한다. 이 두 요건은 EU가 사실상 공장을 이전한 우회 의심 사례의 경우에는, 우회의 "의도"가 있는지 여부에 대해서는 직접적으로 검토하지는 않겠다는 뜻이다. 반면 미국은 덤핑방지관세가 부과된 기업과 이전된 공장을 소유한 기업 사이의 특수관계를 여전히 제3국 생산 우회의 중요한 고려 요소로 간주한다. 즉 미국 상무부는 두 기업 사이에 특수관계가 있으면, 제3국 생산 우회의 의도가 있다고 볼 가능성이 높다고 판단한다.

두 번째 이슈는 생산지 변경 후, 제3국에서 생산된 제품을 어떤 기준을 가지고 덤핑 관세가 부과된 물품과 사실상 동일하게 볼 것인가 문제이다. 제3국에서 새로 창출된 부가가치가 특정 기준 이상이면, 이 제품은 제3국에서 새로 변형된 완전히 다른 제품일 것이다. 만약 제3국에서 새로 창출된 부가가치가 특정 기준에 미치지 못하면, 이 제품은 기존 덤핑 제품과 사실상 동일한 제품으로 간주해도 무방할 것이다.

이 부가가치 기준은 통일된 수치가 없는데, EU의 경우에는 제3국에서 덤핑 부과 국가로부터 수입하여 사용된 부품 가액이 전체 부품 가치의 60% 이상을 차지하고, 제3국에서 창출된 부가가치가 전체 제조원가에서 25% 이하라면, 생산지 변경을 통한 우회로 규정한다. 미국은 아예 명문 규정이 없고, case by case로 판단한다. 인도는 인도 혹은 제3국에서 창출된 부가가치가 전체 제조원가에서 차지하는 비중이 30% 미만이면, 생산지를 변경한 생산 우회로 간주한다.

세 번째 이슈는 조립 혹은 완성(assembly or completion)의 개념이다. 조립 혹은 완성은 단순히 생각하면 쉬운 개념처럼 보인다. 예컨대 미국 상무부가 태국산 세탁기에 반덤핑 관세를 부과했더니, 공장을 멕시코로 옮겨서 멕시코에서 세탁기를 "스크루 드라이버"로 단순 조립하여 미국으로 수출하는 것이 가장 단순한 조립 혹은 완성이다. 이처럼 반덤핑 관세의 부과 대상인 "최종 제품"에 들어가는 부품을 "투입"하여 최종 제품을 "조립"할 때, 조립 활동의 부가가치가 낮은 경우라면 생산 우회로 판정하면 된다.

그런데 다른 이슈도 있다. 예컨대 미국이 중국산 알루미늄 시트에 반덤핑 관세를 부과했다고 가정하자. 중국은 이 알루미늄 시트를 미국 외에 한국, 멕시코, 독일 등지로 수출한다. 알루미늄 시트는 반덤핑 관세의 부과 대상인 최종 제품이다. 그런데 이 최종 중국산 알루미늄 시트 제품을 한국, 멕시코, 독일이 중국으로부터 수입 후 사용하여 알루미늄 호일을 만들었다고 가정하고, 중국산 알루미늄 시트 반덤핑 관세 부과 후에 한국, 멕시코, 독일산 알루미늄 호일의 미국 수출이 급증했다고 가정하자.

이 경우는 반덤핑 부과 제품을 제조하기 위해 다른 나라에서 조립 혹은 완성 활동을 한 것이 아니라, 반덤핑 부과 제품 그 자체를 활용하여 반덤핑 부과 국가 이외의 나라가 다른 물건을 만들면서 조립 혹은 완성의 부품이나 소재로서 사용한 것이다. 그렇다면 반덤핑 관세 부과 대상인 중국산 알루미늄 시트 제품을 중국으로부터 수입하여 부품이나 소재로 사용한 후 알루미늄 호일을 만든(조립 혹은 완성한) 한국, 멕시코, 독일은 미국 반덤핑 관세를 회피하여 중국산 알루미늄 시트를 우회하여 미국으로 수출한 것인가, 아닌가?

중국산 알루미늄 시트 사례는 우회 방지 조치가 "의도 (mens rea)"와는 전혀 상관없이 시행될 수 있음을 확실히 보여준다. 생각해 보라. 알루미늄 시트 중국 생산자는 한국에 자사 제품을 수출할 때, 미국 반덤핑 관세를 회피하기 위한 의도가 거의 없었다. 한국, 멕시코, 독일 생산자도 마찬가지다. 중국 생산자들은 그냥 한국, 멕시코, 독일에 자사 제품을 수출하였고 한국, 멕시코, 독일 생산자도 원료 소재를 중국에서 단순히 수입한 후 자사 제품을 만들어 미국에 판매한 것이다. 하지만 "결과적으로" 중국산 알루미늄 시트는 반덤핑 관세를 부과받지 아니하고, 한국에서 제조된 알루미늄 호일을 통해 미국으로 수출되었다. 이런 행위까지 우회덤핑으로 규제하게 되면, 전 세계 글로벌 공급망이 사실상 반덤핑 관세의 표적이 될 가능성이 있다.

이 때문에 생산 우회는 그 범위가 무한대로 확대될 가능성이 높다. 이는 반덤핑 조치의 무제한 확대와 비슷한 효과를 가져올 수 있기 때문에, 반덤핑 조치의

대상이 되는 기업이 위치한 국가는 생산 우회에 대해 우려를 가질 수밖에 없다. 이와 같은 이유로 우리나라는 DDA 협상에서 반덤핑 프렌즈 그룹 15개국 대표들과 함께, 우회덤핑 관련 규정의 반덤핑 협정 삽입에 반대하였다.[8] 필자도 DDA 협상에 참여하면서 우회덤핑 규정은 그 범위의 모호성으로 인해, 반덤핑 협정에 삽압되어서는 안 된다는 견해를 강력히 고수했던 개인적인 경험이 있다.

마지막 네 번째 우회 유형은 기타 유형이다. 기타 유형은 전술한 세 가지 이외 모든 유형을 의미한다. 예컨대 더 낮은 관세율을 부과받는 수출자 혹은 생산자를 통한 수출국 내의 거래패턴 또는 판매경로 전환 행위$^{(EU)}$, 사후에 개발된 제품을 판매하는 행위$^{(미국)}$, 기타 무역 방식을 변경하여 수출하는 행위$^{(중국)}$, 수출자 간 합의에 따른 관세 회피 행의$^{(호주)}$, 제3국 유통을 통해 덤핑 부과국으로 수입하는 행위$^{(태국)}$ 등이 이에 해당한다. 기타 유형의 확대는 생산 우회와 마찬가지로 우회 방지의 범위가 확장될 가능성을 내포한다는 점에서 필자는 바람직한 현상은 아니라고 생각한다.

(4) 우회덤핑 방지 제도의 WTO 합치성 - 위배?

이처럼 우회덤핑 방지 제도의 범위는 무한대로 확장될 위험성을 내포한다. 이러한 특성 때문에 GATT 시대와 WTO 출범 당시 우회덤핑 방지 제도에 대해 EU, 미국과 개도국은 상호 간에 격렬한 논쟁을 벌였다. 특히 앞서 언급한 스크루 드라이버 사건은 WTO 출범 이전 GATT 체제 하에서 일본과 EEC가 격렬하게 법적인 논쟁을 벌인 중요한 사례이다. 이 사례에서 EEC는 우회덤핑 방지 관세는 GATT 제3.2조가 규정한 내국 과세$^{(internal\ charge)}$가 아니므로 GATT 제3.2조 위반이 아니라고 주장했다. 반대로 GATT 패널은 EEC가 부과한 우회 관세는 내국세 형태로 부과되고 있으며, 우회 관세가 부과되는 외국산 상품에 대해

---

8 Friends of Anti-dumping Negotiations(FANs) group(16): 브라질, 칠레, 콜롬비아, 코스타리카, 홍콩, 중국, 이스라엘, 일본, 한국, 멕시코, 노르웨이, 싱가포르, 스위스, 대만, 태국, 터키

서는 동일한 국내 제품에 부과되는 내국 과세 이외의 내국세가 추가로 부과되고 있으므로 GATT 제3.2조 위반이라고 판단하였다.

불행히도 EEC의 1987년 조치는 관세 형태가 아니라 내국세 형태였으므로 GATT 제3.2조 위반이라는 판단을 받았다. 하지만 만약 EEC가 내국세가 아니라 관세 형태로 우회덤핑 방지 관세를 부과했다면 GATT는 어떤 결론을 내렸을까? 참고로 WTO 반덤핑 협정 제1조에는 "반덤핑 조치는 오직$^{(only)}$ 이 협정에 따라서만 개시되고 수행되어야 한다."라고 명시하고, 제18조에도 반덤핑 협정에서 해석된 GATT 조항에 따르지 않는 어떠한 조치도 취할 수 없다고 규정한다. 그런데 우회덤핑 방지에 대한 명시적 규정은 GATT에도, WTO에도 규정이 없다. 따라서 논리적으로만 보면 우회덤핑 방지 조치는 WTO 협정 위반이다.

물론 여기에 대한 반론도 있다. 우회덤핑을 최초로 도입한 EU의 최근 규정인 Regulation $^{(EU)}$ 2016/1036 서문에서는, WTO 반덤핑 협정에서 우회에 관한 규정을 두고 있지 않은 것은 사실이라고 인정한다. 다만 EU는 GATT 각료 결정$_{(Ministerial\ Decision)}$에서 우회 문제를 다루고 있고, 이 결정문에서는 GATT 반덤핑위원회$^{(Anti-dumping\ Committee)}$가 우회 방지에 대한 해결책을 제시해야 한다는 것을 언급하고 있다.[9]

나아가 현재까지 이러한 WTO 차원의 다자간 논의에 우회덤핑 도입의 성과가 없었으므로, WTO 반덤핑위원회에서 최종적인 결론이 도출될 때까지 EU는 이러한 우회덤핑 관행을 방지하는 규정을 두어야 했다고 설명한다. 쉽게 말하면 WTO 각료회의가 우회 방지를 위한 조치를 도입하기 위한 검토를 결정했고, 현재 반덤핑위원회에서 우회 방지 제도 도입을 위한 해결책을 아직 제시하지 못하고 있으므

---

9 Recital (20) The 1994 Anti-Dumping Agreement does not contain provisions regarding the circumvention of anti-dumping measures, though a separate GATT Ministerial Decision recognised circumvention as a problem and referred it to the GATT Anti-dumping Committee for resolution. Given the failure of the multilateral negotiations so far and pending the outcome of the referral to the World Trade Organisation ('WTO') Anti-Dumping Committee, Union legislation should contain provisions to deal with practices, including mere assembly of goods in the Union or a third country, which have as their main aim the circumvention of anti-dumping measures.

로, 이를 자국에 도입해서 적용하는 것은 WTO 협정 위반이 아니라는 뜻이다.

실제로 WTO 규범 합의 과정에서 1991년 제출된 이른바 던켈 초안(Dunkel Draft) 12조에는 우회 방지 규정이 등장한다. 던켈 초안에 따르면 우회덤핑이 되려면 ① 우선 우회 의심 제품이 반덤핑 조치의 대상이 된 제품과 동종 물품이어야 하고, ② 조립 및 완성이 반덤핑 조사 대상 업체와 특수관계가 있는 업체가 수행해야 하며, ③ 조립 및 완성에 사용된 부품이 반덤핑 조사 대상 업체로부터 조달되었어야 하는 한편, ④ 조립 및 완성이 반덤핑 조치 이후에 본격화되어야 한다. 던켈 초안에 대해 미국은 사실상 제3국 우회 생산 조치가 빠져 있고, 동종 물품으로 범위를 한정함으로써 사소한 변경도 포함되어 있지 않다고 맹비난했다. 하지만 대다수 회원국들은 미국의 주장에 동조하지 않았다. 우회덤핑에 대해 미국·EU와 대다수 회권국들의 견해가 양분되면서 결국 던켈 초안 12조는 삭제되었고, 대신 우회덤핑 논의가 반덤핑 협정 협상 과정에서 있었다는 정도의 각료 선언문 정도만 남게 된다.[10]

(5) 우회덤핑 방지 제도의 WTO 합치성 – 합치?

다만 GATT 제20조의 일반적 예외 규정은 다음과 같이 규정한다. 즉 GATT

---

10 MTN.TNC/W/FA/F-21 (Dec. 20, 1991, 이른바 Dunkel Draft) 12.1. These specific circumstances include cases in which it has been established that: 1. the product assembled/completed had to be a like-product with regard to a product which was subject to a definitive dumping measure; 2. the assembly/completion operation had to be carried out by an entity which was related to the original dumping exporter (i.e. under a contractual arrangement with the exporter); 3. the components used in the assembly/completion operation had to be, directly or indirectly, sourced by the dumping exporter; 4. the assembly/completion operation had to have started or expanded substantially after the initiation of the anti-dumping investigation; 5. the total cost of the components used in the assembly/completion operation had to be no less than the 70% of the total cost of all the parties used in the operation, with the exception that no anti-dumping measure should be extended if the value of the assembly/completion operation was greater than 25% of the ex-factory cost of the like-product; 6. there had to be evidence of dumping concerning the difference between the price of the product in the importing country and the normal value of the product when subject to the original definitive anti-dumping duty; and 7. there had to be evidence that the extension of the anti-dumping measures to the components was within the scope of the definitive anti-dumping duty in order to prevent the injury to a domestic industry with regard to the like-product.

규정과 부합하는 법률 및 규정의 이행을 확보하기 위해 설계(designed to secure compliance)되고, 해당 조치가 이러한 이행의 확보를 위해 필수적인(necessary) 조치라면, 기만적 관행(deceptive practice)을 방지(prevention)하기 위한 조치는 협정 위반이 아니다.[11] 따라서 우회덤핑 행위가 어떤 기만적 관행의 성격을 가지고 있다면, 우회덤핑이라는 기만적 관행을 방지하기 위한 우회덤핑 방지 조치는 GATT 및 WTO 위반이 아니라고 필자는 생각한다.

필자는 우회덤핑의 유형 중 환적과 사소한 변경은 수출자나 생산자가 뚜렷한 의도를 가지고, 부과된 관세 조치를 명확히 회피하려는 의도를 가진 기만적인 행위로 간주해도 무방하다고 본다. 이 경우에는 의도를 입증하기 위한 증거가 필요 없다. 행위 그 자체가 기만적 의도를 보여주는 것이기 때문이다. 법률 용어로 "사실 그 자체가 말하는 것이다(Ipso Facto)." 따라서 필자는 환적이나 사소한 변경에 따른 우회덤핑 방지 조치는 일반적 예외로서 WTO 협정에 위배되지 않는다고 생각한다.

그러나 우회덤핑의 유형 중 생산지 변경의 경우는 어떠한가? 일례로 중국 기업이 자사 경영 전략에 따라 멕시코에 세탁기 공장을 건설하였다고 하자. 하필 이 시기는 미국이 중국산 세탁기에 반덤핑 관세를 부과하고 얼마 후였다. 미국 처지에서 보면 중국의 멕시코 공장 신설은 세탁기 반덤핑 관세를 회피하기 위한 우회 행위로 볼 가능성이 있다. 하지만 중국은 반덤핑 관세 조사나 부과 이전부터 글로벌 경영 전략에 따라 멕시코 공장 이전을 검토해 왔다. 이 경우 과연 중국 기업의 멕시코 공장 건설은 기만적 행위인가? 설사 중국 기업이 미국의 반덤핑 관세 부과 후에 이 관세를 회피하기 위해 멕시코로 공장을 이전했다고 가정해 보자. 그렇다면, 이 행위는 미국 과세 당국을 속이는 기만적 행위인가?

학계에서는 FTA 체결 혹은 (반덤핑) 관세 부과 후 무역 패턴이 바뀌는 현상을 무역 전환(Trade Diversion)이라고 하여, 이는 우회 행위로 간주하면 안 된다는 주장이

---

11 Appellate Body Report, Mexico - Taxes on Soft Drinks, para. 67

많다. 필자가 보기에도 반덤핑 관세 부과와 무관하게, 혹은 이를 공장 이전 요인 중 하나로서 검토했다 하더라도, 기업의 글로벌 경영 전략에 따라 공장을 이전한 후 그곳에서 생산하는 전략을 일률적으로 우회 목적의 기만행위로 간주하는 것은 합리적이지 않다고 생각한다. 이와 같은 점 때문에 현재 미국을 제외하고 생산 우회를 도입한 모든 국가는 생산 우회가 있다고 판단이 되면, 경제적 타당성을 거의 언제나 동시에 검토한다. 즉, 생산 우회가 관세 회피 목적이 아닌 별도의 경제적 타당성이 있는 경우에는 생산 우회로 간주하지 않는다. 경제적 타당성이 있다는 것은 관세 부과 이외의 다른 경제적, 경영적 요인으로 인한 무역 전환 행위가 있었다는 뜻이기 때문이다.

한편 생산 우회를 도입한 거의 모든 국가는 무역 전환 행위를 구분하는 세부 기준 중의 하나로 제3국에서 발생한 부가가치를 사용한다. 제3국에서 발생한 부가가치가 거의 없거나 실질적 변형에 거의 기여하지 않았다면, 공장의 제3국 신설은 경제적 타당성 목적이 아니라 오직 관세 회피의 목적만이 있다고 간주하는 것이다. 불행히도 이 부가가치가 얼마에 미치지 못하면 경제적 타당성이 없다고 판단해야 하는지에 대한 국가적 합의가 현재 없다. EU는 60% 이상의 부품을 수입하여 역내 혹은 제3국에서 가공하여 발생하는 부가가치가 25% 이하가 되면 EU 내 혹은 제3국 생산 우회로 판정하고, 인도는 인도 혹은 제3국에서 발생하는 부가가치가 30% 미만인 경우에는 무역 전환이 아닌 인도 내 혹은 제3국 생산 우회로 판정하며, 미국은 아예 기준이 없어서 사안별로 다르게 판단한다.

특히 생산 우회를 우회덤핑으로 규정하면 원산지 협정 위반 가능성도 있다. 현재 전 세계에서 통일적으로 적용되는 원산지 규정은 없는 상태인데, 이 때문에 WTO 『원산지 규정 협정^(WTO Agreement on Rules of Origin)』에서는 향후 통일 원산지 규정^(harmonized rules of origin) 완료 이전까지의 작업계획 등을 규정한다. 나아가 동 협정 제2조에서는 원산지 규정 발효와 통일 원산지 규정 작업 프로그램이 완료되기 전까지 중간 시기^(transition period) 동안 WTO 회원국들이 준수해야 할 의무 사항을 규정한다. 이 규정 중에는 원산지 규정은 통상 목적을 직·간접적으로 달성

하는 수단으로 사용해서는 안 된다는 의무가 있다.

즉, 물품의 원산지 관련 규정은 원산지 판정이라는 중립적이고 기술적인 목적으로만 사용되어야 한다. 그런데, 생산 우회의 경우에는 우회 여부를 판단하기 위해 원산지 기준을 활용한다. 예컨대 EU는 중국 멕시코 법인이 60% 이상의 부품을 중국에서 수입하여 멕시코 공장 현지에서 부가된 부가가치가 25% 이하이면, 멕시코산이 아니라 중국산으로 간주할 가능성이 높아진다. 이 경우에는 원산지 판정 관련 규정이 우회 여부를 판단하는 핵심적인 기준으로 작용하는 결과가 된다. 이 때문에 필자는 생산 우회 여부 판정에서 사용되는 부가가치 기준은 WTO 원산지 규정에도 위배될 가능성이 높다고 생각한다.

마지막으로 최근 미국이 WTO의 규범과 권위를 공개적으로 무시하고 비난하는 이른바 "강경한 무시 전략(hawkish ignorance)"을 구사하면서, 우리나라도 WTO 규범을 준수할 필요가 없다는 주장이 있다. 하지만 이는 법적으로 결코 용인할 수 없는 견해이다. 우선 우리나라는 헌법 제6조 제①항에 "헌법에 의하여 체결·공포된 조약과 일반적으로 승인된 국제법규는 국내법과 같은 효력을 가진다."라고 규정한다. 즉, 국제법은 우리 정부가 비준하고 국회가 동의하거나, 혹은 일반적으로 승인된 경우이면, 그 자체로 국내법과 동등한 효력을 가진다. 반대로 미국은 이런 헌법 조항이 없다. 즉, 미국은 관련 국제법이 미국 국내법과 동일한 효력을 가지려면, 미국 의회가 국제법을 이행하기 위한 입법을 반드시 거쳐야 한다.

잘 알려져 있다시피 WTO 규범은 국제적으로 합의된 명문 규범이고, 한국은 이를 비준하고 동의한 상태이다. 반면 미국은 WTO 규범 전체를 자동으로 수용한 것이 아니라, 그중에 필요한 부분만 선택하여 자국 의회가 이행 입법으로 규범화하였다. 요컨대, 우리나라는 WTO 규범이 그대로 한국에 적용되지만, 미국은 WTO 규범이 그대로 미국에 적용되지 않는다. 따라서 한국은 헌법 규정에 따라 WTO 규범을 준수해야 하는 법적인 의무가 명확히 존재한다. 이런 상황에서 우리나라가 미국의 무시하기 전략처럼 WTO 규범을 준수할 필요가 없다고 주장하는 것이 과연 합리적인지에 대한 판단은 독자 여러분께 맡기겠다.

02 주요국의 우회덤핑 방지 제도 개요: EU

피사의 스탬피스(Satpmace) 성채의 공격, 베키오 궁전 소장

(1) EU 우회 방지 법률 제도 개관

EU는 우회덤핑 방지제도를 처음으로 도입한 곳이다. EU의 첫 우회덤핑 방지 제도는 생산 우회, 특히 자국에서의 조립을 규제 대상으로 삼았다. EU의 우회덤핑 방지 제도는 최초에는 덤핑 관세 부과 기업과 EEC 내 설립된 공장을 소유한 기업이 특수관계를 가지고 있어야 했고, 관세 형태가 아니라 내국세 형태로 부과되었다. EU의 우회덤핑 방지 제도는 이후 진화를 거듭하여, 가장 최근 내용은 2016년 반덤핑기본법 제13조에 규정되어 있다.[1]

특히 EU는 WTO 내의 우회 방지 비공식 작업반(informal working group)에서 우회덤핑 방지 제도의 도입을 가장 적극적으로 주장하는 나라이다. EU가 이 그룹에 제출한 의견서에 따르면 우회 행위는 "무역 구제 조치의 목적과 효과를 훼손"하는 것으로 강력히 규제해야 한다.[2] EU는 더 나아가 우회 방지 제도 규정의 서문에서 "우회 제도가 반덤핑 협정에는 포함되어 있지 않지만, 별도의 각료 결정에서 우회의 문제점을 인식하고 이를 해결할 목적으로 GATT 반덤핑 위원회에 회

---

1 Regulation (EU) 2016/1036 of the European Parliament and of the Council of 8 June 2016 on protection against dumped imports from countries not members of the European Union

2 G/ADP/IG/W/6, para. 1. https://docs.wto.org/dol2fe/Pages/SS/directdoc.aspx?filename=Q:/G/ADPIG/W6.pdf&Open=True

부"하였다면서 우회 방지 제도의 정당성을 강조한다.³ 실제로 우루과이 라운드 각료회의 결정문에 따르면 "반덤핑 관세 조치 회피 문제는 반덤핑 협정 이전에 있었던 협상의 일부를 구성"했었다고 선언한다.⁴ 참고로 미국도 EU와 마찬가지로 이 각료 결정이 우회덤핑의 근거로 충분하다고 주장한다.⁵ 즉 우회덤핑에 대한 규제의 필요성이 국제적으로 확인되었고, 우회 규제의 필요성이 존재한다면 국제규범이 없는 상태에서 다자 규범이 합의되기 전까지는 각국이 자국 제도를 통해 우회를 규제할 수 있다는 것이다.

그러나 필자가 보기에 이 각료 결정은 우회덤핑이 국제법적 논의의 대상이 되었다는 사실과 회원국 상호 간 합의가 없었다는 점만 확인할 뿐이다. 이 각료 결정을 근거로 우회덤핑이 WTO 규정에 부합한다거나⁽미국⁾, 다자 규범이 없는 상태에서 자국이 마음대로 규제할 수 있다⁽EU⁾고 주장하는 것은 합리적이지 않다. 회원국이 합의에 이르지 못하고 단순히 논의만 했다는 사실이 어떻게 반덤핑 협정에 규정되어 있지 않은 우회덤핑의 국제법적 근거 규정이 될 수 있단 말인가? 규제의 필요성이나 문제의식만 있다고 해서 국제 사회가 준수해야 하는 국제법이 된다고 주장한다면, 통일된 문안의 국제법을 도출하기 위한 국제적 합의 절차는 아예 처음부터 필요 없는 것이 아닐까? 나아가 1980년대 말 무렵에는 우회 방

---

3   Regulation (EU) 2016/1036 서문 para. (20): The 1994 Anti-Dumping Agreement does not contain provisions regarding the circumvention of anti-dumping measures, though a separate GATT Ministerial Decision recognised circumvention as a problem and referred it to the GATT Anti-dumping Committee for resolution. Given the failure of the multilateral negotiations so far and pending the outcome of the referral to the World Trade Organisation ('WTO') Anti-Dumping Committee, Union legislation should contain provisions to deal with practices, including mere assembly of goods in the Union or a third country, which have as their main aim the circumvention of anti-dumping measures.

4   Ministers,
Noting that while the problem of circumvention of anti-dumping duty measures formed part of the negotiations which preceded the Agreement on Implementation of Article VI of GATT 1994, negotiators were unable to agree on specific text,
Mindful of the desirability of the applicability of uniform rules in this area as soon as possible,
Decide to refer this matter to the Committee on Anti-Dumping Practices established under that Agreement for resolution. https://www.wto.org/english/docs_e/legal_e/39-dadp1_e.htm

5   G/ADP/IG/W/33, 10 April 2001

지 제도가 국제적으로 용인된 관습법의 지위에 이르지도 않았었다. 다만 현재는 주요 국가가 우회 방지 제도를 도입하면서 우회 방지 제도가 국제 관습법의 지위에까지 이른 상태라고 주장할 수도 있다고는 본다.

한편 EU는 미국의 관세법이나 캐나다의 특별 수입 조치법처럼 무역 구제에 관한 단일법이 없고, 무역 구제 유형별로 개별적인 법률이 존재한다. 예컨대 세이프가드 조치의 법적 근거는 Regulation ^(EU) 2015/478이며, 상계관세 조치는 Regulation ^(EC) 3284/94이다. 덤핑과 우회는 Regulation ^(EU) 2016/1036에 규정되어 있으며, 이 법령의 제13조에서 우회덤핑을 정의하고 규제한다. EU 규정에 따르면 우회가 되기 위해서는 크게 무역 패턴의 변화, 경제적 타당성이 없는 관행·공정·작업의 변화, 무역구제 조치의 훼손 여부 및 덤핑의 존재 여부 등 크게 네 가지 테스트를 거쳐야 한다.[6] 우회덤핑 관련 조항은 크게 5개 조항으로 구성되어 있다. 제13조 1항에서는 우회덤핑이 되기 위한 4가지 조건을 열거한다.

(2) Reg 2016/1036 제13조 1항: 우회덤핑의 요건 ① - 무역 패턴의 변화

첫째, 반덤핑 관세 부과 대상 국가에 위치한 개별기업과 EU 혹은 EU와 제3국 간 무역 패턴의 변화^(change in the pattern of trade)가 발생해야 한다. 여기서 주의할 점은 무역 패턴의 변화가 개별 기업과 EU 사이에 일어난 것 외에 제3의 국가와 EU 사이에 일어나는 것도 포함한다는 점이다. 따라서 반덤핑 관세를 부과받은 기업이 아니라, 그와 무관한 기업을 통하여 제3의 국가와 EU 사이에 무역 패턴의 변화가 있어도 우회덤핑의 첫 번째 요건을 충족한다. 즉 이 조항은 실질적으로 반덤핑 조치

---

6 Regulation (EU) 2016/1036, Article 13 Circumvention, 1: Circumvention shall be defined as a change in the pattern of trade between third countries and the Union or between individual companies in the country subject to measures and the Union, which stems from a practice, process or work for which there is insufficient due cause or economic justification other than the imposition of the duty, and where there is evidence of injury or that the remedial effects of the duty are being undermined in terms of the prices and/or quantities of the like product, and where there is evidence of dumping in relation to the normal values previously established for the like product, if necessary in accordance with the provisions of Article 2.

대상 기업과 제3국의 우회 의심 기업 사이에 특수관계가 필요 없음을 의미한다.

패턴의 변화가 일어난 시점은 구체적으로 언제를 기준으로 하는가? EU와 같이 무역 패턴의 변화를 우회의 필요조건으로 규정하는 캐나다는 관세 부과 시점이 아니라, 덤핑이나 상계관세 "조사"가 개시된 시점 전후로 무역 패턴의 변화를 분석한다. EU는 시점에 대한 구체적인 언급이 없지만, EU는 조사 시점보다 훨씬 앞선 시기부터 무역 패턴의 변화를 분석한다. 통상적으로 EU는 조사개시 이전 3~5년 내외의 기간을 전후하여 무역 패턴의 변화를 조사하는데 이 기간을 조사 기간(investigation Period)이라고 부르고, 우회덤핑 물품 수입 자체와 관련된 기간은 보고 기간(Reporting Period, RP)이라 하여 보통 1년으로 설정한다.

예컨대 2019년 1월에 직권으로 조사를 개시한 중국산 내식 철강(corrosion resistant steels) 제품의 경우, 보고 기간은 1년(2018.10.1.~2019.9.30)이었고, 무역 패턴의 변화를 관찰한 조사 기간은 6년 9개월(2013.1.1.~2019.9.30)이었다.[7] 원심 조치에 대해 간략히 설명하면, EU 집행위는 중국산 내식 철강에 대한 반덤핑 조사를 2016년 12월에 개시하였고, 2017년 말부터 17.2~27.9%의 반덤핑 관세를 부과하기 시작했다. 그 결과 원심 조사 대상 물품은 2017년부터 절반 이하로 줄어들면서, 2018년부터는 수입 물량 자체가 급격히 감소하게 된다.

반면 원심의 조사 대상 물품과 탄소, 알루미늄, 니오비움, 티타늄 등의 함량이 거의 차이가 없으면서 마그네슘이 첨가된 내식성 철강제 수입은 2017년부터 40배가량 급격히 증가하였다. 마그네슘이 첨가되면 EU의 HS 코드격인 TARIC 코드가 변경되는데, 이로 인해 마그네슘 첨가 내식 철강 제품은 반덤핑 관세가 부과되지 않았다. EU 집행위는 이런 상황에서 원심 조사 대상 물품의 감소분만큼 우회 의심 물품의 수입이 증가하였다는 사실을 근거로, 이 무역 패턴의 변화

---

7 COMMISSION IMPLEMENTING REGULATION (EU) 2020/1156 of 4 August 2020, Eextending the definitive anti-dumping duty imposed by Implementing Regulation (EU) 2018/186 on imports of certain corrosion resistant steels originating in the People's Republic of China to imports of slightly modified certain corrosion resistant steels

가 우회덤핑의 첫 번째 증거라고 판단했다.[8]

< 중국산 내식 철강 원심 물품 및 우회 물품 EU 수입 추이 >

	2013	2014	2015	2016	2017 (AD 부과)	2018	2019
원심 조사 대상물품	755,238	907,319	1,176,071	1,981,490	820,017	754	204
우회 의심 물품	30,000 ~ 35,000	40,000 ~ 45,000	5,000~ 10,000	15,000 ~ 20,000	977,932	913,226	988,937

단위: 톤, 출처: EU 집행위

2013년에 조사를 개시한 중국산 유리 섬유의 경우에는 인도네시아와 인도 등의 제3국 생산을 통한 우회 사례였는데, 보고 기간이 1년(2012.4.~2013.3)이었고 무역 패턴의 변화를 관찰한 조사 기간은 3년(2009.4~2012.3)이었다.[9] 원심은 2011년 8월에 최종 반덤핑 관세 48.4~62.9%를 부과했는데, 2011년 초에 중국으로부터의 수입은 급격히 감소한 반면, 2011년부터 인도네시아, 2012년부터는 인도로부터의 수입이 급격히 증가하였다. 이러한 무역 패턴의 변화 또한 EU가 우회덤핑의 증거로서 충분하다고 판단했다.

---

8 ① 원심 조사 대상 물품(Product concerned): Flat-rolled products of iron or alloy steel or non-alloy steel; aluminium killed; plated or coated by hot dip galvanisation with zinc and/or with aluminium, and no other metal; chemically passivated; containing by weight: 0,015 % or more but not more than 0,170 % of carbon, 0,015 % or more but not more than 0,100 % of aluminium, not more than 0,045 % of niobium, not more than 0,010 % of titanium and not more than 0,010 % of vanadium; presented in coils, cut-to-length sheets and narrow strips

② 우회 의심 물품(Product under investigation): Flat-rolled products of iron or alloy steel or non-alloy steel; plated or coated by hot dip galvanisation with zinc and/or aluminium and/or magnesium, whether or not alloyed with silicon; chemically passivated; with or without any additional surface treatment such as oiling or sealing; containing by weight: not more than 0,5 % of carbon, not more than 1,1 % of aluminium, not more than 0,12 % of niobium, not more than 0,17 % of titanium and not more than 0,15 % of vanadium; presented in coils, cut-to-length sheets and narrow strips.

9 COUNCIL IMPLEMENTING REGULATION (EU) No 1371/2013 of 16 December 2013, extending the definitive anti-dumping duty imposed by Implementing Regulation (EU) No 791/2011 on imports of certain open mesh fabrics of glass fibres originating in the People's Republic of China to imports of certain open mesh fabrics of glass fibres consigned from India and Indonesia, whether declared as originating in India and Indonesia or not. para 23

－< 중국산 유리 섬유 원심 물품 및 우회 물품 EU 수입 추이 >

연도 국가	2009.4~2010.3	2010.4~2011.3	2011.4~2012.3 (AD 부과)	2012.4~2013.3
중국	288.40	385.85	110.30	85.93
인도네시아	0.004	0.16	3.22	33.31
인도	0.35	0.28	0.89	13.13

단위: 백만㎡, 출처: EU 집행위

무역 패턴의 변화는 크게 두 가지로 분해할 수 있다. 우선, 반덤핑 관세가 부과된 국가에서 수입이 감소하였는가? 둘째, 이와 같은 수입의 감소가 제3국으로부터 수입되는 "동종 상품"의 증가와 함께 이루어졌는가?[10] 혹은 이와 같은 수입의 감소가 반덤핑 관세가 부과된 국가로부터의 부품 수입과 함께 이루어졌는가? 또는 이와 같은 수입의 감소가 그 국가로부터 사소하게 변경된 상품의 수입 증가와 함께 이루어졌는가?

필자는 우리가 도입한 우회덤핑 방지 제도에 무역 패턴의 변화를 고려해야 할 요인으로 넣지 않았다. 제도 도입 과정에서 무역 패턴의 변화 요인을 삽입하자는 의견도 있었으나, 필자는 사소한 변경의 경우에는 제3국 생산의 증가나 이로 인한 제3국 교역 패턴의 변화가 중요하지 않다고 판단했다. 예컨대 중국산 H형강에 반덤핑 관세를 부과했더니 위, 아래로 패치를 덧대어 날 일(日)자 모양으로 만들면 HS 코드가 바뀌면서 반덤핑 관세를 부과받지 않는다. 그러나 H형강이나 날 일자 모양의 형강은 실질적으로 같은 제품이다. 실제로 건설 현장에서는 중국에서 수입된 날 일자 모양 형강의 위, 아래 패치를 떼고, H형강과 동일하게 사용한다. 즉, 이 사례는 사소한 변경에 해당한다.

이 경우에는 중국 혹은 제3국에서 날 일자 모양의 형강 수입이 급증하든, 급증하지 않든, 이 수입 행위를 우회로 판정하는 데는 아무런 문제가 없다고 본다. 따라서 덤핑 부과국에 한정된 사소한 변경의 경우에는 우회 여부를 판단하기 위

---

10 미국은 동종 상품이 아니라, 동일 분류 혹은 동일 종류를 기준으로 판단한다.

해 무역 패턴의 변화를 의무적으로 고려할 필요가 사실상 없다고 생각한다. 다만 우회 방지 조사 질의서에는 사소한 변경 시점 전후 무역 패턴의 변화 항목을 삽입하여, 무역위원회가 무역 패턴의 변화를 재량으로 고려할 수 있도록 배려는 해 두었다. 사례별로 다르게 해야 하겠지만, 조사개시 이전 최소 3년의 기간은 무역 패턴의 변화를 관찰할 필요가 있다고 본다.

다만 사소한 변경이 아니라, 생산 우회의 경우에는 제3국으로부터 교역 변화를 반드시 고려해야 한다. 앞서 언급한 대로 무역 패턴의 변화가 우회로 인한 것인지, 아니면 무역 전환으로 인한 것인지를 반드시 검토해야 하기 때문이다. 즉 EU는 생산 우회를 우회의 유형에 처음부터 포함하고 있었으므로, 무역 패턴의 변화를 가장 먼저 검토해야 할 요인으로 규정한 것이다.

만약 우리나라가 향후에 생산 우회를 우회의 정의에 포함하게 된다면, 우리나라도 단순한 관세 회피 행위와 무역 전환 행위를 구분하기 위하여 무역 패턴의 변화를 사전에 검토하는 규정이 반드시 필요하다고 본다. 예컨대 '25.8월 입법 예고한 한국 관세법 시행령 개정안에 제3국 조립 및 완성이라는 우회 유형이 새로 삽입되었는데, 조립 및 완성 유형을 결정할 때 고려 요인 중 하나로 무역 패턴의 변화를 시행규칙 제20조의 2에 반드시 삽입해야 한다고 본다.

(3) Reg 2016/1036 제13조 1항과 2항: 우회덤핑의 요건 ② - 관행, 공정, 작업의 변화

둘째, 이와 같은 무역 패턴의 변화는 반덤핑 관세 부과 이외의 다른 적절한 이유$^{(due\ cause)}$나 경제적 타당성$^{(economic\ justification)}$에 기인하지 않은 관행$^{(practice)}$, 공정$^{(process)}$ 혹은 작업$^{(work)}$으로 인한 것이어야 한다. 달리 말해 무역 패턴의 변화 원인이 반덤핑 관세 이외의 경제적으로 타당한 다른 요인이 있으면, 우회덤핑이 성립하지 않는다.

무역 패턴의 변화를 초래하는 행위의 범주는 작업에 국한되지 않는다. 공정

의 변화로 기인한 것도 되고, 관행의 변화로 기인한 것도 된다. 특히 관행은 작업이나 공정과 달리 생산 과정과 직접 관련이 없는 행위를 포함하는데, 이는 작업이나 공정으로 분류되지 않은 다른 모든 행위를 포괄하는(catch-all) 규정이다. 예컨대 수출업자가 조사 대상 물품에 특정 물질을 첨가하여 물품 통제 코드(CCN)를 바꾼 후, 이를 제품 팜플렛에 기재하고는 관세 대상이 아니라고 홍보하는 행위, 일부 수입업자가 반덤핑 관세 부과 전후로 우회 의심 물품을 대량으로 수입하여 재고로 쌓아 놓는 행위, 원산지 위반 행위나 제3국을 통한 환적 건수의 급격한 증가 등이 경제적 타당성이 없는 대표적인 관행에 해당한다. EU는 조사 보고서상에서 우회 질의에 대한 답변이 거의 없어 작업이나 공정에 관한 정보가 부족할 때 주로 관행을 대상으로 분석한다. 하지만 공정이나 작업이 아닌 관행의 변화로 인한 무역 패턴의 변화가 전적으로 우회라는 의도를 가지고 행해질 수 있는 것인가에 대해서는 의문이 있을 수 있다고 본다.

관행, 공정, 작업의 변화는 크게 4가지로 다시 세분된다. 가장 먼저 ① 제품의 본질적인 특성(essential characteristics)을 바꾸지 않는 사소한 변경(slight modification)을 통하여, 반덤핑 관세의 적용을 받지 않는 HS 코드로 변경하는 경우이다.[11] 즉 물품의 특성을 사소하게 바꾸는 우회 행위이다. 사소한 변경은 명백한 회피 의도가 개입된 행위라고 볼 수 있으므로, 우회 방지 제도의 대상이 되는 것에 크게 문제가 없다고 본다. 참고로 캐나다는 사소한 변경이 발생하는 공간을 덤핑방지관세 부과 국가와 제3국으로 확대 규정하고 있다. 즉. 캐나다는 덤핑방지관세 명령이 부과된 국가가 원산지이거나 그 국가에서 수출하는 동종 상품이, 덤핑방지관세 부과 국가 또는 제3국에서 사소하게 변형된 경우 모두를 사소한 변경으로 간주한다. 캐나다와 달리 EU는 법문에 명확하게 규정되어 있지 않다. 다만 문구상으로는 "조치의 적용을 받지 않는(not subject to the measures)"으로 규정되어 있어, 조치의 적

---

11 Regulation (EU) 2016/1036 Article 13 Circumvention 1 (a): the slight modification of the product concerned to make it fall under customs codes which are normally not subject to the measures, provided that the modification does not alter its essential characteristics;

용을 받지 않는 사소한 변경은 모두 해당하는 것으로 해석은 가능하다.

주의할 점은 물품의 본질적 특성이 무엇인지에 대한 정의는 EU 법령에 나와 있지 않다는 것이다. 다만 EU는 사례와 판례를 통해 본질적 특성에 대한 고려 요소를 정의한다. 예컨대 전술한 2020년 내식성 철강제에 대한 우회덤핑 판정 사례에서, EU는 동일한 생산 라인에서 생산된 물품의 경우에는 제품의 본질적 특성이 동일하다고 판단했다. 나아가 제품의 용도가 건설 산업이나 가전 기기 등에 동일하게 사용된다는 점도 제품의 본질적 특성이 크게 다르지 않은 이유로 열거했다.[12] EU와 달리 미국이나 캐나다, 그리고 우리나라는 사소한 변경 여부를 판단할 때 고려해야 할 요소를 법령에서 열거한다. 예컨대 미국은 사소한 변경 여부를 판단하기 위해 HS 코드, 즉 관세 품목분류가 동일한지 여부와는 상관이 없으며 전체적 특성, 소비자 기대, 최종 용도, 마케팅 채널, 변경 비용 등의 요소를 종합적으로 고려하도록 규정한다.

두 번째가 ② 제3국을 통한 우회 수출이다. 이는 물건의 원산지를 환적 등의 기만적 행위를 통하여 덤핑 관세를 회피하는 행위이다.[13] 당연히 이 행위도 명백한 의도를 가지고 행한 행위이므로 우회덤핑 방지 제도의 대상이 되는 데 큰 문제가 없다고 본다. 참고로 인도나 아르헨티나는 EU와 동일하게 환적을 우회 유형의 하나로 포함하는 반면, EU와 달리 미국이나 캐나다, 브라질 등은 제3국을 통한 우회 수출은 우회로 규정하지 않으며 원산지 위반 등의 다른 법령으로 다룬다.

세 번째가 ③ 더 낮은 관세율을 부과받는 수출자 혹은 생산자를 통해 수출국 내의 거래패턴 또는 판매경로를 바꾸는 것이다.[14] 예컨대 A국의 a 생산자는

---

12 Regulation (EU) 2016/1036 Article 13 Circumvention 1(a): the slight modification of the product concerned to make it fall under customs codes which are normally not subject to the measures, provided that the modification does not alter its essential characteristics;

13 Regulation (EU) 2016/1036 Article 13 Circumvention 1(b): the consignment of the product subject to measures via third countries

14 Regulation (EU) 2016/1036 Article 13 Circumvention 1(c): the reorganisation by exporters or producers of their patterns and channels of sales in the country subject to measures in order to eventually have their products exported to the Union through producers benefiting from an individual duty rate lower than that

10%, b 생산자는 20%의 덤핑률을 부과받았는데, b 생산자가 a 생산자를 통하여 물건을 수출할 경우 20% 관세율이 아니라 10%의 관세율을 낸다. 이 경우도 우회의 의도를 가진 행위이므로, 우회 방지 제도의 대상이 되는 것은 큰 문제가 없다고 본다.

마지막 네 번째가 ④ EU 혹은 제3국 내에 위치한 조립 공정(assembly operation)을 통한 조립 행위이다.[15] 조립 공정의 정의가 명확히 규정되어 있지 않으나, 반덤핑 물품을 최종 물품으로 생산하는 조립 행위는 당연히 포함한다. 예컨대 세탁기에 관세를 부과했더니, EU 국가 내에 공장을 설립하여 세탁기를 조립하는 이른바, 스크루 드라이버 작업을 하였다면 조립 공정으로 간주하는 것이다.

하지만 반덤핑 부과 대상 물품을 부품이나 소재로 사용하여 다른 최종 물품을 조립하는 경우, 이 행위는 EU의 우회덤핑 방지 행위에 포함되는가? 필자는 아니라고 생각한다. 우선 EU 우회 규정 첫 조항인 13조는 "동종 물품(like product)"의 사소한 변경이나 제3국 우회가 발생했을 때 우회라고 정의한다. 즉, 동종 물품이 아니면 제3국 생산 우회가 발생하지 않는다.[16]

예컨대 EU가 중국산 알루미늄 시트에 반덤핑 관세를 부과했더니, 중국산 알루미늄 시트를 사용한 한국산 알루미늄 호일의 EU 수출이 늘었다고 가정해 보자. 이 경우 중국산 알루미늄 시트를 원재료로 사용하여 알루미늄 호일을 만든 (혹은 조립한) 한국 기업의 행위는 우회덤핑에 해당하는 행위인가? 다시 말해 알루미늄 시트와 알루미늄 호일은 동종 물품인가? 필자는 당연히 아니라고 생각한다. 동종 물품은 모든 면에서 동일하거나, 그런 물품이 없으면 모든 면에서 유사(alike)해야 한다. 알루미늄 시트는 두께가 두꺼운 알루미늄 판재이고, 알루미늄 호일은

---

applicable to the products of the manufacturers

15 Regulation (EU) 2016/1036 Article 13 Circumvention 2: An assembly operation in the Union or a third country shall be considered to circumvent the measures in force

16 Regulation (EU) 2016/1036 Article 13 Circumvention 1: imports from third countries of the like product, whether slightly modified or not, or to imports of the slightly modified like product from the country subject to measures, or parts thereof, when circumvention of the measures in force is taking place.

이를 얇게 벗겨 내어서 만들어 낸 소비 제품이다. 요컨대 동종 물품이 아니다. 따라서 EU의 우회 덤핑 규제 대상이 될 수 없다. 반면 미국은 반덤핑 부과 물품이 부품이나 소재인 경우 이를 사용하여 완제품을 완성, 조립하는 경우에도 생산 우회로 간주할 수 있다. 이는 미국 우회 방지 규정이 "동종 물품"이 아니라 "동일 분류 혹은 종류"로 우회의 범위를 넓혔기 때문이다. 이에 대해서는 후술한다.

한편 조립 공정(assembly operation)에 대해서는 제13조 2항에서 시점 요건, 부가가치 요건, 피해 및 덤핑 요건 등 세 가지 추가 요건이 있다. 첫 번째 시점 요건으로는 우선 조립 공정의 시점이 반덤핑 조사개시 이후 혹은 직전부터 EU 혹은 반덤핑 조치 대상 외 국가인 제3국 내에서 조립 공정이 시작되거나 상당량이 증가해야 한다.

두 번째 부가가치 요건으로는 가액 기준으로 반덤핑 조치 대상 국가로부터 EU 내 혹은 제3국으로 수입된 조립 제품의 부품 비중이 전체 부품 가치의 60% 이상을 차지하고, 조립 공정으로 창출되는 부가가치가 전체 제조원가의 25% 이하여야 한다.[17] 다만 해당 부품이 조치 대상 부과국이 원산지이어야 하는지, 아니면 조치 대상 부과국으로부터 제3국이 수입만 하면 되는지는 명확하지 않다. 캐나다는 제3국 조립의 경우, 해당 부품이나 구성품이 조치 대상국이 원산지이거나 조치 대상국으로부터 제3국이 수입을 한 것이어야 한다고 명확히 기준을 설정하였지만, EU는 최소한 규정상으로는 명확하지 않다. 필자가 보기엔 판례만 놓고 보면 원산지 기준이 아니라 덤핑방지관세가 부과된 국가로부터의 수입 행위(사례: raw materials from China)에만 국한된 것으로 보인다.[18]

참고로 60% 이상의 부품을 사용하지 않았다면 해당 국가에서 창출된 부가

---

17 (T)he parts constitute 60 % or more of the total value of the parts of the assembled product, except that in no case shall circumvention be considered to be taking place where the value added to the parts brought in, during the assembly or completion operation, is greater than 25 % of the manufacturing cost

18 COMMISSION IMPLEMENTING REGULATION (EU) 2015/776 of 18 May 2015 extending the definitive anti-dumping duty imposed by Council Regulation (EU) No 502/2013 on imports of bicycles originating in the People's Republic of China to imports of bicycles consigned from Cambodia, Pakistan and the Philippines, whether declared as originating in Cambodia, Pakistan and the Philippines or not, para 76.

가치 25% 기준은 검토하지 않는다. 예컨대 2014년 2월의 중국산 자전거 우회 사건에서 EU는 자료협조를 한 캄보디아 5개 회사 중 3개 회사에서 생산된 자전거는 중국으로부터의 부품 수입 비중이 60%가 되지 않아, 캄보디아에서 창출된 부가가치는 검토할 필요가 없다고 판단했다.[19]

한편 25% 이하의 부가가치 요건은 원산지 규정과도 관련 있는 것으로, 최초 장비, 인건비, 장비 감가상각비, 부품비용 (manufacturing labour costs, factory overheads, depreciation of assembly facilities, internally-manufactured parts) 등을 합산한 최초 비용(initial cost)을 분모로 하고, 해당 국가에서 추가된 부가가치(increased value of the finished product)를 분자로 하여 계산한 비율을 의미한다. 부가가치 요건은 덤핑이나 상계관세 이슈와는 완전히 다른 차원의 계산 문제이므로, 조사 당국은 부가가치 산정 방식과 기준에 대한 내부 지침을 가지고 있어야 한다.

특히 부가가치 계산 과정은 사안에 따라 매우 복잡한 이슈가 수반된다. 예컨대 제3국 생산자가 우회 의심 물품을 조립할 때, 자기 생산 시설을 사용하지 않고 다른 회사의 생산 시설을 리스나 렌트를 했다고 가정하자. 이 경우 제3국 생산자가 리스나 렌트로 지급한 비용은 최초 생산 비용에 포함해야 하는가, 말아야 하는가? 만약 최초 생산 비용에 포함이 되면, 해당 국가에서 생산된 부가가치 비율이 낮아지므로 제3국 생산자는 어떻게든 이 비용을 최초 생산비용에서 제외하려고 할 것이다. EU는 중국산 자전거 우회 사건에서 생산 과정에 투입된 리스 혹은 렌트 비용을 새로 창출된 부가가치가 아니라 생산 비용에 포함하여, 캄보디아에서 생산된 부가가치 비율이 25% 이하라고 판단했다.[20]

세 번째는 피해 및 덤핑 요건으로 조립 생산된 상품의 가격 또는 수량 측면에서 기존 반덤핑 조치에 따른 무역구제 효과가 저해되어야 하고, 덤핑의 증거가 있

19　COMMISSION IMPLEMENTING REGULATION (EU) 2015/776 of 18 May 2015, extending the definitive anti-dumping duty imposed by Council Regulation (EU) No 502/2013 on imports of bicycles originating in the People's Republic of China to imports of bicycles consigned from Cambodia, Pakistan and the Philippines, whether declared as originating in Cambodia, Pakistan and the Philippines or not, Article 75

20　COMMISSION IMPLEMENTING REGULATION (EU) 2015/776 of 18 May 2015, Articles 83~88

어야 한다. 무역구제 효과 분석을 위해 EU 조사 당국은 산업 피해 15가지 지표 모두를 분석하지 않고, 약식으로 분석한다. 덤핑의 증거 또한 개별 덤핑률을 일일이 계산하여 공포하지 않으며, 사안에 따라 다르긴 하지만 약식 판단이 일반적이다.

(4) Reg 2016/1036 제13조 1항: 우회덤핑의 요건 ③ - 피해 혹은 무역구제 조치의 훼손 여부

셋째, 이처럼 경제적 타당성 등이 없는 무역 패턴의 변화로 인해 산업에 피해가 발생하였거나, 동종 상품(like product)의 가격 혹은 물량 측면에서 기존 반덤핑 조치의 무역 구제 효과가 훼손되어야 한다(being undermined).[21] 특기할 만한 점은 우회덤핑의 경우에는 생산량, 고용, 투자 수준 등 반덤핑 조사에서 반드시 고려해야 하는 15가지 지표를 모두 검증해야 하는 산업 피해를 입증할 필요가 없다는 점이다. 즉, 수입이 급증하거나, 혹은 동종 상품의 가격이 하락하거나 국내 생산이 감소하는 등의 무역 구제 효과가 훼손되었다는 약식 증거만 있어도 우회덤핑의 세 번째 요건은 충족되는 것으로 본다.

예컨대 2013년 중국산 유리 섬유 직물에 대한 우회 판정에서 EU는 중국으로부터의 대상 물품 수입은 급감하였지만, 인도와 인도네시아로부터의 동종 물품 수입은 급증하였음을 구체적인 수치를 통해 보여준다. 다만 수입 가격 측면에서는 구체적인 수치 없이 인플레이션과 동일 품질 등의 조정을 거쳐 인도와 인도네시아로부터의 수입 가격이 현저히(significantly) 낮다는 결론만 보여주고, 이 결과가 무역 구제 조치의 훼손에 따른 것이라고 판단했다.[22]

---

21 Regulation (EU) 2016/1036 Article 13 Circumvention 1: the remedial effects of the duty are being undermined in terms of the prices and/or quantities of the like product

22 COUNCIL IMPLEMENTING REGULATION (EU) No 1371/2013 of 16 December 2013, Extending the definitive anti-dumping duty imposed by Implementing Regulation (EU) No 791/2011 on imports of certain open mesh fabrics of glass fibres originating in the People's Republic of China to imports of certain open mesh fabrics of glass fibres consigned from India and Indonesia, whether declared as originating in India and Indonesia or not, paras 36~38

어떤 경우에는 수입 가격이 국내 판매 가격을 얼마나 하락(undercutting)시켰는지에 대한 수치를 제시하기도 한다. 예를 들어 2019년 조사를 개시한 내식 철강 우회 조사에서 EU는 사소한 변경에 따른 원가 및 판매 가격을 조정한 후에, 마그네슘이 첨가된 사소한 변경 물품의 수입 가격이 국내 판매 가격을 4% 하락시켰다고 분석한 후, 이를 무역 구제 조치의 훼손이라고 판단했다.[23]

후술하겠지만, 우리나라는 우회덤핑을 판단하기 위해 산업 피해를 입증할 필요가 없도록 규정했다. 필자는 사소한 변경에만 우회덤핑의 정의를 한정하여 제도를 도입한 경우에는, 산업 피해를 입증할 필요가 없다고 생각한다. 사소한 변경은 조사 대상 물품의 정의를 처음과 사실상 동종 물품이면서 기술적으로 확대하는 것이므로, 굳이 동종 물품이면서 기술적으로 조사 대상 범위가 확대된 물품의 산업 피해를 입증할 필요는 없다고 본다. 설사 제3국 생산 우회가 우회의 유형으로 포함된다고 하더라도 15개 지표를 일일이 검토하는 산업 피해까지 입증할 필요는 없다고 본다. 다만 제3국 생산 우회가 포함되면 무역구제 조치 효과를 훼손했는지 여부에 대해서는 약식으로라도 검증이 필요할 것이라고 생각한다.

EU도 이런 점을 고려하여, 산업 피해가 아니라 무역 구제 조치의 훼손 여부라는 약식 테스트만으로도 우회덤핑 판정의 충족 요건으로 인정한다. 참고로 캐나다도 EU 모델을 따랐다. 즉, 우회 행위가 무역 구제 효과를 훼손(undermining)해야 한다.[24] 다만 미국은 무역 구제 조치의 훼손 여부를 요소로 검토하지 않는다. 즉 미국은 우회를 불공정 무역 거래의 대표적 유형으로 간주 혹은 전제하기 때문에, 무역 구제 훼손 여부에 대한 별도의 검증을 하지 않는다. 다시 말해 미국 상무부는 우회 행위 발생 그 자체가 이미 무역 구제 효과의 훼손이 발생한 것으로 본다.

---

23 COMMISSION IMPLEMENTING REGULATION (EU) 2020/1156 of 4 August 2020 extending the definitive anti-dumping duty imposed by Implementing Regulation (EU) 2018/186 on imports of certain corrosion resistant steels originating in the People's Republic of China to imports of slightly modified certain corrosion resistant steels paras 49~55

24 71 of Special Import Measures Act(SIMA): (b) a prescribed activity is occurring and imports of the goods to which that prescribed activity applies are undermining the remedial effects of the order in council or the order or finding of the Tribunal

(5) Reg 2016/1036 제13조 1항: 우회덤핑의 요건 ④ - 덤핑의 존재

넷째, 덤핑의 증거가 존재해야 한다.[25] EU는 우회 조사개시와 과정을 원심 덤핑 조사와 동일하다고 규정하고 있으므로, 원칙적으로 신청인은 덤핑의 증거를 제출해야 한다. 다만 EU는 우회 물품에 대한 덤핑 증거 여부에 대해 검토는 하지만, 경우에 따라서 공표하지는 않는다. 하지만 덤핑률에 대한 질의서를 발송하여 기초 자료를 수집한 후, 덤핑률을 내부적으로 산정은 한다. 덤핑률 계산 시 필수적인 조정 요소 계산도 같이 수행한다.

일례를 들면 2013년 EU는 중국산 유리 섬유 직물에 대한 인도 및 인도네시아 우회 판정에서 조사 대상 업체가 자료를 제출하지 않자, 정상가격은 원심에서 중국과 가장 유사하다고 판단한 캐나다의 자료를 사용하였고, 수출가격은 보고 기간 중 인도와 인도네시아의 수출가격 평균을 사용하였다. 운송, 보험, 패키징 등의 조정 요소는 원심에서 자료를 제출한 중국 수출자들의 CIF 총액에서 차지한 비중을 사용하여 조정하였다.[26]

이 덤핑률은 원칙적으로 미소 마진 2%를 넘어야 하나, 거의 공표하지 않기 때문에 2%를 넘어야 하는지, 아니면 1%가 되어도 덤핑률이 존재한다고 판단하는지는 명확하지 않다.[27] 하지만 경우에 따라서는 우회 물품의 덤핑률을 공개하기도 한다. 일례로 2020년 내식성 철강재 우회 판정 사례에서 EU 집행위는 비협조적 수출자의 우회 물품 덤핑률이 대략 14%라고 판단했다.[28]

---

25 Regulation (EU) 2016/1036 Article 13 Circumvention 1: Where there is evidence of dumping in relation to the normal values previously established for the like product, if necessary in accordance with the provisions of Article 2.

26 COUNCIL IMPLEMENTING REGULATION (EU) No 1371/2013 of 16 December 2013, Extending the definitive anti-dumping duty imposed by Implementing Regulation (EU) No 791/2011 on imports of certain open mesh fabrics of glass fibres originating in the People's Republic of China to imports of certain open mesh fabrics of glass fibres consigned from India and Indonesia, whether declared as originating in India and Indonesia or not, paras 39~44

27 EU는 매뉴얼을 공개하지 않으므로, 이 덤핑률이 미소 마진을 실제로 넘어야 하는지에 대한 관행이 확실히 알려져 있지 않다.

28 COMMISSION IMPLEMENTING REGULATION (EU) 2020/1156 of 4 August 2020, Extending the definitive

참고로 우회 판정에서 보여주는 약식 덤핑률은 우회 조사의 긍정 판정으로 인해 부과되는 우회 덤핑률과는 완전히 다르다. 즉 우회 물품의 덤핑률은 우회 사건에서도 덤핑의 존재가 적용되는지를 판단하기 위한 간이 지표이지, 이 우회 물품의 덤핑률이 그대로 우회 물품에 부과되는 덤핑 관세율이 되는 것이 아니다. 우회 긍정 판정 시 실제로 적용되는 관세율은 사례별로 다르다. 일반적으로 EU는 사소한 변경의 경우에는 조사 대상 물품의 범위를 원심 조사로 확대하여, 원심의 관세 부과율을 그대로 우회 물품에도 적용한다. 사소한 변경의 주체가 원심 조사 대상 업체였으면 해당 업체의 덤핑률을, 아니면 그 밖의 공급자 덤핑률을 적용한다. 다만 면제를 받은 수출자가 있다면, 타당한 상업 송장 등의 증거를 통해 면제 요건을 충족한 것을 입증하는 경우 우회 물품이라 하더라도 원심의 덤핑률을 적용받지 않는다.

제3국 우회 생산의 경우에는 대체로 우회 판정문에 원심에서 결정된 그 밖의 공급자에 적용되는 관세율을 우회 물품에 적용한다고 규정한다.[29] 제3국 생산의 경우에는 원심의 조사 대상자가 없는 사례가 많기 때문에, 그 밖의 공급자율을 적용하는 것이 가장 합리적이기 때문이다. EU는 그 밖의 공급자율에 사실상 AFA처럼 고율의 관세가 적용되므로, 원심 조사 대상자가 없는 제3국 우회 생산의 경우에는 패널티 성격의 공급자율을 단일 우회 관세율로 적용하는 결과가 된다.

마지막으로 지금까지 전술한 우회 요건들의 입증책임은 누구에게 있을까?

---

    anti-dumping duty imposed by Implementing Regulation (EU) 2018/186 on imports of certain corrosion resistant steels originating in the People's Republic of China to imports of slightly modified certain corrosion resistant steels, paras 56~59

29 ① COMMISSION IMPLEMENTING REGULATION (EU) 2017/2213 of 30 November 2017 amending Commission Implementing Regulation (EU) 2017/271 extending the definitive anti-dumping duty imposed by Council Regulation (EC) No 925/2009 on imports of certain aluminium foil originating in the People's Republic of China to imports of slightly modified certain aluminium foil, Article 1 ② COMMISSION IMPLEMENTING REGULATION (EU) 2020/45 of 20 January 2020, amending Implementing Regulation (EU) 2019/1379 as regards the extension of the anti-dumping duty imposed on imports of bicycles originating in the People's Republic of China to imports of certain bicycle parts originating in the People's Republic of China by Council Regulation (EC) No 71/97, Article 1

EU 법원은 우회 요건의 입증책임은 EU 집행위에 있음을 명확히 한다. 예컨대 환적 행위를 확인하기 위해 스리랑카 6개 회사에 질의서를 보냈는데, 3개 회사만 답변하고 3개 회사는 답변하지 않았다고 가정하자. 나아가 답변한 3개 회사에 대해서 EU 집행위는 환적의 증거를 찾지 못했다. 이 경우 EU 집행위는 나머지 3개 회사가 답변하지 않았다는 이유로 AFA를 적용하여, 스리랑카에서 광범위한 환적 행위가 일어났다고 판단할 수 있을까? EU 법원은 이런 경우에도 EU 집행위의 입증책임이 면제되는 것이 아니므로, 스리랑카에 대해서는 환적 행위가 일어났다고 판단해서는 안 된다고 판시했다.[30]

EU와 달리 우리나라는 현재 산업 피해의 증거도 필요 없고, 덤핑의 증거도 필요하지 않다. 미국과 캐나다도 EU와 달리 우회덤핑의 경우에는 덤핑률을 별도로 고려하거나 계산하지 않는다. 참고로 우리나라는 원심에서 개별 덤핑률을 받은 개별기업이 우회덤핑 판정을 받으면, 우회 물품에 대해서는 원심의 덤핑마진율을 그대로 적용하게 해 두었다. 만약 그 밖의 공급자가 우회덤핑 판정을 받으면 그 밖의 공급자 덤핑마진을 적용하되, 그 밖의 공급자가 우회덤핑 조사에 응하지 않을 경우 등에는 해당 물품 원심 조사에서 산정된 덤핑마진율 중 최고 덤핑마진율을 부과할 수 있게 해 두었다. 이에 대해서는 후술한다.

(6) Reg 2016/1036 제13조 3항: 우회덤핑 조사의 절차

제13조 3항에서는 우회 조사에 대한 절차를 규정한다. 즉, 우회 조사는 EU 집행위가 직권으로 조사하거나 EU 회원국 혹은 이해관계자의 신청으로 개시한다.[31] 나아가 EU는 기본적으로 우회 조사개시 및 조사 절차 규정을 원심의 덤핑

---

30 Judgment of the Court (Fourth Chamber) of 19 September 2019., Document 62018CJ0251

31 Regulation (EU) 2016/1036 Article 13 Circumvention 3: Investigations shall be initiated pursuant to this Article on the initiative of the Commission or at the request of a Member State or any interested party on the basis of sufficient evidence regarding the factors set out in paragraph 1 of this Article.

조사 절차와 동일하다고 규정한다.[32] 예컨대 EU는 신청서 접수 후 조사개시 여부를 최종 결정하는 기간이 신청 후 45일 이내로 반덤핑 조사와 우회덤핑의 조사개시 결정 기간이 모두 동일하다.

우리나라는 덤핑 조사 원심의 경우에는 검토 기간이 2개월이지만, 신속한 절차의 진행이라는 우회 조사의 취지를 감안하여 우회 조사의 개시 여부 검토 기간은 원심보다 축소된 30일로 정했다. 다만 필요할 경우에는 45일로 연장 가능하다. 이는 캐나다의 원심 조사개시 결정 기간과 동일하다. 캐나다는 우회덤핑 조사의 경우에는 연장 요건 없이 45일로 정해져 있다. 미국은 원심의 경우는 조사개시 결정이 신청 후 20일 이내(40일로 연장 가능)이고, 우회덤핑의 경우에는 30일 이내(45일로 연장 가능, 새로운 사실 정보 제기 시 60일까지 연장 가능)이다. 이를 표로 정리하면 다음과 같다.

< 주요 국가의 원심과 우회 조사개시 결정 기한 >

	한국	EU	미국	캐나다
원심 덤핑	2개월	45일	20일(40일: +20일 연장 가능)	30일(45일: +15일 연장 가능)
우회 덤핑	30일(45일: +15일 연장 가능)	45일	30일(45일: +15일 연장 가능, NFI 제기 시 60일)	45일

다만, EU의 경우 조사 기간이나 덤핑률 미산정 등은 우회 조사와 원심 덤핑 조사가 서로 다른데, 이처럼 예외적인 내용은 별도로 간략히 규정한다. 예컨대 EU 집행위가 우회 행위 여부를 판단하기 위한 조사는 원심과 달리 9개월 안에 이루어져야 한다. 나아가 EU 우회 조사의 경우는 예비조사와 본조사의 구분이 없으며, EU 집행위가 9개월 안에 우회 행위가 있다고 판정할 경우 우회 물품에 대해서도 반덤핑 관세가 확대 적용된다. 아래는 EU의 덤핑 조사 원심과 우회 조

---

32 Regulation (EU) 2016/1036 Article 13 Circumvention 3: The relevant procedural provisions of this Regulation concerning the initiation and the conduct of investigations shall apply pursuant to this Article.

사 절차의 차이점을 간략히 정리한 것이다.

< EU의 원심 절차와 우회 절차 차이 >

원심 절차		우회 절차
조사개시 후 1년 (예비 조사 9개월, 본 조사 3개월)	조사 기간	조사개시 후 9개월 이내
○	덤핑률·산피율 산정	× (덤핑 존재 여부는 판단)
○	예비판정	×
○ (90일 이내)	잠정 조치	○ (90일 이내)

참고로 미국은 EU와 달리 우회덤핑 조사 기간이 원심보다 오히려 더 길다. 특히 미국은 우회 절차와 관련된 상세한 규정이 신설된 2021년 9월 이전에는 우회 조사 기간이 일관성이 없었고, 어떤 경우에는 2년을 넘는 기간 동안 조사를 진행한 사례도 있는 등 대체로 길었다. 예컨대 비코팅 용지 우회 조사에서 미국 상무부는 2020년 11월에 예비 판정을 하였는데, 1년이 도과한 2021년 12월에야 최종 판정을 내렸다.[33] 규정상 미국의 우회 조사 기간이 다른 나라보다 길어진 것은 이와 같은 미국의 조사 관행 때문이다. 아마 원심 조사보다 우회 조사 기간이 긴 나라는 미국이 거의 유일할 것으로 본다.

캐나다는 원심 덤핑 조사 기간이 210일로 EU가 1년, 한국이 사실상 10개월, 미국이 280일(9개월 10일)이라는 점을 고려할 때, 주요국 가운데 가장 짧다. 캐나다는 우회덤핑 조사의 경우에는 원심 조사보다 더 짧아 180일 내에 조사를 마쳐야 한다. 다만 60일은 연장이 가능하므로, 캐나다는 대략 240일 내에는 우회 조사가 끝난다고 보면 된다. 한국은 조사개시 후 6개월 혹은 8개월('25.8 시행령 개정안) 안에

---

33 A-351-842, A-570-022, C-570-023, A-560-828, C-560-829, Anti-Circumvention Inquiries, Uncoated Paper Rolls, Public Document

조사를 마쳐야 하므로, 우회 조사 기간이 전 세계에서 가장 짧은 편에 속한다.

< 주요 국가의 원심과 우회 조사 기간 >

	한국	EU	미국	캐나다
원심 덤핑	6개월(10~12개월:+4+2개월 연장 가능)	1년 (예비 조사 9개월, 본 조사 3개월)	280일	210일
우회 덤핑	6개월(7개월: +1개월 연장 가능, '25.8 개정안 → 8개월: +2개월 연장 가능)	9개월	300일(365일: +65일 연장 가능, 455일도 가능)	180일(240일: +60일 연장 가능)

(7) Reg 2016/1036 제13조 4항과 5항: 우회덤핑의 면제와 관세 부과

제13조 4항에서는 우회덤핑의 면제 절차를 규정한다. 즉, 우회덤핑 요건에 해당하지 않는다고 주장하는 수출자나 수입자는 우회덤핑 조사개시 시 EU 집행위가 규정한 시일 안에 충분한 증거를 제출하면, 우회덤핑 관세의 면제를 받을 수 있다.[34] 면제 신청서는 우회 조사 질의서만큼이나 양이 많고 복잡한데, 이 신청서를 모두 작성해서 제출한 후 EU 집행위가 승인해야만 면제를 받을 수 있다.

해당 수출자가 조사 대상이 아니어도 상관이 없으므로, 원심에서 자료를 제출할 기회가 없었던 개별 수출자는 우회덤핑 조사 과정에서 우회덤핑 관세의 면제를 신청할 수 있다. 나아가 관행, 공정, 작업이 EU 외에서 이루어지고 우회 요건에 해당하지 않는 경우에는 EU 외의 해당 "생산자"가, 관행, 공정, 작업이 EU 내에서 이루어지고 우회 요건에 해당하지 않는 경우에는 EU 내의 "수입자"가 이

---

34 Regulation (EU) 2016/1036 Article 13 Circumvention 4: Imports shall not be subject to registration pursuant to Article 14(5) or measures where they are traded by companies which benefit from exemptions. Requests for exemptions duly supported by evidence shall be submitted within the time limits established in the Commission regulation pursuant to which the investigation is initiated.

를 증명한다면 해당 생산자 혹은 수입자에 대한 우회덤핑 관세는 면제된다. 면제 신청인은 송장 등을 증빙으로 하여, 세관 당국에 관련 서류를 제출해야 한다. 면제 기간은 조사를 수행한 EU 집행위가 결정한 기간으로 정한다.[35]

EU 외 생산자와 EU 내 수입자에 대한 면제 특칙을 신설한 이유는 EU가 우회덤핑 마진을 국가 단위로 적용할 수 있기 때문이다. 즉 제13조 1항에 따르면 반덤핑 관세는 제3국 우회를 통해 EU로 유입된 동종 상품에 그대로 부과할 수 있다. 다시 말해 국가 단위로 단일 우회 덤핑률 부과가 가능하다. 예컨대 러시아산 고급 인테리어 합판(birch plywood) 우회 사건에서 EU는 이 제품이 카자흐스탄과 튀르키예에서 환적되거나 조립되었다고 판단한 후, 카자흐스탄과 튀르키예에게 러시아 반덤핑 마진을 단일로 적용했다. 국가 단위 단일 덤핑률을 적용할 수 있으므로, 우회 행위에 간여하지 않았음에도 불구하고 우회 관세율을 부과받을 경우 EU 외의 생산자 혹은 EU 내 수입자가 피해를 볼 수 있어 면제 제도가 필요한 것이다. 우리나라는 국가 단위 적용이 없으므로 이 면제 조항이 없는데, 향후 국가 단위 조사와 수입자 면제 제도를 신설하는 것이 바람직하다고 본다.

면제에 해당하기 위한 요건은 다음과 같다. ① 관행, 공정 또는 작업이 EU 역외에서 이루어지는 경우, 해당 제품의 생산자가 해당 제품이 조치의 대상이 되는 생산자와는 무관하며, 제13조 1항 및 2항에 정의된 우회적 관행에 관여하지 않았음을 입증하거나,[36] ② 관행, 공정 또는 작업이 유럽 역내에서 이루어지는 경우, EU 내의 수입자가 조치 대상이 되는 생산자와 무관하다는 점을 입증하면

---

35 Regulation (EU) 2016/1036 Article 13 Circumvention 4: Where the circumventing practice, process or work takes place outside the Union, exemptions may be granted to producers of the product concerned that are found not to be engaged in circumvention practices as defined in paragraphs 1 and 2 of this Article. Where the circumventing practice, process or work takes place inside the Union, exemptions may be granted to importers that can show that they are not engaged in circumvention practices as defined in paragraphs 1 and 2 of this Article.

36 Regulation (EU) 2016/1036 Article 13 Circumvention 4: Where the circumventing practice, process or work takes place outside the Union, exemptions may be granted to producers of the product concerned that are found not to be engaged in circumvention practices as defined in paragraphs 1 and 2 of this Article.

면제를 받을 수 있다.[37] 이러한 면제는 집행위원회의 결정에 따라 부여되며, 결정에 명시된 기간과 조건 하에서만 유효하다. 위원회는 해당 면제 신청에 관해 분석을 완료하면 정보를 회원국에 제공해야 한다. 미국도 우회덤핑 수출자 면제 제도인 인증(certification) 제도를 운영하고 있는데, EU와 매우 유사하다. 미국은 최초 간이 질의서(Q&V)에 답변한 수출자 중에서 해당 제품을 우회하지 않았음을 입증한 후 상무부의 실사를 거쳐 면제 자격을 부여받으면, 수출 건별로 우회덤핑 관세를 면제해 주고 있다. 이에 대해서는 후술한다.

제13조 5항에서는 우회덤핑 관련 규정이 부과되고 있는 관세 부과와 관련된 조항의 통상적 적용을 배제하지는 않는다고 규정한다. 즉, 일반적으로 우회덤핑 규정은 기존에 부과되는 관세 조치를 변경하는 것이 아니다. 특히 우회덤핑 관세는 기존의 원산지 규정과 충돌할 수 있는데, EU는 우회덤핑 관세가 기존의 원산지 기반 관세 부과 적용을 배제하지 않음을 명확히 하고 있다.

(8) 우회 조사기관 및 결정 절차

EU의 우회 조사 담당 기관은 EU 집행위원회(European Commission) 산하의 무역 총국(Director-Generate for Trade; DG Trade)이다. 2025년 기준으로 무역 총국 아래에는 8개의 부국(副局)이 있는데, 이 중 7번째 부국인 Trade G의 제3과가 우회 조사를 담당한다. 조사가 끝나면 우회 방지 관세 부과와 같은 최종 결정은 EU 이사회(EU Council)가 담당하게 된다. 다만 그 이전에 회원국 대표로 구성된 무역구제위원회(Trade Defence Instruments Committee; TDI Committee)가 EU 이사회에 무역 총국의 조사 결과에 대한 의견을 제시한다. 즉 집행위 산하의 무역 총국이 조사한 우회 조사 보고서를 TDI 위원회가 검토하여 의견을 표명한 후, 회원국 투표로 EU 이사회에서 최종

---

37 Regulation (EU) 2016/1036 Article 13 Circumvention 4: Where the circumventing practice, process or work takes place inside the Union, exemptions may be granted to importers that can show that they are not engaged in circumvention practices as defined in paragraphs 1 and 2 of this Article.

결정을 내린다.

최종 결정은 단순 다수결(Simple Majority Voting: SMV) 방식이 있고, 특별 다수결(Qualified Majority Voting: QMV) 방식이 있다. SMV는 EU 회원국 27개국 중 14개 국가가 찬성하면 의결되는 방식으로, 대표적인 사례가 조사개시 결정은 이 방식을 따른다. 특별 다수결 방식은 EU 회원국 수를 기준으로 최소 55%의 회원국인 15개 국가가 찬성하고, 나아가 EU 회원국 인구수를 기준으로 65% 이상을 대표하는 회원국의 지지가 있어야 한다. 주로 확정 관세 부과, 관세 부과 연장 결정 등이 QMV 방식을 따른다.

일반적으로 잠정 조치는 EU 집행위원회가 TDI 위원회의 사전 의견 청취 후 EU 이사회 의결 없이 단독으로 결정할 수 있다. 하지만 SMV 방식으로 TDI 위원회가 반대하면 EU 집행위는 잠정 조치를 부과할 수 없다. 참고로 중국산 전기차 상계관세 조사 건처럼 중요한 사안일 경우에는 잠정 조치에 대해서도 EU 이사회 의결을 거치기도 한다.

< EU DG Trade 조직도 >

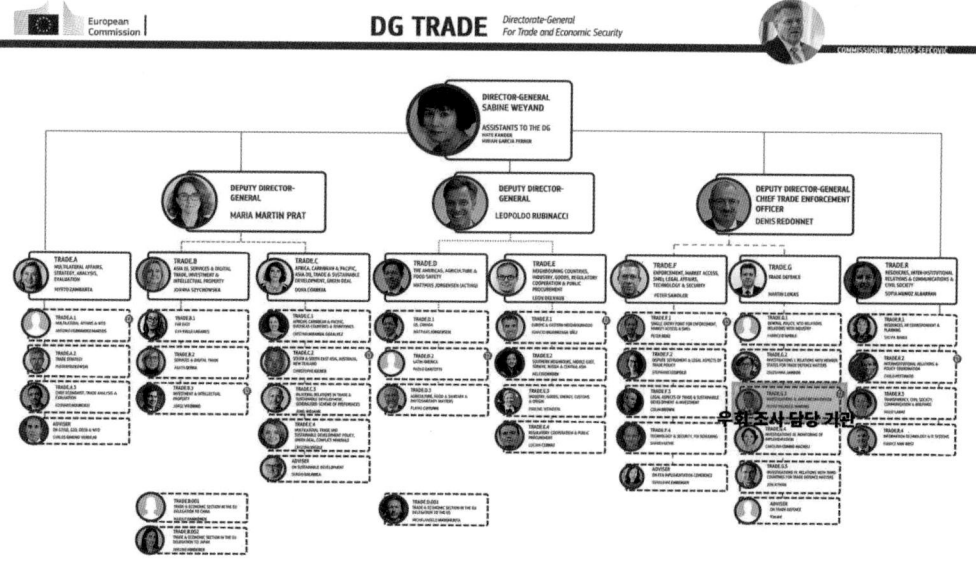

(9) 직권조사와 소급효

EU 규정에 따르면 신청 이외에 EU 집행위가 직권으로도 우회덤핑 조사를 개시할 수 있다.[38] EU는 다른 나라보다는 상대적으로 직권조사 활용 빈도가 높은데, 이는 EU가 우회 방지 제도를 처음 도입한 국가이기도 하고 우회 방지에 매우 적극적으로 대응한다는 정책적 방침 때문이기도 하다. EU 규정에 따른 직권조사는 신청과 동일하게 우회덤핑의 증거가 충분한 경우이다.[39] WTO 규정에는 반덤핑과 상계관세 조사는 특별한 상황(special circumstances)이 있는 경우에만 직권조사가 가능하지만, EU 규정에 따르면 특별한 상황 없이도 우회에 대한 직권조사가 가능한 셈이다. 즉, 우회와 관련한 충분한 증거만 있으면 EU는 우회 직권조사를 개시할 수 있다.

참고로 미국은 직권조사 근거 규정이 법률에 없고, 시행령에만 있다.[40] 미국도 WTO 규정과 달리 특별한 상황이 아니라, 우회 조사가 보증(warranted)되는 경우 직권조사가 가능하다고 규정한다. 우리나라는 필자가 반덤핑과 상계관세 원심 조사에 없는 무역위원회의 직권조사 권한을 우회 조사의 경우에 처음으로 삽입하였는데, 우리는 WTO 규정을 따라 특별한 상황에서만 직권조사가 가능하도록 규정했다. 이처럼 나라마다 직권조사 규정이 다른 이유 또한 우회 조사에 관한 통일된 글로벌 규정이 없기 때문에 발생하는 것이다. 하루빨리 우회 조사에 대해 합의된 글로벌 규범이 조속히 마련되기를 희망해 본다.

한편 우회 긍정 판정이 난 경우 EU는 우회 물품이 등록된 시점으로 우회 덤

---

38 Regulation (EU) 2016/1036 Article 13 Circumvention 3: Investigations shall be initiated pursuant to this Article on the initiative of the Commission

39 Regulation (EU) 2016/1036 Article 13 Circumvention 3: ... any interested party on the basis of sufficient evidence regarding the factors set out in paragraph 1 of this Article.

40 19 CFR § 351.226.(b). Self-initiation of circumvention inquiry. If the Secretary determines from available information that an inquiry is warranted into the question of whether the elements necessary for a circumvention determination under section 781 of the Act exist, the Secretary may initiate a circumvention inquiry and publish a notice of initiation in the Federal Register.

핑률을 소급해서 적용할 수 있다.[41] 참고로 등록이란 EU가 반덤핑 조사나 우회 조사가 개시되는 시점 이후로 해당 수입 물품을 세관에 특별히 등록하여 관리하도록 하는 제도이다. 등록의 근거는 Regulation (EU) 2016/1036 서문에 규정되어 있다. 이 규정에 따르면 수입품의 등록이 의무가 아닌 것처럼 규정되어 있지만, 매 조사건 마다 등록을 한다.[42] 수입 등록 시점은 조사개시 시점과는 개념적으로는 구분되는 개념이고, 실제로 조사개시 시점과 등록 시점 사이에 상당한 차이가 나는 경우도 적지 않다.

EU는 우회 물품에 대해서도 잠정 조치 부과가 가능한데, 이는 원칙적으로 EU가 원심 반덤핑 조사와 우회덤핑 조사를 동일시하기 때문이다. 즉, 우회덤핑 조사에서 특별한 규정이 있으면 그 규정을 별도로 신설하여 그에 따르고, 달리 규정이 없으면 원심 반덤핑 조사와 우회 조사는 동일한 절차를 따른다. 우회덤핑 조사 규정에는 잠정 조치 부과를 배제하는 조항이 없으므로, 우회덤핑 조사 과정에서도 일반적인 원심 반덤핑 조사와 마찬가지로 잠정 조치 부과가 가능하다는 뜻이다. 즉, 조사개시 후 60일 이후부터 9개월 사이에 EU 집행위는 우회 물품에 대해 90일의 범위에서 잠정 조치를 취할 수 있다. 규정에 따르면 9개월 이내의 기간 중 한 번의 잠정 조치를 취할 수도 있고, 두 번에 걸쳐서 잠정 조치를 취할 수도 있다.

---

41 Regulation (EU) 2016/1036 Article 13 Circumvention 3 Investigations shall be initiated pursuant to this Article on the initiative of the Commission or at the request of a Member State or any interested party on the basis of sufficient evidence regarding the factors set out in paragraph 1. Initiations shall be made by Commission Regulation which may also instruct customs authorities to subject imports to registration in accordance with Article 14(5) or to request guarantees. The Commission shall provide information to the Member States once an interested party or a Member State has submitted a request justifying the initiation of an investigation and the Commission has completed its analysis thereof, or where the Commission has itself determined that there is a need to initiate an investigation

42 Regulation (EU) 2016/1036 서문 (23) It is necessary to provide that imports under investigation may be made subject to registration upon importation in order to enable measures to be subsequently applied against such imports.

03 주요국의 우회덤핑 방지 제도 개요: 미국

콘스탄티노플 함락, 듀칼레 궁전 소장

(1) 미국 우회 방지 법률 제도 개관

미국은 EU가 우회 방지 제도를 도입한 1987년 직후인 1988년 옴니버스 법을 통하여 우회 방지 제도를 처음 도입하였다. 미국은 우회 방지를 위해 미국의 무역구제 관련 기본법률인 관세법 제781조^(Tariff Act of 1930, Section 781)에서 우회^(circumvention)를 규정한다. 미국은 전 세계에서 가장 활발하게 반덤핑과 상계관세를 부과하는 나라이므로, 우회 조사가 구조적으로 매우 활발할 수밖에 없다. 예컨대 미국은 2025년 11월 기준으로 전 세계 65개국을 상대로 총 783건의 반덤핑, 상계관세를 부과 중이다.[1] 아프리카 대부분의 국가^(남아프리카 공화국 제외), 스칸디나비아 3국, 몽골, 아프가니스탄 등을 제외하고는 사실상 전 세계가 미국의 반덤핑과 상계관세 등의 무역 구제 조치 대상국인 셈이다. 따라서 우회 조사 또한 전 세계에서 가장 활발할 수밖에 없다.

다만 옴니버스 법의 우회 조항은 우회 방지 제도의 근거를 서술하지는 않고, 조항의 제목에만 우회 방지^(Prevention of Circumvention of Antidumping and Countervailing Duty)라고 규정한다. 이 때문에 미국의 우회 방지 제도는 우회 방지가 무역 구제 조치의 훼손 방지라든지 하는 정책 목표에 대한 언급이 법에 아예 없다. 다만 제781조 아래에는 우회의 유형을 4가지로 열거한다.

---

1 https://www.trade.gov/data-visualization/adcvd-proceedings

우회 방지를 위한 근거를 서술하지 않고 제목으로만 처리한 후 유형을 나열하여 우회덤핑 방지 제도를 운영하는 것이 법률상 가능한지에 대한 논란이 있다. 필자는 우회 방지를 위한 근거 조항이 명시적으로 없는 상태에서, 유형만 나열한 후 우회 방지 제도를 운영하는 것은 법률적으로 바람직하지 않다고 본다. 미국 상무부의 제도 개선 노력이 필요한 상황이다. 이하 내용은 우회 상계관세에도 동일하게 적용되지만, 우회덤핑으로 내용을 한정해서 설명한다.

한편 미국에서 우회 조사개시는 신청에 따른 조사와 직권조사로 구분된다. 유의해야 할 점은 신청의 경우에는 산업 대표성 요건이 필요가 없다는 것이다. 즉, 덤핑이나 상계관세 조사의 경우에는 신청 시 찬성 의사를 표시한 국내 생산자들의 생산량 합계가 국내 총생산량의 25% 이상이어야 하고, 찬성 또는 반대 의사를 표시한 국내 생산자들의 국내 생산량 합계 중 찬성 의사를 표시한 국내 생산자들의 생산량 합계가 50%를 초과하여야 한다. 즉, 산업 대표 요건 (on behalf of industry)이 반드시 필요하다.[2] 하지만 미국 우회덤핑 신청의 경우에는 이러한 요건이 없다.[3] 즉, 이해관계인이면 누구나 우회덤핑 조사를 신청할 수 있다. 이는 EU나 캐나다도 마찬가지다. 이에 따라 미국은 생산자뿐 아니라, 생산자를 대표하지 않는 단독 수입자도 이해관계만 있으면 우회덤핑 조사를 신청할 수 있는 자격을 가지고 있다는 점을 유의해야 한다.

---

2   19 U.S. Code § 1673a - Procedures for initiating an antidumping duty investigation
   (4) Determination of industry support
   (A) General rule: For purposes of this subsection, the administering authority shall determine that the petition has been filed by or on behalf of the industry, if—
      (i) the domestic producers or workers who support the petition account for at least 25 percent of the total production of the domestic like product, and
      (ii) the domestic producers or workers who support the petition account for more than 50 percent of the production of the domestic like product produced by that portion of the industry expressing support for or opposition to the petition.

3   19 CFR § 351.226. (c) Circumvention inquiry request -
   (1) In general. An interested party may submit a request for a circumvention inquiry that alleges that the elements necessary for a circumvention determination under section 781 of the Act exist and that is accompanied by information reasonably available to the interested party supporting these allegations. The circumvention inquiry request must be served in accordance with the requirements of paragraph (n) of this section.

필자는 우리나라 우회덤핑 방지 제도를 도입할 때, 신청 자격과 관련된 미국의 이 조항을 검토하였다. 하지만 필자의 의도와 달리 우리나라의 경우에는 우회덤핑 조사를 처음 도입하는 만큼, 우회덤핑 방지 제도의 남용을 방지한다는 차원에서 우회덤핑 조사신청 요건을 미국이나 EU, 캐나다처럼 넓게 하지는 않았다. 그렇다고 원심 조사처럼 산업 대표성 요건을 또 부과하는 것은 우회덤핑의 신속한 구제라는 측면에서 바람직하지도 않다. 후술하겠지만, 우리나라 우회덤핑 제도에서는 모든 이해관계인이 우회덤핑 조사를 신청할 자격은 없다. 다만, 산업 대표 요건은 필요 없고, 원심 조사를 신청한 자, 혹은 이에 찬성 의사를 표시한 자는 우회덤핑 조사를 신청할 수 있도록 절충안을 만들어 놓았다.

(2) 우회의 유형 ①, 제781조 (a): 미국 내 완성 혹은 조립

우회의 첫 번째 유형은 미국 내 완성 혹은 조립이다.[4] 즉 반덤핑 관세가 부과된 후 해당 물품을 미국 내에서 완성하거나 조립하는 경우이다. 예컨대 미국이 이탈리아산 건성 파스타에 반덤핑 관세를 부과했는데, 당시에는 5파운드 이하의 파스타만 미국으로 수입되어 5파운드 이하의 파스타만 반덤핑 관세를 부과하였다. 이 조치 후 이탈리아 수출업자는 미국에 5파운드 초과의 대형 포장 파스타를 수출한 후, 미국 내에서 다시 이를 소형으로 재포장하여 5파운드 이하의 파스타를 팔았다. 이 행위가 바로 미국 내 완성 혹은 조립에 해당한다.

미국 내 완성 혹은 조립이 되려면 다음의 4가지 요건이 충족되어야 한다. ① 우회로 의심되는 물품이 반덤핑 관세의 부과 대상이 되는 물품과 동일 분류이거나 동일 종류(the same class or kind)이어야 한다.[5] 분류나 종류는 광범위하게 해석하는

---

4 Tariff Act of 1930, Section 781 Circumvention, (a) Merchandise completed or assembled in United States.

5 Tariff Act of 1930, Section 781 Circumvention, (a)(1) In general, If –
   (A) merchandise sold in the United States is of the same class or kind as any other merchandise that is the subject of –
     (i) an antidumping duty order issued under section 1673e of this title,

경향이 있는데, 일반적으로 산업 피해에서 고려하는 동종 물품^(like product)보다는 더 넓은 개념으로 보아야 한다. 미국이 던켈 초안의 우회 방지 규정에서 동종 물품이라는 용어에 반대한 이유가 바로 이것이다.

이 조항은 완성 혹은 조립의 이슈에서 필자가 제기한 심각한 이슈와 관련되어 있다. 즉 앞서 언급한 알루미늄 시트와 알루미늄 호일의 사례에서, 알루미늄 시트와 알루미늄 호일은 동일 분류이거나 동일 종류인가? 물리적 특성만 보면 알루미늄 시트는 매우 두껍고 알루미늄 호일은 매우 얇아서 다른 것처럼 보인다. 하지만 알루미늄 호일은 알루미늄 시트를 얇게 벗겨 내면 만들 수 있는 제품이다. 이 경우 미국 상무부는 알루미늄 시트와 알루미늄 호일을 동일 분류 혹은 동일 종류로 판단할 가능성이 높다.

특히 동종 물품은 WTO 협정에 "모든 면에서 동일하거나, 이런 물품이 없을 경우에 아주 유사한[6]" 제품이라고 정의되어 있으나, 동일 분류 혹은 동일 종류는 그 정의 자체가 없다. 필자가 보기엔 알루미늄 시트와 알루미늄 호일을 동일 분류나 종류로 판단하는 것은 합리적이지 않다고 생각하지만, 그렇다고 동일 분류나 동일 종류가 명백히 아니라고 100% 장담하기도 어려워 보이기는 하다.

② 미국 내 완성 혹은 조립 물품에 사용되는 부품 혹은 요소^(parts or components)가 반덤핑을 부과하는 국가에서 미국으로 수입된 후 미국에서 완성 혹은 조립되어야 한다.[7] 더 나아가 제781조[a][3]에 따르면 부품 혹은 요소의 수입 변화 등을 포함한 무역 패턴을 고려해야 하고, 부품 혹은 요소 수출자나 생산자가 반덤핑 조치가 적용되는 국가에서 생산된 부품 혹은 요소를 사용하여 ^(완성 혹은 조립한 후)

    (ii) a finding issued under the Antidumping Act, 1921, or
    (iii) a countervailing duty order issued under section 1671e of this title or section 1303 [1] of this title,

6 WTO, AD 2.6. … a product which is identical, i.e. alike in all respects to the product under consideration or in the absence of such a product, another product which, although not alike in all respects, has characteristics closely resembling those of the product under consideration.

7 Tariff Act of 1930, Section 781 Circumvention, (a)(1)(B) such merchandise sold in the United States is completed or assembled in the United States from parts or components produced in the foreign country with respect to which such order or finding applies,

미국으로 판매한 사람과 특수관계가 있는지 여부도 고려해야 하며, 해당 부품 혹은 요소의 미국 수입이 원심 조사 이후 증가했는지 여부 등도 고려해야 한다.[8]

③ 미국 내 완성 혹은 조립 공정이 경미하거나(minor) 중요하지 않아야(insignificant) 한다.[9] 이는 미국 내 공정의 부가가치가 경미해야 한다는 뜻으로, EU가 25% 이하 부가가치 기준을 사전에 설정한 것과 달리 미국은 구체적인 기준이 규정에 없다. 따라서 공정의 경미성 여부는 사안별로 판단하게 된다. 다만 미 상무부는 공정의 경미성을 판단하기 위해 미국 내 투자 수준, 미국 내 R&D 활동, 미국 내 생산 공정의 성격이나 생산 설비의 규모 등을 고려해야 한다.

④ 부품이나 요소의 가치 또한 물품의 전체 가치에서 상당한 비중(significant portion)을 차지하여야 한다.[10] 미국이 규정하는 상당한 비중 또한 사전에 정해지 수치가 없고, 사안별 판단 사항이다. 전술한 4가지 고려 요소 또한 하나, 하나의 요소를 별도로 검토하되 결론은 전체 요소를 종합적으로 고려하는 Totality test를 진행한다. 이 때문에 미국의 우회덤핑 방지 제도는 사전에 그 결과를 예측하기가 매우 어렵다. 마치 뚜껑을 열기 전에는 삶과 죽음이 중첩되면서 생사를 알 수 없는 슈뢰딩거의 고양이처럼.

(3) 우회의 유형 ②, 제781조 (b): 제3국 완성 혹은 조립

8　Tariff Act of 1930, Section 781 Circumvention, (a) (3) Factors to consider
　In determining whether to include parts or components in a countervailing or antidumping duty order or finding under paragraph (1), the administering authority shall take into account such factors as—
　(A) the pattern of trade, including sourcing patterns,
　(B) whether the manufacturer or exporter of the parts or components is affiliated with the person who assembles or completes the merchandise sold in the United States from the parts or components produced in the foreign country with respect to which the order or finding described in paragraph (1) applies, and
　(C) whether imports into the United States of the parts or components produced in such foreign country have increased after the initiation of the investigation which resulted in the issuance of such order or finding.

9　Tariff Act of 1930, Section 781 Circumvention, (a)(1)(C) the process of assembly or completion in the United States is minor or insignificant, (미국은 어떤 조항은 완성 혹은 조립, 어떤 조항은 조립 혹은 완성이라고 쓴다.)

10　Tariff Act of 1930, Section 781 Circumvention, (a)(1)(D) the value of the parts or components referred to in subparagraph (B) is a significant portion of the total value of the merchandise,

두 번째 유형에서는 제3국에서 완성 또는 조립된 경우이다.[11] EU의 생산 우회 조항과 사실상 같다. 제3국 완성 혹은 조립은 네 가지 요건을 부여한 미국 내 완성 혹은 조립과 달리 다섯 가지 요건을 충족해야 한다.

① 우회로 의심되는 물품이 반덤핑 관세의 부과 대상이 되는 물품과 동일 분류이거나 동일 종류(the same class or kind)이어야 한다.[12] 이는 미국 내 완성 혹은 조립의 첫 번째 요건과 동일하다. 상무부는 일단 신청이든 직권이든, 우회 의심 물품을 원심 부과 물품과 동일 분류 혹은 동일 종류로 일견 간주하기 때문에 조사 대상 기업의 적극적인 반박이 없으면, 이 요건은 거의 충족된 것으로 본다. 예컨대 2024년 5월 중국산 MSG의 말레이시아 생산 우회 사건에서, 상무부는 조사 대상 기업이 동일 분류 혹은 동일 종류에 대해 어떠한 이견도 제시하지 않았다는 점을 동일 분류 혹은 동일 종류로 판단한 중요한 근거의 하나로 제시했다.[13]

② 해당 물품이 반덤핑 관세가 부과되지 않는 제3국에서 완성되거나 조립되어야 한다.[14] 이 요소도 미국 내 완성 혹은 조립과 동일하다. 즉 부품 혹은 요소의 수입 변화 등을 포함한 무역 패턴을 고려해야 하고, 부품 생산자 혹은 요소 수출자와 부품 혹은 요소의 사용자 간에 특수관계가 있는지 여부도 고려해야 하며 해당 물품, 부품 혹은 요소의 수입이 원심 무역구제 조치 부과 국가에서 제3국으로 원심 조사 이후 증가했는지 여부 등을 고려해야 한다.[15] 일례를 들면 2024년 5

11　Tariff Act of 1930, Section 781 Circumvention, (b) Merchandise completed or assembled in other foreign countries

12　Tariff Act of 1930, Section 781 Circumvention, (b)(1)(A) merchandise imported into the United States is of the same class or kind as any merchandise produced in a foreign country that is the subject of -
　　(i) an antidumping duty order issued under section 1673e of this title,
　　(ii) a finding issued under the Antidumping Act, 1921, or
　　(iii) a countervailing duty order issued under section 1671e of this title or section 1303 1 of this title,

13　A-570-992, Circumvention Inquiry, Malaysia Assembly, Public Document, E&C/OVII: TC/JS, p. 11

14　Tariff Act of 1930, Section 781 Circumvention, (b)(1)(B) before importation into the United States, such imported merchandise is completed or assembled in another foreign country from merchandise which -
　　(i) is subject to such order or finding, or
　　(ii) is produced in the foreign country with respect to which such order or finding applies,

15　Tariff Act of 1930, Section 781 Circumvention, (b)(3) Factors to consider. In determining whether to

월 개시한 중국산 MSG의 말레이시아 생산 우회 사건에서 상무부는 MSG의 원료인 글루타민(glutamic acid)이 중국으로부터 말레이시아로 2019년 1월부터 2024년 2월까지 450.52% 증가했음을 발견하고, 생산 우회의 중요한 증거로 삼았다.[16]

③ 제3국 내 완성 혹은 조립 공정이 경미하거나(minor) 중요하지 않아야(insignificant) 한다.[17] 이 요소 또한 미국 내 완성 혹은 조립과 동일하다. 이 세 번째 요건은 제3국 내 완성 혹은 조립 요건에서 가장 핵심적인 요소이다. 이 때문에 미국 관세법에서는 이 요소에 대해 고려해야 할 요소 다섯 가지를 추가로 열거한다. 즉 제3국의 투자 수준, 제3국의 R&D 수준, 제3국 생산 공정의 성격, 제3국 생산 설비의 규모, 제3국 생산 공정 가치가 미국으로 수입된 우회 물품의 가치에서 소규모 비중을 차지하는지 여부 등이 그것이다.[18] 이 다섯 가지 요건은 그 개별 요건을 모두 만족해야 하는 것이 아니라, 다섯 가지 요소를 전체적으로 고려해야 하는 Totality test를 진행한다. 상무부는 Totality test를 "어떤 개별 요소도 결정적인 요소로 고려하지 않는다(Commerce will not consider any single factor of section

---

include merchandise assembled or completed in a foreign country in a countervailing duty order or an antidumping duty order or finding under paragraph (1), the administering authority shall take into account such factors as
(A) the pattern of trade, including sourcing patterns,
(B) whether the manufacturer or exporter of the merchandise described in paragraph (1)(B) is affiliated with the person who uses the merchandise described in paragraph (1)(B) to assemble or complete in the foreign country the merchandise that is subsequently imported into the United States, and
(C) whether imports into the foreign country of the merchandise described in paragraph (1)(B) have increased after the initiation of the investigation which resulted in the issuance of such order or finding.

16 A-570-992, Circumvention Inquiry, Malaysia Assembly, Public Document, E&C/OVII: TC/JS, pp. 16~17

17 Tariff Act of 1930, Section 781 Circumvention, (b)(1)(C) the process of assembly or completion in the foreign country referred to in subparagraph (B) is minor or insignificant,

18 Tariff Act of 1930, Section 781 Circumvention, (b)(2) Determination of whether process is minor or insignificant In determining whether the process of assembly or completion is minor or insignificant under paragraph (1)(C), the administering authority shall take into account -
(A) the level of investment in the foreign country,
(B) the level of research and development in the foreign country,
(C) the nature of the production process in the foreign country,
(D) the extent of production facilities in the foreign country, and
(E) whether the value of the processing performed in the foreign country represents a small proportion of the value of the merchandise imported into the United States.

781[b][2] of the Act to be controlling).".라고 풀어서 설명한다.[19]

우선 제3국에서의 투자 수준은 완제품 생산에 필요한 설비와 비교하여 제3국 생산자 투자 수준의 규모가 미미한지(minor) 여부를 주로 검토한다. R&D 수준은 양적인 투자 금액 외에도 생산 과정의 핵심 공정과 관련된 것인지, 아니면 사소한 공정과 관련된 것인지를 검토한다. 제3국 생산 공정의 성격과 생산 설비의 규모는 완제품 생산을 위한 일관 생산 공정인지, 아니면 완제품 일관 생산 공정 중 일부만 수행하는지 여부 등을 검토한다. 제3국 생산 공정의 가치가 소규모인지를 판단할 때 부가가치 수치와 같은 양적 지표를 검토는 하되, 양적 지표보다는 생산 공정의 범위와 관련하여 창출된 부가가치의 중요성 등과 같은 질적 지표를 더 중시하면서 검토한다.

다섯 가지 요소는 개별 요소별로 판단하는 것이 아니라 전체를 고려하는 Totality test를 거친다. 하지만, 필자가 보기엔 이 다섯 가지 요소 중 가장 핵심적인 요소는 생산 공정의 성격과 생산 공정의 가치, 두 가지이다. 실제로 상무부는 중국산 알루미늄 호일의 우회 판정에서 제3국인 한국 생산 설비의 투자 수준이 경미하지도 않았고, 연구개발의 양적인 수준 또한 사소하지 않았으며, 생산 설비 규모도 작지 않았지만, 생산 공정의 성격이 매우 사소한 변경에 집중되어 있었고 한국 내 추가가공 비중이 적다는 이유로 우회 판정을 내린 적이 있다.

참고로 보통 제3국 내 완성 혹은 조립의 경미성 판단을 위해 상무부는 제3국 조사 대상자 중 의무 대상자를 선정해서 질의서를 발송하는데, 이 질의서를 통해서도 충분한 정보를 획득하지 못하면 약식 질의서인 Q&V 자료를 활용하기도 한다. 약식 질의서의 정보는 충분하지 않기 때문에, 상무부의 판단은 대체로 조사 대상자에게 불리한 추론인 경우가 많다.

④ 부품이나 요소의 가치 또한 물품의 전체 가치에서 상당한 비중(significant

---

19 A-570-992, Circumvention Inquiry, Malaysia Assembly, Public Document, E&C/OVII: TC/JS, p. 10

portion)을 차지하여야 한다.[20] 이 요소도 미국 내 완성 혹은 조립과 동일하다. 상무부는 이 계산을 위해 원심 국가에서 제3국으로 수입된 부품이나 요소의 단가를 구한 후 합한다. 이후 우회 물품의 미국 수출액과 물량을 기준으로 우회 물품의 단가를 구하고 합한 후, 앞서 구한 부품이나 요소 단가의 합과 비교하여 비중을 구한다. 상무부는 상당한 비중에 대해서 구체적인 수치 기준을 잘 밝히지 않고, 주로 상당한 비중을 차지한다는 결론만을 제시하는 형식을 많이 취한다. 특히 부품의 가치에 대해 EU가 60% 이상 기준을 설정한 것을 고려할 때, 미국의 상당한 비중 기준은 그 수치 요건이 명확하지 않음을 유의하자.

⑤ 마지막으로 제3국 완성 혹은 조립 행위가 원심 조치를 우회하는 행위를 예방(prevent)하기 위한 조치로서 적절한 것인지 여부를 당국이 판단해야 한다.[21] 이 조항은 미국 내 완성 혹은 조립 유형에는 없는 요건이다. 필자는 이 조항이 앞서 언급한 GATT 제20조의 일반적 예외 조항을 그대로 준용한 것이라고 본다. 즉 미국은 최소한 규정상으로는 제3국 완성 혹은 조립 행위와 같은 우회 행위에 대해서만큼은 GATT의 일반적 예외 규정에 부합하는 경우에 한해서 우회덤핑 방지 조치를 발동하겠다는 의도를 가지고 있다.

다만, 실제로 제도를 운영하는 과정에서 미 상무부가 이 조항을 심각하게 생각하는 것 같지는 않다. 예컨대 전술한 알루미늄 시트와 알루미늄 호일 케이스는 이 조항에 따르면 우회덤핑 방지 조치의 대상이 되는가, 되지 않는가? 필자는 중국 알루미늄 시트 생산자이든, 한국의 알루미늄 호일 생산자이든 미국의 원심 알루미늄 시트 반덤핑 조치를 우회하려는 부적절한 행위가 있었다고 보지는 않는

---

20 Tariff Act of 1930, Section 781 Circumvention, (b)(1)(D) the value of the merchandise produced in the foreign country to which the antidumping duty order applies is a significant portion of the total value of the merchandise exported to the United States

21 Tariff Act of 1930, Section 781 Circumvention, (b)(1)(E) the administering authority determines that action is appropriate under this paragraph to prevent evasion of such order or finding, the administering authority, after taking into account any advice provided by the Commission under subsection (e), may include such imported merchandise within the scope of such order or finding at any time such order or finding is in effect.

다. 하지만, 미국 반덤핑 관세의 대상이 된 중국산 알루미늄 시트가 한국이나 독일의 알루미늄 호일에 투입된 원료를 통해서 미국으로 다시 유입되는 상황이 심각하다면, 미국 상무부가 이 조항이 있음에도 불구하고 원심 조치를 우회하는 행위를 예방하기 위해 제3국 조립에 대한 우회 방지 조치가 적절하다고 판단하는 것은 그리 어렵지 않아 보인다. 예컨대 전술한 MSG 사건에서는 상무부가 이 항목은 예비 판정에서만 검토하고, 최종 판정에서는 아예 검토조차 하지 않았다.

나아가 미국은 2025년 2월 10일^(3월 12일 시행), 철강 및 알루미늄 232조 쿼터 폐지와 대규모 파생 상품에 대한 관세 부과 발표 시 이런 컨셉을 활용했다. 즉 해당 철강 및 알루미늄 제품에 25%^(6월 4일부터 50%) 관세를 부과하면서, 동시에 철강 및 알루미늄을 사용하여 제작한 볼트, 너트, 자동차 샤시^(chassis), 농기계 제품 등에 대해서도 철강 및 알루미늄을 사용한 가치 함량 분 만큼은 25%^(6월 4일부터 50%) 관세를 부과한다고 밝힌 것이다.²² 예컨대 자동차 샤시 제품의 가치가 4,000달러이고 이 자동차 샤시에 관세 부과 대상인 철강이 2,000달러가 포함되어 있다면, 2,000달러의 25%^(6.3일부터 50%)에 해당하는 500^(혹은 1,000)달러를 관세로 내라는 뜻이다. 이처럼 철강·알루미늄 232조를 철강·알루미늄 파생 상품으로 확대한 조치는 사실상 232조 관세 대상인 철강·알루미늄을 사용한 제3국 완성이나 조립을 우회 행위로 간주하고 이에 대해서도 과세하겠다는 개념과 일맥상통하는 조치라고 본다.

특히 제3국 완성 또는 조립의 경우에는 관세법^(Section 781[b][3])에서 고려할 요소 세 가지를 추가로 더 열거한다.²³ 즉 첫째, ① 원자재 조달 패턴을 포함한 무역 패

22 25%는 2025년 6월 4일에 다시 50%로 상향된다.

23 따라서 제3국 생산 우회의 경우 고려해야 할 요소는 총 8가지가 된다. 19 U.S. Code § 1677j - Prevention of circumvention of antidumping and countervailing duty orders(b)(3) (혹은 section 781(b)(3)) - Factors to consider:
In determining whether to include merchandise assembled or completed in a foreign country in a countervailing duty order or an antidumping duty order or finding under paragraph (1), the administering authority shall take into account such factors as –
  (A) the pattern of trade, including sourcing patterns,
  (B) whether the manufacturer or exporter of the merchandise described in paragraph (1)(B) is affiliated with the person who uses the merchandise described in paragraph (1)(B) to assemble or complete in the foreign country the merchandise that is subsequently imported into the United States, and

턴의 변화, 둘째, ② 물품의 수출자나 생산자가 반덤핑 조치가 적용되는 국가에서 생산된 부품 혹은 요소를 사용하여 ^(완성 혹은 조립한 후) 미국으로 판매한 사람과 특수관계가 있는지 여부, 셋째, ③ 원심 조사개시 후 해당 제3국으로 물품의 수입이 증가했는지 여부 등 세 가지이다. 유의해야 할 점은 두 번째 요소인데, 이 요소는 예컨대 원심 조치 물품^(부품 혹은 요소 포함)의 중국 수출자나 중국 생산자가 제3국의 수출자나 생산자와 특수관계에 있는지 등을 고려하라는 취지이다. 만약 이들 사이에 특수관계가 있으면 생산 우회 가능성이 높다고 판단하게 되는데, 특수관계가 없다고 하여 생산 우회가 부정되는 것도 아님을 유의하자. 참고로 이 규정에 사용된 해당 물품^(merchandise)이라는 용어는 반덤핑 조치가 적용되는 물품 혹은 반덤핑 조치가 적용되는 국가에서 생산한 물품을 의미한다.[24] 이처럼 제3국 조립 및 생산의 경우에 추가적으로 고려할 요소를 법에 규정한 이유는 그만큼 제3국 조립 및 생산의 우회 사건에 대해서는 좀 더 면밀하게 검토하라는 취지이다.

더 나아가 상무부는 실질적 변형 기준을 사용하는 원산지 판정과 제3국 조립 혹은 생산은 별개의 이슈라고 강조한다.[25] 이는 해당 우회 제품의 원산지가 제3국으로 판정이 났다 하더라도, 제3국 생산 우회가 될 가능성을 배제하지 않겠다는 뜻이다. 다시 말해 미 상무부는 제3국 생산 우회 사건인지 여부를 원산지 판정과는 완전히 다른 차원에서 판단한다. 특히 미국의 제3국 우회 판정에서 필자가 강조하고 싶은 것은 미국 상무부는 제3국 생산의 경우 경제적 타당성 요건을

(C) whether imports into the foreign country of the merchandise described in paragraph (1)(B) have increased after the initiation of the investigation which resulted in the issuance of such order or finding.

24 section 781(b)(1)(B) before importation into the United States, such imported merchandise is completed or assembled in another foreign country from merchandise which –
(i) is subject to such order or finding, or
(ii) is produced in the foreign country with respect to which such order or finding applies

25 Commerce's practice for determining substantial transformation in country-of-origin determinations is distinct from Commerce's practice under section 781 of the Act in determining whether merchandise is being assembled or completed into a product in a third country and thereby avoiding the discipline of an AD and/or CVD order. A-570-112, C-570-113, Circumvention Inquiry, CIRC – Thailand, Public Document, E&C/OVIII: BS/DW, p. 10

검토하지 않는다는 것이다. 이는 생산 우회가 경제적으로 다른 정당한 이유가 있다고 하더라도, 상무부의 우회 판정에는 전혀 영향을 미치지 않음을 의미한다.

참고로 원심 조사 후 제3국 우회 조사개시 시점 간에는 대략 얼마의 기간이 소요될까? 필자가 미국의 제3국 우회 생산 사례 10건을 추적해 본 결과, 33년이 넘는 장기간도 있었고 2년이라는 짧은 기간도 있어 그 기간이 매우 다양하였다. 필자는 원심 반덤핑 조치 후 공장을 이전한 후 상업 생산을 거쳐 우회 수출을 하기까지는 대략 5년 내외의 기간이 소요된다고 생각한다. 이런 점을 감안하면 2년 만에 생산 우회 조사를 개시하는 것은 정상적인 우회 조사 행태는 아닐 가능성이 높다고 본다.

예컨대 원심 조치 2년 만인 2022년 12월에 조사를 개시한 종이찍개 심$^{(collated\ staples)}$은 반덤핑과 상계관세 조치의 대상이었던 중국산 철선$^{(steel\ wire\ and\ wire\ bands)}$ 제품을 사용하여 태국에서 제작된 제품이었다. 필자는 알루미늄 시트와 알루미늄 호일과 마찬가지로 중국산 철선을 사용하여 종이찍개에 들어가는 얇은 철심을 만드는 것은 생산 우회가 아니라고 생각한다. 하지만 미국은 이런 식으로 생산 우회의 범위를 확장하여 조사를 진행하고 있다.[26]

특히 미국은 2021년 이전에는 대략 연간 5건 미만의 우회 조사만 실시하다가, 우회 방지 강화 기조에 맞추어 2022년에 26건, 2023년에는 9건이나 되는 우회 조사를 개시했다. 아마도 이 과정에서 제3국 생산에 대해 무리하게 조사를 개시한 건이 많았던 것으로 추정한다. 나아가 2019년부터 2025년 6월까지 상무부가 개시한 우회덤핑 조사 61건 중 75%에 달하는 46건이 중국에 대한 우회 조사 건이었다. 대만은 4건, 한국 및 멕시코는 3건으로 그 뒤를 이었는데, 대만과 한국의 조사 건은 중국과 어떤 식으로든지 관련되어 있었다. 다시 말해 2019년부터 2025년 6월 사이에 개시된 우회덤핑 조사는 사실상 87%가 모두 중국과 관련된 것이었다.

---

26 A-570-112, C-570-113, Circumvention Inquiry, CIRC - Thailand, Public Document, E&C/OVIII: BS/DW, p. 5

< 미국의 제3국 생산 우회 조사 사례 10건 >

연번	품목	원심 국가	우회 국가	원심 조치일 (관보 게재 기준)	우회 조사개시	원심에서 우회조사 까지 소요기간
1	LWR Tubing (철강)	대만	베트남	1989. 3.27	2022. 8. 4	33년 4개월
2	CWP (철강)	중국	오만	1992.11. 2	2022. 8. 4	19년 9개월
	CWP (철강)	베트남	한국	1992.11. 2	2022. 8. 4	
3	HSC Wire (철강)	멕시코	미국	2004. 1.28	2023. 7.31	19년 6개월
4	LWRPT (철강)	한국	베트남	2008. 8. 5	2022. 8. 4	14년
5	OCTG (철강)	중국	태국	2010. 5.21	2024.12.18	14년 7개월
6	MSG (식품)	중국	말련	2016. 1. 6	2024. 5.14	8년 4개월
7	HFC Blends (화학)	중국	미국	2016. 8.19	2023. 7. 7	6년 11개월
8	알루미늄 호일 (알루미늄)	중국	한국, 태국	2018. 4.19	2022. 7.18	4년 3개월
9	AWC (알루미늄)	중국	한국	2019.12.23	2023.10.19	3년 10개월
10	Collated staples (철강파생)	중국	태국, 베트남	2020. 7.20	2022.12.14	2년 5개월

출처: Federal Register, access.trade.gov

아울러 제3국 완성 혹은 조립에 대한 우회 조사는 미국이 가장 활발하게 조사를 진행하는 우회 유형이기도 하다. 미국 상무부에서 우회덤핑을 담당하는 집행 및 준수국(Enforcement & Compliance)의 헤드인 크리스토퍼 애벗(Christopher Abbot)이 서울무역구제 포럼에 참가하여 발표한 상무부 자료에 따르면, 2019년부터 2025년 6월까지 총 61건의 우회 조사가 개시되었는데, 이 중 50%인 30건이 제3국 완성 혹은 조립 유형이었다.[27]

마지막으로 미국 관세법은 미국 내 완성 혹은 조립, 제3국 완성 혹은 조립에 따른 우회 여부를 판단할 때 계산해야 하는 부가가치 산출 과정에서 구성가격을 사용할 수도 있다고 규정한다. 나아가 통상적인 상거래에서 이루어진 거래가

---

27 그다음이 미국 내 완성 혹은 조립(22%), 사소한 변경(20%), 사후 개발(8%)이었다.

아닌 경우에는 부품이나 요소(parts or components)의 가치 또는 특수관계자 등으로부터 이루어진 공정(processing performed)의 가치를 계산할 때 구성가격을 사용할 수 있다고 규정한다.[28]

특히 비시장경제 국가(non-market economy country)의 수출품에 대해 활용 가능한 정보를 통해서 정상가격을 산정할 수 없는 경우에는, 시장경제 국가 혹은 조사 당국이 적절하다고 판단하는 국가에서 활용이 가능한 최선의 정보를 반드시(shall) 사용해야 한다.[29] 아울러 조사 대상 비시장경제 국가에서 광범위한 형태의 수출 보조금이 존재하거나 혹은 해당 물품이 특정 보조금과 관련되어 있다고 조사 당국이 판단하면, 해당 국가의 판매가격이나 원가를 추가적인 조사 없이 무시(disregard)할 수도 있다.[30]

이와 같은 규정 때문에 미국 내 완성·조립이나 제3국 완성·조립에 대한 우회 판정의 경우, 미국이 비시장경제 국가로 간주하는 중국 상품은 사실상 우회 판정의 가능성이 매우 높다. 예컨대 한국에서 중국산 알루미늄 시트를 100불에 사서 가공한 후 알루미늄 호일을 150불에 미국에 수출하였다고 가정하자. 이 경우 한국에서 부가가치는 대략 50% 내외가 된다. 하지만 미국 상무부는 중국이 비시장경제이기 때문에 한국의 알루미늄 호일 원료가 된 중국산 알루미늄 시트 가격을 100불이 아니라 140불로 간주할 수 있게 된다. 이 경우 한국에서 부가가치는 7%에 불과하게 되어 제3국 생산 우회가 될 가능성이 훨씬 높아지는 것이다.

(4) 우회의 유형 ③, 제781조 (c): 사소한 변경

세 번째 유형은 사소한 변경(minor alterations)이다. 유럽식 용어는 "slight modification"인데, 미국식 용어는 "minor alterations"이다. 내용은 동일하

---

28 19 CFR § 351.226.(h), (i)
29 19 U.S. Code § 1677b(c)
30 19 U.S. Code § 1677b(c) (5)

다. 미국은 사소한 변경 여부를 판단하기 위해 ① 우회가 의심되는 물품의 분류(class) 혹은 종류(kind)가 조사 대상 혹은 산업 피해 대상(a finding issued under the Antidumping Act, 1921) 또는 반덤핑 및 상계관세 대상이어야 하고, ② HS 코드, 즉 관세 품목 분류가 동일한지 여부와는 상관이 없으며, ③ 해당 물품의 형태(form)나 외관상(appearance) 변경이 있어야 한다. 아울러 전체적 특성, 소비자 기대, 최종 용도, 마케팅 채널 및 변경 비용 등도 종합적으로 고려한다.[31] 나아가 사소한 공정을 거친 농산물의 경우에도 사소한 변경에 해당할 수 있다. 참고로 제3국 생산 우회와 마찬가지로 사소한 변경의 경우에도 대상 물품이 동종 물품이 아니라, 동일 분류 혹은 동일 종류로 넓게 정의되어 있다는 점을 유의하자. 다만 사소한 변경이라 하더라도 미 상무부가 변경된 물품이 조사 대상 범위에 포함되는지 여부를 검토할 필요가 없다고 판단하는 경우에는, 우회 방지 조치가 적용되지 않는다. 이는 모든 수입품에 대해 상무부가 사소한 변경을 조사할 필요가 없다는 취지의 문구이다.

미국 상무부의 사소한 변경 판단과 관련한 중요한 원칙 중의 하나는 "Wheatland" 원칙이라는 것이 있다.[32] 연방 순회 항소 법원(CAFC)이 2015년에 확립한 이 원칙은 사소한 변경 여부를 판단할 때 미국 상무부가 자주 원용하는 원칙으로, 최초 조사 대상 품목을 정의할 때 명시적으로 제외하지 않은 품목에 대해서는 상무부가 사소한 변경이라고 판단할 수 있는 폭넓은 재량을 갖는다는 원칙이다. 예컨대 상무부는 다진 마늘이 비록 깐마늘을 추가적으로 가공한 품목이긴 하지만, 처음 원심 조사에서 추가적으로 가공한 마늘 제품을 조사 대상에서 배제한 적이 없다. 결국 "Wheatland" 원칙에 따라 상무부는 다진 마늘이 깐마늘의 사소한 변경이라고 판단할 수 있는 폭넓은 재량권을 가지게 된다.[33]

---

31 CFR § 351.226 (j)

32 2015년 8월, 연방 순회 항소 법원의 판결로, 사소한 변경 판단에서 당초 조사 대상 품목의 범위에서 명시적으로 배제되지 않은 물품에 대해서는 상무부의 폭넓은 재량권을 인정한 판례이다. (2006-1524: WHEATLAND TUBE COMPANY V. U.S., Precedential)

33 Issues and Decision Memorandum for the Final Affirmative Circumvention Determination of the Antidumping Duty Order on Fresh Garlic from the People's Republic of China (A-570-831), 2024.6.10. pp. 3~6

(5) 우회의 유형 ④, 제781조 (d): 사후 개발 제품

네 번째 유형은 사후 개발$^{(later\ development)}$ 제품이다. 사후 개발 제품을 우회덤핑의 사례로 삽입한 이유는 원심 조사 당시에는 동 제품이 존재하지 않았기 때문이다. 사소한 변경의 경우에는 이미 존재하는 제품에 경미하게 변경을 가한 제품인 반면, 사후 개발 제품은 사소한 변경의 범위를 벗어나 처음부터 존재하지 않은 제품인 셈이다.

예컨대 미국이 두께가 0.2mm 이하인 중국산 알루미늄 호일에 반덤핑 관세를 부과했다고 가정하자. 해당 중국 업체는 이 조치 이후 연구개발을 거듭하여 두께가 2.2mm인 알루미늄 호일로 고화력을 견딜 수 있는 "신제품"을 만들었다. 두께가 2.2mm인 알루미늄 호일은 반덤핑 조사 당시에는 없었다. 나아가 두께가 0.2mm에서 2.2mm로 10배 넘게 늘었으므로, 사소한 변경이라고 판단하는 것도 합리적이지 않을 수 있다. 이 경우 미국은 이 신제품을 "사후 개발 제품"으로 정의하고, 우회 가능성을 검토한다.

사후 개발 제품이 우회가 되기 위해서는 5가지 요건을 검토해야 한다. ① 일반적인 물리적 특성$^{(general\ physical\ characteristics)}$: 반덤핑 관세 부과 후 개발되어 미국으로 수입된 상품이 원심 조사 대상의 상품과 일반적인 물리적 특성이 동일$^{(same)}$한지 여부를 고려한다. 예를 들어 잔디깎이에 장착되는 소형 엔진의 실린더가 두 개라면 실린더가 하나였던 최초의 조사 대상 물품은 아니다. 그렇다고 실린더가 두 개로 바뀐 것을 실린더 한 개 제품의 사소한 변경이라고 이야기하는 것도 합리적이지 않을 수 있다. 이에 따라 미국 상무부는 실린더가 두 개이고 그에 따른 물리적 특징의 차이 말고는 물리적 특성이 모두 동일하다면, 이 제품은 사후 개발 제품일 가능성이 높다고 판단한다. ② 최종 구매자의 기대$^{(expectations\ of\ the\ ultimate\ purchasers)}$: 최종 구매자의 기대가 원심 조사 대상의 상품과 동일$^{(same)}$한지 여부를 검토한다. 만약 실린더가 두 개인 소형 엔진이 실린더가 한 개인 소형 엔진과 마찬가지로 기대되는 장착 용도가 잔디깎이로 같다면, 이 제품은 사후 개발 제품일 가능성이 높다. ③ 최종 용도$^{(ultimate\ use)}$: 사후 개발된 상품과 원심 조사 대상

의 상품이 동일한^(same) 용도로 사용되는지를 검토한다. 예컨대 실린더가 두 개인 소형 엔진의 1회 사용 시간이 150시간으로 상업용 최저 시간인 500시간 이하라면, 이는 최종 용도가 상업용이 아닌 가정용이라는 뜻이므로 실린더가 한 개인 소형 엔진과 최종 용도는 동일하다고 판단할 것이다.

④ 유통경로^(channels of trade): 사후 개발된 상품과 원심 조사 대상의 상품이 동일한^(same) 유통경로로 판매되는지를 검토해야 한다. 이를 위해 상무부는 유통경로가 주로 온라인인지, 아니면 오프라인 매장을 통해 판매하는지 등을 검토한다. ⑤ 광고 및 진열 방식^(advertised and displayed): 사후 개발된 상품과 원심 조사 대상의 상품이 유사한^(similar) 방식으로 광고 및 진열되는지를 고려해야 한다. 예컨대 광고 매체가 TV인지, 아니면 SNS인지, 혹은 광고 내용이 기존 제품과 유사한지, 혹은 광고 대상이 기존 제품과 유사한지 등을 검토한다. 다섯 번째 항목은 동일할 필요는 없고 유사하기만 하면 된다. 마지막으로 상무부는 사후 개발 제품의 HS 코드가 다르다는 이유로, 혹은 사후 개발 제품에 기능이 추가되었다는 이유로 반덤핑 관세나 상계관세 대상에서 제외하면 안 된다.

명시적 규정 이외 사후 개발 제품과 관련된 상무부의 일관된 논리는 다음과 같다.[34] 우선 사후 개발 제품은 최초 원심 조사에서 조사 대상 물품을 기초로 개발한 제품에 한정할 필요는 없다.[35] 그만큼 범위가 넓다. 나아가 사후 개발 제품이 원심 조사 이전부터 존재하였다는 사실만으로, 사후 개발 제품의 대상에서 배제되지는 않는다.[36] 특히 사후 개발 제품이 원심 조사개시 당시에 "상업적으로 판매^(commercially available)"되지 않았다면, 사후 개발 제품일 가능성이 높다.[37] 그렇다

34　A-570-124; C-570-125, Circumvention Inquiry, Dual Piston Engines, Public Document, E&C/OIX: PG, pp. 5~7

35　Commerce's definition of later-developed merchandise is not limited to merchandise which represents an advancement of the original product covered by the scope of the Orders. A-570-124, p. 6

36　We disagree with FNA that its dual-piston engine cannot be considered later developed merchandise because other two-cylinder engines within the relevant displacement range existed prior to the initiation of the underlying investigations. A-570-124, p. 6

37　We continue to find that no vertical shaft, air-cooled, two-cylinder engine in the relevant displacement range (regardless of whether it was configured like the inquiry merchandise – having two cylinders with

고 해당 제품이 원심 조사개시 당시에 상업적으로 판매되었다고 하더라도, 우회 유형에서 배제되는 것도 아니다.[38]

사후 개발 제품은 다른 나라에는 유형을 찾아보기 어려운 독특한 유형이다. 필자는 개인적으로 사후 개발 제품을 우회로 정의하는 것 자체도 문제가 많다고 본다. 우선 미국 상무부는 사후 개발 제품은 개발에 들어간 비용을 고려는 한다. 즉 추가 기능의 비용(the cost of the additional functions)이 전체 생산 비용에 상당한(significant) 비중을 차지하면, 사후 개발 제품은 우회덤핑의 대상이 안 될 수도 있다. 당연한 이야기인데, 문제는 비중이 얼마를 넘어야 상당한 비중이 되는가이다. 예컨대 추가 기능에 소요된 비용이 전체 원가에서 차지하는 비중이 20~30%이면 상당한 비중인가? 필자는 그렇다고 생각하는데, 미국 상무부도 그렇게 생각할까?

나아가 "추가 기능의 비용"이라는 용어에는 제품 개발 비용이 포함되는가? 논리적으로는 당연히 개발 비용이 포함되어야 한다. 하지만 개발은 3년 전에 완료하여 연구개발 비용을 2년 전에 이미 비용으로 처리했는데, 현재 시점에서 대량 생산하는 경우 추가 기능의 비용에 2년 전에 들어간 연구, 개발 비용을 현재 시점에서 어떻게 반영할 것인가?

이처럼 사후 개발 제품을 우회 가능성에 포함하게 되면, 우회의 범위가 확장될 가능성이 매우 높다. 실제로 미국은 중국 상품의 우회 판정을 위해 사후 개발 제품 규정을 적극 활용한다. 앞서 언급한 잔디깎이 엔진의 경우는 미국 상무부가 중국산 소형 엔진의 우회덤핑 판정 사례에서 사후 개발 제품 조항을 적용한 실제 사례이기도 하다. 이와 관련하여 2025년 9월 4일, 중국 최초의 우회덤

---

pistons working in unison with a common combustion chamber) was commercially available when the underlying investigations were initiated. A-570-124, p. 8

38　Furthermore, even assuming arguendo, that the Victa engines were commercially available at the time of the initiation of the underlying investigations (which they were not), they would not constitute comparable merchandise to the inquiry merchandise due to the inquiry merchandise's common combustion chamber and single power stroke. A-570-124, p. 7

핑 판정 사례가 사실상 미국 코닝社 광섬유의 사후 개발 제품이라는 점은 시사하는 바가 매우 크다고 하겠다.

필자는 우리나라 우회덤핑 제도 도입에도 사후 개발 제품의 삽입 여부에 대해 진지하게 검토하였다. 하지만 사후 개발 제품은 사실상 사소한 변경 항목으로만 처리하는 것이 바람직하다는 결론에 도달하였다. 즉, 사후에 개발한 제품이 사소한 변경에 해당하는 경우에는 우회로 판정하면 되고, 예컨대 사후 개발 제품의 추가된 기능이 사소한 변경에 해당하지 않는 경우에는 우회라고 판단하면 안 된다. 이 때문에 우리 관세법 시행규칙 20조의 2에는 사소한 변경 판단 과정에 "생산설비"와 "해당 변경 행위에 소요되는 비용"을 반드시 고려하게 되어 있다. 이 요소는 사후 개발 제품에 대해서도 동일하게 적용되는 고려 요소이다. 미국과 다른 점은 미국은 사후 개발 제품에 대해 별도의 판단 기준을 설정하였지만, 우리는 사후 개발 제품의 우회 여부를 판단할 때에도 사소한 변경의 고려 요소와 동일하게 검토한다는 것이 다른 점이다.

(6) Scope Ruling과 우회 조사의 관계

미국은 "조사 대상 범위 판정(Scope Ruling)"이라는 제도가 있다.[39] 즉, Scope Ruling이란 조사 대상 물품의 해석이 여러 가지로 가능한 경우, 이에 대해서 상무부가 "유권 해석"을 하는 전형적인 행정 절차를 말한다. 예컨대 "폴리에틸론으로 덧된 태양광 패널"이 조사 대상 품목으로 관세가 부과되고 있었는데, 어떤 품목이 "폴리에틸론으로 덧된 것이 아니라 폴리에틸론으로 아예 전체를 감싼 태양광 패널"이 새로 수입되었다고 가정하자. 이 경우 해당 품목은 폴리에틸론으로 덧된 품목인가, 아니면 전혀 새로운 품목인가? 이에 대한 해석을 하는 것이 바로 조사 대상 범위 판정(Scope Ruling) 제도이다. Scope Ruling은 미국 상무부

39　19 CFR § 351.225

내의 국제 무역 관리실(International Trade Administration, ITA) 아래에 있는 집행 및 준수국(Enforcement and Compliance)에서 결정한다.[40]

반면 우회덤핑의 경우에는 처음부터 조사 대상 품목이 아닌 경우가 그 출발이다. 예컨대 0.2mm 이하 알루미늄 호일에 반덤핑 관세를 부과하였는데, 2.2mm 알루미늄 호일이 새로 수입되기 시작했다. 이 경우는 어떤 해석을 하더라도 2.2mm 알루미늄 호일은 원심의 조사 대상 품목인 0.2mm 이하가 될 수가 없다. 즉, 이 경우는 조사 대상 품목이 범위를 해석해야 하는 것이 아니라, 조사 대상 품목을 새로 결정해야 한다.

여담이지만 당초 무역위원회는 필자가 우회덤핑 제도를 도입하기 전에, 조사 대상 범위 판정이나 해석을 통해 우회덤핑 방지를 시도하려고 검토한 적이 있다. 하지만 당초부터 명백히 조사 대상 범위가 아니지만 단지 사소하게 변경된 제품이 새로 수입되는 경우에는, 단순히 조사 대상 품목의 범위 판정이나 해석을 통해서 이 제품에 별도의 관세를 부과하는 것은 불가능하다. 따라서 우회덤핑 방지 제도가 반드시 있어야 당초 조사 대상 품목이 아닌 사소한 변경 물품에 관세를 부과할 수 있는 것이다.

(7) 직권조사

신청인의 신청 없이 조사 당국의 자기 권한으로 조사를 개시하는 직권조사 권한도 미국 상무부는 보유한다. 다만 EU가 법 조항에 직권조사 근거 규정을 두고 있는 것과 달리[41], 미국은 법률이 아니라 연방 시행령에 직권조사 근거 조항을 넣었다. 즉, 미국은 2021년 9월에 CFR을 개정[42]하여 우회 조사 규정을 Scope

---

40 동일한 유형의 품목에 대해 조사 대상 품목 판정(scope ruling)이 과거에 두 번이 있었다는 사정 등의 경우에는 절차를 간소화한 조사 대상 품목 명확화(scope clarification)가 가능하다. 19 CFR § 351.225(q)

41 Regulation (EU) 2016/1036 Article 13 Circumvention, 3항

42 19 CFR § 351.226. Regulations To Improve Administration and Enforcement of Antidumping and Countervailing Duty Laws. 원래 우회 규정은 scope ruling과 함께 19 CFR § 351.225에 규정되어 있었으나, 이 개정으

Ruling과 별도로 분리하였다. Scope Ruling에도 직권조사 조항^{(19 CFR § 351.225(b))}이 있어 우회 직권조사가 2021년 이전에도 가능하였지만, 2021년 9월 이후에는 우회 직권조사 조항이 별도로 신설된 것이다.

우회 직권조사의 발동 요건에 대해서 미국은 이를 매우 광범위하게 정의한다. 즉, 상무부는 입수 가능한 정보를 통해 우회 조사가 보증되는^(warranted) 경우에는 직권조사를 개시할 수 있다.[43] 보증은 우회 조사개시를 정당화할 합리적인 근거가 있어야 한다는 뜻인데, 실제 운영상으로는 상무부가 상당한 재량을 갖고 직권조사를 발동한다. 참고로 WTO 규정 중 덤핑과 상계관세 규정에는 특별한 상황^(special circumstances)에서 직권조사가 허용된다고 규정하고, EU 규정에는 신청과 마찬가지로 직권조사도 충분한 증거^(sufficient evidence)가 있어야 한다고 규정한다.

향후에도 미국 상무부의 우회 직권조사는 지속적으로 증가할 것으로 보인다. 실제로 1988~2024년 기간 동안 발동된 우회 직권조사의 80%가 모두 2019년 이후에 발동된 것이다.[44] 가장 최근 추세를 살펴보더라도, 미국 상무부는 2019년부터 2025년 상반기까지 총 61건의 우회덤핑 조사를 개시하였는데, 이중 직권조사는 전체의 25%에 가까운 15건에 이르렀다.[45] 특히 미국 상무부는 주로 중국 제품을 대상으로 우회 직권조사를 발동했다. 예컨대 2022년 7월, 상무부는 한국과 대만에서 수입되는 알루미늄 호일이 중국산 알루미늄 제품을 우회했다고 판단하고 직권조사를 개시했고, 2023년 10월에는 중국산 알루미늄 연선과 케이블^(Aluminum wire and cable)에 대해서도 직권조사를 발동했다.

로 우회는 19 CFR § 351.226.으로 분리되었다. 시행일은 2021년 11월 4일이었다.

43 19 CFR § 351.226. (b). Self-initiation of circumvention inquiry. If the Secretary determines from available information that an inquiry is warranted into the question of whether the elements necessary for a circumvention determination under section 781 of the Act exist, the Secretary may initiate a circumvention inquiry and publish a notice of initiation in the Federal Register.

44 『Circumvention, Evasion, and Enforcement of Antidumping and Countervailing Duty Orders Before Commerce and Customs: Statutory Frameworks, Recent Trends, and the Interplay between EAPA and Circumvention Regimes』, Chase Dunn, Jamie Shookman, Nithya Nagarajan, Tamari Lagvilava, Hardeep Josan, USCIT, 2024, p. 9.

45 Christopher Abbott, *Ibid*, p. 5

I. 프롤로그 - 우회의 개요 및 주요국의 우회 방지 제도

미국의 직권조사에서 가장 특기할 만한 점은 상무부가 우회 조사를 직권으로 개시할 경우에는 상대국 대사관과 정부에 통보할 의무가 없다는 점이다. 즉 CFR 규정에는 관보 게재 의무만 있고, 조사 대상 기업이 위치한 국가의 정부에 통보해야 한다는 의무 규정이 없다. 이는 신청에 따른 우회덤핑 조사도 마찬가지인데, 신청에 따른 반덤핑, 상계관세 조사의 경우 상무부가 외국 정부에 통보해야 하는 규정이 있는 것과 대비된다.[46] 그리고 직권조사라 하더라도 조사 대상으로 선정하는 기업에 대해서는 원심 신청인과 어떤 식으로든지 소통을 하고 있는 것으로 알고 있다. 즉, 직권조사인 경우에도 조사 대상 기업이나 물품을 선정할 때는 원심의 신청인 의견을 청취하고 필요할 경우 일정 부분 반영한다.

(8) 우회 조사의 절차와 19 CFR Section 351.226

19 CFR Section 351.226은 우회 조사에 대한 상세한 절차를 규정한다. 이 조항은 2021년 9월에 우회 조사를 강화하기 위한 정책의 일환으로 Scope Ruling 조항과 분리되어 새로 도입된 조항이다. 조항 첫 번째는 도입 부분이고, 그다음이 바로 전술한 직권조사 조항이다. 그다음으로 우회 조사 신청서에 담길 내용을 규정하는데, 물품에 대한 상세 설명, 생산자나 수출자의 상세 정보, 신청인이 우회라고 판단한 사유 등이 신청서에 포함된다. 신청인의 우회 조사신청에 대해서 이해관계인은 신청서 접수 후 10일 이내에 의견을 제출하거나, 새로운 사실관계 등을 제출할 기회가 부여된다.[47] 이해관계인의 의견 제출에 대해 신청

---

46 19 CFR § 351.202 Petition requirements.
   (a) Introduction. The Secretary normally initiates antidumping and countervailing duty investigations based on petitions filed by a domestic interested party. This section contains rules concerning the contents of a petition, filing requirements, notification of foreign governments, pre-initiation communications with the Secretary, and assistance to small businesses in preparing petitions. Petitioners are also advised to refer to the Commission's regulations concerning the contents of petitions, currently 19 CFR 207.11.

47 19 CFR § 351.226. (c) (3) Comments on the adequacy of the request. Within 10 days after the filing of a scope ruling application under paragraph (c) (1) of this section, an interested party other than the applicant is permitted one opportunity to submit comments regarding the adequacy of the scope ruling application

인은 이해관계인이 의견을 제출한 5일 이내에 재반박을 할 수 있다.

상무부는 우회 조사신청에 대해 30일 혹은 필요한 경우 15일 연장한 45일 이내에 조사개시 여부를 결정한다. 만약 새로운 사실 정보(new factual information)가 제기될 경우 상무부는 조사개시 결정을 위해 15일이 아니라 30일을 더 연장할 수 있다.[48] 조사가 개시되면 상무부는 질의서를 발송하게 되는데, 만약 조사 대상 범위 판정이 이미 진행 중이거나 관련되어 있다고 판단하면 조사 대상 범위 판정 이전에는 우회 조사개시를 중단할 수도 있다.[49]

우회 조사개시는 연방 관보(Federal Register)를 통해 이루어진다. 조사개시 내용이 관보에 게재된 후 상무부는 대상자를 선정해서 Q&V(Quantity & Value)라는 약식 질의서를 발송한다. 제3국 생산 우회 관련 Q&V에는 대략 조사 대상 기간 중 미국으로 수출한 실적(중량, 금액 모두), 우회 의심 국가 내의 생산자인지, 수출자인지, 아니면 미국 내 수입자인지 여부 등의 확인, 생산자가 아닐 경우 공급업체·생산자 정보 및 생산자·수출자와의 특수관계(affiliation) 여부, 자체 생산 또는 가공 및 판매 여부, 전체 투입재와 원심 조치 국가로부터의 투입재 총량 등을 간략히 질문한다.

Q&V에 대해서 해외 답변자는 질의서 발송일로부터 보통 14일 이내에 답변해야 한다.[50] 2025년부터는 그 기간이 더 단축되어서, 원칙적으로 7일, 연장을

---

48 19 CFR § 351.226(d) Initiation of a circumvention inquiry and other actions based on a request – (1) Initiation of a circumvention inquiry. Except as provided under paragraphs (d)(1)(ii) and (d)(2) of this section, within 30 days after the filing of a request for a circumvention inquiry, the Secretary will determine whether to accept or reject the request and whether to initiate or not initiate a circumvention inquiry. If it is not practicable to make such determinations within 30 days, the Secretary may extend the 30-day deadline by an additional 15 days if no interested party has filed new factual information in response to the circumvention request pursuant to paragraph (c)(3) of this section. If interested parties have filed new factual information pursuant to paragraph (c)(3) of this section, the Secretary may extend the 30-day deadline by an additional 30 days.

49 19 CFR § 351.226.(d)(1) Acceptance and initiation of a scope inquiry based on a scope ruling application. Except as provided under paragraph (d)(1)(ii) or (d)(2) of this section, within 30 days after the filing of a scope ruling application, the Secretary will determine whether to accept or reject the scope ruling application and to initiate or not initiate a scope inquiry, or, in the alternative, paragraph (d)(1)(ii) will apply.

50 19 CFR § 351.226 (f)(3) Following initiation of a circumvention inquiry under paragraph (b) or (d) of this section, the Secretary may issue questionnaires and verify submissions received, where appropriate. The

요청해야만 겨우 14일을 인정한다. 7~14일이라는 기간은 해외 수출자에 대한 원심 답변 기한인 37일보다[51] 훨씬 짧으므로, 해외의 답변자는 답변 준비에 만전을 기해야 한다.

실제로 필자는 특정 사례에서 Q&V 질의서를 받고 14일을 크게 경과하여 답변 자료를 예비 판정이 끝나기 전까지도 내지 못해 불리한 이용가능 정보(AFA) 판정으로 80%가 넘는 우회 덤핑률을 받은 사례를 본 적이 있다. 필자는 서한을 통해 미국 상무부에 중소, 중견 기업의 특성상 신속한 답변이 어려울 수 있다는 사정을 호소하였으나, 상무부는 한국 정부의 호소를 들어주지 않았다.

다만 상무부도 7~14일이라는 기간이 매우 짧다는 것을 인식하고 있어서, 답변자가 적절한 사유를 들어서 상무부에 의견을 제시하면 기간이 도과하더라도 상무부는 답변을 받아 준다. 물론, 그 기간이 너무 도과해서는 안 된다. 특히 미국으로의 수출 자체가 없다 하더라도 수출 자체가 없다는 내용의 Q&V 답변서를 제출하는 것이 좋다. 그렇지 않으면 AFA를 활용한 높은 관세율을 받고, 미국의 연방 관보에 그 이름이 공개된다. 회사 처지에서 자신의 이름이 미국 관보에 좋지 않은 내용으로 공지되는 것은 결코 바람직하지 않다.

한편 우회덤핑 조사의 경우 상무부가 발송하는 약식 질의서 Q&V 발송은 사실상 "의무적이다." 일반적인 덤핑 조사의 경우에는 상무부 재량에 따라 Q&V라는 약식 질의서를 보낼 때도 있고, 보내지 않을 때도 있다. 하지만 일반 덤핑 조사의 경우라 하더라도 非 시장경제(Non-Market Economy, NME)의 경우에는 Q&V를 의

Secretary may limit issuance of questionnaires to a reasonable number of respondents. Questionnaire responses are due on the date specified by the Secretary. Within 14 days after a questionnaire response has been filed with the Secretary, an interested party other than the original submitter is permitted one opportunity to submit comments and factual information to rebut, clarify, or correct factual information contained in the questionnaire response. Within 7 days of the filing of such rebuttal, clarification, or correction, the original submitter is permitted one opportunity to submit comments and factual information to rebut, clarify, or correct factual information contained in the interested party's rebuttal, clarification or correction.

51 UNITED STATES DEPARTMENT OF COMMERCE, IMPORT ADMINISTRATION, ANTIDUMPING AND COUNTERVAILING DUTY OPERATIONS, Antidumping Investigation Questionnaire Instructions

무적으로 발송한다. NME 덤핑 조사에서 Q&V를 내지 않으면, 개별 덤핑률을 받지 못하고 국가 단위의 덤핑률을 부과받게 되는데 우회 조사도 이와 동일하다. 즉, 우회덤핑 조사의 경우에도 상무부가 직권으로 혹은 신청인의 요청을 받아 국가 단위로 조사를 개시하게 되면 10여 개 혹은 그 이상에 이르는 조사 대상 기업에게 Q&V를 의무적으로 발송하고, 이에 대해 답변하지 않으면 국가 단위의 최고 덤핑률을 부과받는다.

보통 상무부는 인터넷상의 자료 업로드 사이트인 ACCESS에 Q&V 질의서를 업로드하는 것 외에도, FedDex나 DHL을 통해 질의서를 발송하는데 국제 우편이기 때문에 수령이 안 되는 경우도 있을 수 있다. 어떤 경우든 Q&V에 대해 답변을 하지 않으면, 불리한 가용 정보(AFA)에 따른 일종의 벌칙을 받게 되어 고율의 우회덤핑 관세를 부과받게 된다.

실제 사례인데 어떤 외국의 조사 대상 기업은 토요일 휴무에 국제 우편이 도착했고, 국제 우편 탁송 회사 A는 토요일에 누군가 수령했다는 영수증을 첨부해서 상무부에 제출했다. 해당 기업은 이 사실을 전혀 인지하지 못했고, 상무부는 결국 예비 판정에서 이 회사에 AFA를 적용하여 고율의 관세를 부과했다. 해당 회사는 예비 판정 이후에 토요일이 휴무이며 국제 우편 회사 A의 영수증은 있을 수 없는 일이라고 상무부에 항변했으나, 상무부는 예비 판정이 지난 후 새로운 사실관계(New Factual Information, NFI) 주장은 허용되지 않는다고 하여 최종 판정에서도 예비 판정과 동일한 고율의 우회 덤핑률을 부과하였다.

나아가 이용가능한 불리한 정보 판정을 받는 경우, 특정 조건 하에 우회 관세가 면제되는 인증(Certification) 제도를 활용할 수 없다는 점도 유의해야 한다. 인증 제도에 대해서는 후술한다. 의무 답변자는 국가 단위 조사인 경우에는 10여 개 내외의 Q&V 답변자 중에서 선정하는데, 보통 2개 내외 기업이다.

한편 우회 조사는 조사개시 후 150일 이내에 예비 판정이 이루어져야 하고, 최종 판정은 개시 후 300일 이내에 마쳐야 한다. 다만 필요할 경우 65일의 범위 안에서 연장이 가능하다. 특히 사건이 복잡하여 추가 조사가 필요하다고 판단한

경우에는 예비 판정도 90일 연장할 수 있다.[52]

   이 조항이 신설되기 전인 2021년 이전에는 실제 사례에서 365일 혹은 455일 이상의 장기간이 소요되는 케이스도 몇 건 있었다. 하지만 이 조항의 신설로 인해 이와 같은 관행은 없어질 것이라고 본다. 하여튼 미국의 우회 조사 최대 기간은 455일인데, 이 기간은 필자가 알기로는 우회 조사가 가능한 국가 중 가장 길다.

   참고로 우회 조사에 대한 예비 판정 제도는 EU나 캐나다에는 없는 제도로, 우리나라도 이 제도를 도입할 때 미국 모델을 따르지 않아 예비 판정 제도가 없다. 특히 주의해야 할 사안은 미국은 예비판정 이후에는 새로운 사실관계(New Factual Information) 주장을 거의 받아들이지 않는다는 점이다. 예비판정 이후 새로운 사실 관계를 인정할 경우 상당한 기간이 도과한 상태에서 법률적 판단을 변경해야 할 가능성이 있기 때문에, 웬만해서 상무부는 예비 판정 이후에 새로운 사실 관계를 인정하지 않는다.

   미국의 국제무역법원(CIT)도 상무부의 이러한 재량을 폭넓게 인정하기 때문에, 조사 대상 기업은 새로운 사실관계가 있으면 예비판정 이전에 이를 적극 주장해야 한다. 즉 조사 대상 기업이 예비 판정 이후에 새로운 사실관계를 주장할 경우, 미국 상무부는 이를 거의 수용하지 않는다는 점을 유의해야 한다. 사실관계 확정 이후 법률적 쟁점을 공방하는 법률 의견서(Case Brief) 제출 단계에서도 조사 대상 기업이 새로운 사실관계를 주장하여 법리 공방을 시도하는 경우, 미국의 상무부는 새로운 사실관계가 등장하였으므로 이에 대한 법리적 공방을 인정하지 않는다. 이런 경우에는 보통 상무부가 케이스 브리프를 부인하거나 다시 제출

---

52 19 CFR § 351.226.(e) Deadlines for scope rulings –
    (1) In general. The Secretary shall issue a final scope ruling within 120 days after the date on which the scope inquiry was initiated under paragraph (b) or (d) of this section.
    (2) Extension. The Secretary may extend the deadline in paragraph (e)(1) of this section by no more than 180 days, for a final scope ruling to be issued no later than 300 days after initiation, if the Secretary determines that good cause exists to warrant an extension. Situations in which good cause has been demonstrated may include:
    (3) Alignment with other segments. If the Secretary determines it is appropriate to do so, the Secretary may align the deadlines under this paragraph with the deadlines of another segment of the proceeding.

하라고 요구하게 된다.

　나아가 우회에 대한 조사가 개시되고 관보에 게재되면 상무부는 관세청(Customs Service)에 먼저 통지한다. 이때 상무부는 조사 대상 물품에 대한 청산 중단(suspension of liquidation)이나 별도의 현금 예치율(cash deposit rate)을 요청한다.[53] 상무부는 이처럼 우회 조사 대상 기업에 조사개시가 관보에 게재된 날부터 현금 예치를 요구하는데, 이는 후일 우회덤핑 최종 판정이 난 경우에 조사개시일까지 우회 덤핑률을 소급 적용하기 위해서이다. 우회 덤핑률의 소급 규정은 EU와 캐나다도 가지고 있다. 우리나라도 후술하겠지만 관세법 제56조의 2, 제③항에 따라 미국, EU, 캐나다와 마찬가지로 우회 긍정 판정이 나면 조사개시일까지 우회덤핑 관세가 소급된다.

　더 나아가 미국 상무부는 예비 판정에서 우회 긍정 판정이 나고, 조사 대상 물품의 수입이 조사개시일 이전에도 수입되었다는 것이 관세청의 조사 대상 물품 참조(covered merchandise referral)를 통해 확인된 경우에는 조사개시 관보게재일 이전일까지도 우회덤핑 방지율의 소급 적용이 가능하다.[54] 나아가 조사개시일 이전

53　19 CFR § 351.226. (l) (1) Suspension of liquidation.
　　(1) When the Secretary initiates a scope inquiry under paragraph (b) or (d) of this section, the Secretary will notify U.S. Customs and Border Protection of the initiation and direct U.S. Customs and Border Protection to continue the suspension of liquidation of entries of products subject to the scope inquiry that were already subject to the suspension of liquidation, and to apply the cash deposit rate that would be applicable if the product were determined to be covered by the scope of the order. Such suspension shall include, but shall not be limited to, entries covered by the final results of administrative review of an antidumping or countervailing duty order pursuant to § 351.212(b), automatic assessment pursuant to § 351.212(c), and a rescinded administrative review pursuant to § 351.213(d), as well as any other entries already suspended by U.S. Customs and Border Protection under the antidumping and countervailing duty laws which have not yet been liquidated in accordance with 19 CFR part 159.

54　19 CFR § 351.226. (l) (2) If the Secretary issues an affirmative preliminary determination under paragraph (g) (1) of this section that the product at issue is covered by the scope of the order, the Secretary will take the following actions:
　　(i) The Secretary will direct U.S. Customs and Border Protection to continue the suspension of liquidation of previously suspended entries and apply the applicable cash deposit rate;
　　(ii) The Secretary will direct U.S. Customs and Border Protection to begin the suspension of liquidation and require a cash deposit of estimated duties, at the applicable rate, for each unliquidated entry of the product not yet suspended, entered, or withdrawn from warehouse, for consumption on or after the date of the publication of the notice of initiation of the circumvention inquiry; and

까지 소급 적용이 가능하기 위해서는 이해관계인의 신청으로도 가능하다. 다만 이 경우에는 이해관계인이 조사개시일 이전 시점까지 왜 소급 적용이 되어야 하는지 증거를 가지고 적절한 시기에 상무부에 요청해야만 한다.

대표적으로 미국 상무부는 중국산 식품 첨가제인 MSG에 대해 2015년 1월 6일에 반덤핑 관세를 부과하였고, 2024년 5월 15일에 MSG가 말레이시아를 우회한다는 신청을 받아들여 우회덤핑 조사를 개시하였다. 2024년 12월 18일, 미국 CBP는 상무부에 조사 대상 물품 참조 보고서를 통보하였고, 상무부는 CBP의 참조를 수용하여 조사개시일인 2024년 5월 15일 이전 수입 물량에 대해서도 우회덤핑 마진을 소급 적용하였다.[55]

조사개시일 이전 소급 적용 신청이 항상 인용되는 것은 아니다. 예를 들어 중국산 종이찍개 심의 우회 사건에서 신청인은 우회가 의심되는 제3국의 태국 기업인 YF와 UM Industries가 각각 반덤핑 및 상계관세 명령 공표 약 11개월과 5개월에 불과할 만큼 짧은 기간 이전에 공장을 신설하고 영업을 시작했다는 점을 고려할 때, 두 기업이 의도적이고 노골적인 우회(a deliberate and blatant shift) 행위를 하였다고 주장했다.[56] 따라서 우회 덤핑률은 우회 조사 개시일인 2022년 12월 21일이 아니라, 우회 조사 규정이 강화되어 CFR이 공포된 2021년 11월 4일로 더 소급해야 한다고 신청인은 주장했다.

하지만 상무부는 신청인의 이러한 주장을 기각했다. 이유는 신청인이 조사

(iii) (A) In general. Subject to paragraph (I) (2) (iii) (B) of this section, if the Secretary determines that it is appropriate to do so, the Secretary may direct U.S. Customs and Border Protection to begin the suspension of liquidation and require a cash deposit of estimated duties, at the applicable rate, for each unliquidated entry of the product not yet suspended, entered, or withdrawn from warehouse, for consumption prior to the date of publication of the notice of initiation of the inquiry. The Secretary may take action under this provision at the timely request of an interested party or at the Secretary's discretion. In response to a timely request from an interested party, the Secretary will only consider an alternative date based on a specific argument supported by evidence establishing the appropriateness of that alternative date.
(B) Exception. If the Secretary has determined to address a covered merchandise referral (see § 351.227) in a circumvention inquiry under § 351.226, the rules of § 351.227(I) (2) (iii) will apply.

55 Published Document: 2025-02924 (90 FR 10068)

56 A-570-112, C-570-113, Circumvention Inquiry, CIRC – Thailand, Public Document, E&C/OVIII: BS/DW, p. 5

개시일인 2022년 12월 21일 이전에 우회 행위가 발생했다는 어떠한 증거도 제시하지 않았기 때문이었다.[57] 다시 말해 태국의 새로운 공장이 신설된 시점이 실제 우회 행위가 발생한 시점을 의미하지는 않는다는 취지이다. 이 사례는 신청인이 조사개시 이전 시점까지 우회 덤핑률을 소급하려면, 단순히 해당 기업의 의도가 노골적이었다는 점을 제시해야 하는 것이 아니라 조사개시 이전부터 우회 행위가 실제로 있었다는 객관적이고 충분한 증거를 제시해야 함을 보여준다.

나아가 CFR은 사소한 변경 여부를 판단할 때 고려해야 할 요소를 다섯 가지로 특별히 열거해 두었다.[58] 즉 첫째, 화학적, 입체적(dimensional), 기술적 특징을 포함한 물품의 전체적인 물리적 특성(overall physical characteristics of the merchandise), 둘째, 최종 소비자의 기대(expectations of the ultimate users), 셋째, 물품의 용도(use of the merchandise), 넷째, 마케팅 채널(channels of marketing), 마지막으로 전체 수입품 가치에서 변경에 소요되는 비용(cost of any modification relative to the total value of the imported products) 등이 그것이다.[59] 우리나라도 사소한 변경에 대한 판단 요소를 도입할 때 이 미국 규정을 참조하였

57　A-570-112, C-570-113, Circumvention Inquiry, CIRC – Thailand, Public Document, E&C/OVIII: BS/DW, p. 9

58　19 CFR § 351.226. (c) (2) (i) A detailed description of the product and its uses, as necessary:
　(A) The physical characteristics (including chemical, dimensional, and technical characteristics) of the product;
　(B) The country(ies) where the product is produced, the country from where the product is exported, and if imported, the declared country of origin;
　(C) The product's tariff classification under the Harmonized Tariff Schedule of the United States and copies of any Customs rulings relevant to the tariff classification;
　(D) The uses of the product;
　(E) Clear and legible photographs, schematic drawings, specifications, standards, marketing materials, and any other exemplars providing a visual depiction of the product; and
　(F) A description of parts, materials, and the production process employed in the production of the product;

59　19 CFR § 351.226. (j) Minor alterations of merchandise.
　Under section 781(c) of the Act, the Secretary may include within the scope of an antidumping or countervailing duty order articles altered in form or appearance in minor respects. The Secretary may consider such criteria including, but not limited to, the overall physical characteristics of the merchandise, (including chemical, dimensional, and technical characteristics), the expectations of the ultimate users, the use of the merchandise, the channels of marketing and the cost of any modification relative to the total value of the imported products. The Secretary also may consider the circumstances under which the products enter the United States, including but not limited to the timing of the entries and the quantity of merchandise entered during the circumvention review period.

다. 즉 관세법 시행규칙 제20조의 2, 제①항에 따르면, 물리적 특성 및 화학성분 차이, HS 코드 차이, 대체 범위 및 용도, 생산설비 차이, 변경 행위에 소요되는 비용, 그 밖에 무역위원회가 필요하다고 인정하는 사항 등 6가지를 사소한 변경을 판단할 때 참조하여야 할 요소로 규정하였다. 사소한 변경 중의 하나인 사후 개발 제품의 경우에는 문제가 되는 상품이 상업적으로 판매가 되고 있는지 여부도 검토한다.[60] 5~6가지 요소는 모두 종합적으로 고려해야 하는 Totaliy test 요소로, 어느 하나만 결정적인 판단 요소가 되지는 않는다.

 마지막으로 미국은 우회 방지 관세를 부과할 때 특정 품목, 특정 수출자, 특정 수입자 혹은 이 세 가지 분류를 혼합한 관세 부과가 가능하다.[61] 2025년 1월 15일에 발효된 CFR 규정에 따르면, 우회 덤핑률을 수출자와 생산자가 결합한 형태로 부과하는 것 또한 가능하다. 예컨대 A 상사가 X, Y, Z 생산자 상품을 수출할 경우, 상무부는 A 상사의 X 생산자, Y 생산자, Z 생산자에게 각각의 우회 덤핑률을 부과하거나, 특정 생산자에 대해서만 면제 조치를 할 수 있다. 우회 방지 관세 대상을 특정하지 않고, 해당 국가에서 수입된 전체 우회 조사 제품에 대해서 부과하는 방식인 국가 단위(country-wide) 방식도 가능하다. 국가 단위 방식으로 우회덤핑 관세를 부과하는 경우에는 해당 우회 제품을 수입·판매하거나 수출하지 않는다는 내용을 선언하고, 이를 증명하는 경우에는 우회 관세를 부과받지 않는 인증(Certification) 제도를 적용한다.

 인증은 수입자 인증(Importer Certification)과 수출자 인증(Exporter Certification)으로 구분된다. 수입자 인증의 경우에는 자기 회사 이름을 명시한 후 미국 내 고객이 있는 경우에는 해당 제품을 사용하는 고객 이름을 기재하고, 해당 제품을 판매하는

---

60 19 CFR § 351.226. (k) Later-developed merchandise.
  In determining whether later-developed merchandise is within the scope of an antidumping or countervailing duty order, the Secretary will apply section 781 (d) of the Act. In determining whether merchandise is "later-developed" the Secretary will examine whether the merchandise at issue was commercially available at the time of the initiation of the underlying antidumping or countervailing duty investigation.

61 19 CFR § 351.226. (m)

해외 수출자명, 주소, 송장 번호 등을 기재한다. 그다음으로 수입자는 자신이 수입해서 판매하는 제품이 우회 제품이 아님을 선언해야 한다. 수출자도 비슷한 형태로 해당 제품이 우회 제품이 아님을 선언하고 증명서를 첨부해야 한다. 증명서는 미국 관세청의 실사 대상이 되므로, 정확하게 제출하여야 한다.

인증 제도는 19 CFR § 352.228에 일반적인 내용을 규정하고 있으며,[62] 보통 우회 예비 판정이나 최종 판정이 게재되는 관보(Federal Register)에도 상세 내용이 적혀 있다. 이는 인증 제도가 사안별로 판정 내용이 다르다는 뜻이므로 각별히 유의해야 한다. 따라서 조사 대상기업은 예비 판정이나 최종 판정이 기재된 미국 관보를 면밀히 관찰해야 한다. 나아가 인증 제도는 우회덤핑을 완전히 면제하는 제도가 아니라는 점도 유의해야 한다. 인증 제도는 수출 건건이 확인을 받아야 하므로, 일반적으로 생각하는 면제 제도와는 완전히 다르다. 다시 말해 인증 제

[62] 19 CFR § 351.228 Certification by importer or other interested party.
   (a) Certification requirements.
    (1) The Secretary may determine in the context of an antidumping or countervailing duty proceeding that an importer or other interested party shall:
      (i) Maintain a certification for entries of merchandise into the customs territory of the United States;
      (ii) Provide a certification by electronic means at the time of entry or entry summary; or
      (iii) Otherwise demonstrate compliance with a certification requirement as determined by the Secretary, in consultation with U.S. Customs and Border Protection.
    (2) Where the certification is required to be maintained by the importer or other interested party under paragraph (a)(1) of this section, the Secretary and/or U.S. Customs and Border Protection may require the importer or other interested party to provide such a certification to the requesting agency upon request.
   (b) Consequences for no provision of a certificate; provision of a false certificate.
    (1) The Secretary may instruct U.S. Customs and Border Protection to suspend liquidation of entries of the importer or entries associated with the other interested party and require a cash deposit of estimated duties at the applicable rate if:
      (i) The importer or other interested party has not provided to the Secretary or U.S. Customs and Border Protection, as appropriate, the certification described under paragraph (a) of this section either as required or upon request for such entries; or
      (ii) The importer or other interested party provided a certification in accordance with paragraph (a) of this section for such entries, but the certification contained materially false, fictitious or fraudulent statements or representations, or contained material omissions.
    (2) Under paragraph (b)(1)(i) or (ii) of this section, the Secretary may also instruct U.S. Customs and Border Protection to assess antidumping or countervailing duties, as the case may be, at the applicable rate.

I. 프롤로그 - 우회의 개요 및 주요국의 우회 방지 제도

도는 수출자 관점에서는 우회 덤핑률을 부과받지 않는다는 장점도 있지만, 건건히 인증을 받아야 한다는 점에서 불편한 점이 있다는 점도 알고 있어야 한다.

유의할 점은 Q&V에 답변하지 않은 기업들은 인증 제도를 이용할 수 없다는 것이다. 따라서 미국 상무부의 Q&V에는 어떤 식으로든지 답변을 하는 것이 기업에게 유리하다. 그렇다면 우회 조사에서 AFA를 받아서 인증을 거부 받은 조사 대상기업은 영원히 구제받을 수 없을까? 미국은 원심의 연례 재심 때 우회 판정 시 AFA로 인해 인증 제도를 이용할 수 없는 기업의 신청으로 인증 제도 활용 가능 여부를 재심사하는 절차가 있다. 이때 해당 기업은 상무부의 질의와 실사 과정을 거쳐 다시 인증 자격을 취득할 수도 있다. 다만 우회 조사에서 AFA를 받은 기업의 경우 원심의 연례 재심까지는 구제 절차가 없고, 연례 재심 시 인증 절차를 신청할 때 수출실적이 없는 경우 상무부가 연례 재심 신청을 거절할 수 있다는 점은 유의해야 한다.[63] 이상의 내용을 종합해 보았을 때 조사 대상 기업은 최초 Q&V에서 반드시 답변하는 것이 매우 중요하다고 본다.

참고로 연례 재심은 미국이 운영하는 독특한 제도로, 보통 관세 부과 명령이 연방 관보에 게재된 달의 1년 후 같은 달에, 연례 재심을 신청할 수 있다. 연례 재심은 일종의 선납 개념으로, 연례 재심이 확정되기 이전 덤핑률이나 상계관세율로 현금 혹은 그에 상당하는 증권을 미국 관세청인 CBP에 미리 예치하는 제도이다. 이해관계인 중에서 아무도 연례 재심을 신청하지 않으면, 상무부는 이전에 산정된 관세율이 적정하다고 판단하고 이전 관세율로 예치율을 산정하게 된다.

---

63 19 CFR § 351.213, (d) Rescission of administrative review
   (d) Rescission of administrative review—(1) Withdrawal of request for review. The Secretary will rescind an administrative review under this section, in whole or in part, if a party that requested a review withdraws the request within 90 days of the date of publication of notice of initiation of the requested review. The Secretary may extend this time limit if the Secretary decides that it is reasonable to do so.
   (2) Self-initiated review. The Secretary may rescind an administrative review that was self-initiated by the Secretary.
   (3) No shipments. The Secretary may rescind an administrative review, in whole or only with respect to a particular exporter or producer, if the Secretary concludes that, during the period covered by the review, there were no entries, exports, or sales of the subject merchandise, as the case may be.

이를 보통 자동 청산(auto liquidation)이라고 부른다.

하지만 통상적으로 이해관계인 중 1인은 거의 매년 연례 재심을 신청하게 된다. 연례 재심이 신청되면 덤핑률과 우회덤핑에 대한 새로운 조사가 시작된다. 연례 재심으로 인해 새로운 덤핑률이 산정되면 새로운 판정이 게재된 날로부터 새로이 변경된 관세율로 예치하게 된다. 보통 연례 재심이 확정된 후 3~4주 사이에 새로운 예치율을 적용한 예치금 납부 명령을 CBP가 내리게 된다. 기존에 예치된 예치금과 새로 산정된 예치금의 차이가 나게 되면, CBP는 차액과 해당 기간 이자율을 계산하여 이를 수출자나 생산자에게 환급한다.

연례 재심 제도가 있기 때문에 우회덤핑 판정을 받은 해외 수출자 혹은 생산자도 이 제도를 활용하여, AFA 지위 변경을 시도할 수 있다. 즉, 최초 우회덤핑 조사 기간 중에 AFA 지위를 받은 수출자 혹은 생산자는 연례 재심 기간 동안 재심 신청을 통하여 기존의 AFA 지위 변경을 시도할 수 있다. 이때 상무부가 새로운 사실관계를 인정하게 되면 AFA 지위를 면제받고, 인증제도를 이용할 수 있는 기회가 제공되기도 한다. 다만 전술한 대로 재심 신청을 하려면 가급적이면 미국 수출실적이 조금이라도 있는 것이 유리하다.

(9) 우회 조사기관

미국 우회 조사의 권한은 전적으로 상무부가 보유한다. 구체적으로 상무부 내의 집행 및 준수국(Enforcement & Compliance)이 우회 조사를 담당한다. 다만 상무부는 사소한 변경 행위를 제외하고는 우회 조사에 대한 최종 판정 전에 산업피해를 판정하는 국제 무역위원회(ITC)에 통보해야 한다.[64] 우리나라의 경우는 사소한 변경에만 한정해서 우회덤핑을 도입하였으므로, 무역위원회 산업피해조사과는 우회덤핑 조사에서 역할이 없다. 현재 한국의 우회덤핑 조사신청 접수 기관은

---

64 19 U.S. Code § 781 (e) Commission advice
　　(1) Notification to Commission of proposed action before making a determination

무역위원회 덤핑조사지원과이다. 다만 생산 우회가 포함되어 무역구제 조치의 훼손 여부가 고려 요소로 포함되면, 산업피해조사과의 역할도 어느 정도 필요할 것으로 본다.

한편 미국의 국제 무역위원회는 필요할 경우 상무부 등에 협의를 요청할 수 있으며, 상무부 등은 15일 이내에 이에 응해야 한다. 협의 요청 후 국제 무역위원회가 필요하다고 판단하면 상무부의 국제 무역위원회 통보 후 60일 이내에 산업피해에 대한 서면 의견을 상무부에 제출할 수 있다.[65] 다만 필자가 알기로는 상무부가 조사를 주도하고, 최종 판정 결과를 사전에 통보하는 정도 외에는 국제 무역위원회의 실질적인 역할은 거의 없다.

< 미국 상무부 조직도 >

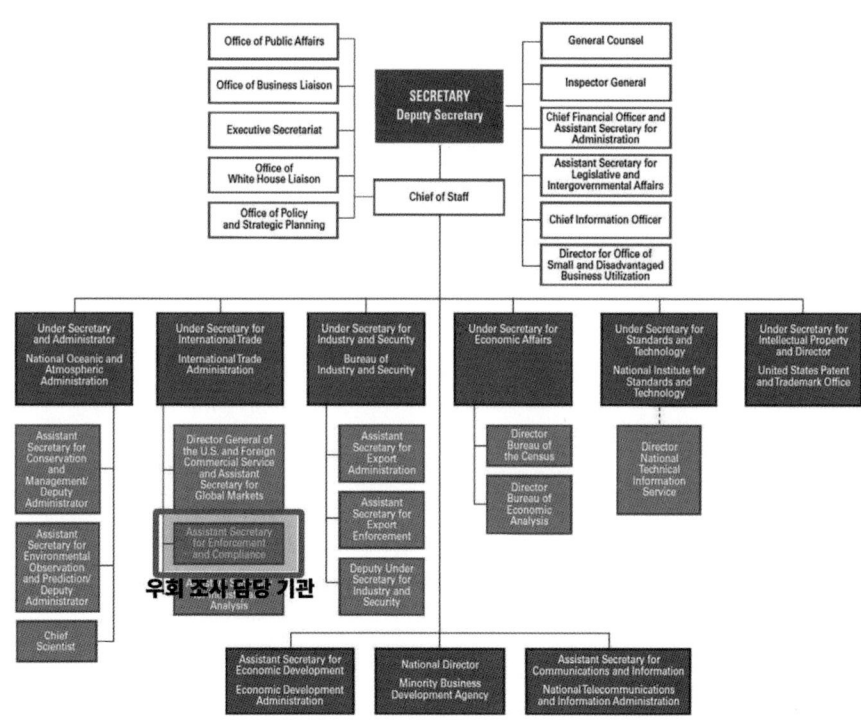

65　19 U.S. Code § 781 (e) (3)

04 주요국의 우회덤핑 방지 제도 개요: 캐나다

코시모 메디치의 4원소의 방, 베키오궁전 소장

(1) 캐나다 우회 방지 법률 제도 개관

캐나다는 반덤핑 제도를 1904년에 도입하여, 반덤핑 제도를 100년 넘게 운영해 오는 나라이다. 필자가 알기로는 캐나다의 반덤핑 제도는 전 세계에서 역사가 가장 오래되었다. 그럼에도 불구하고 캐나다는 1987년과 1988년 우회덤핑 방지 제도를 도입한 EU나 미국과 달리, 2018년에야 우회 방지 제도를 도입하였다. 이는 그만큼 우회 방지 제도에 대한 국제적 논란이 크다는 것을 반증하는 것이다.

한편 캐나다는 우회 방지 제도 도입 당시, 캐나다 무역구제 조치의 실효성 제고를 강조했다. 즉, 캐나다 당국은 무역구제 조치 실효성의 훼손을 방지하기 위해 기존의 조사 대상 범위 판정(scope proceeding)과 다른 신규 조치를 시행하며, 해당 조항은 캐나다 생산자들에게 불공정 무역에 대한 좀 더 엄격한 대응을 제공함으로써 캐나다의 무역구제 시스템의 현대화 및 강화를 지원할 것이라고 강조한다.[1] 나아가 캐나다는 이러한 조치가 철강 산업의 요청으로 검토를 시작하였으며, 입법 과정에서 다른 업계에서는 반대가 없었다고 밝혔다.[2]

캐나다는 우회의 유형만을 나열한 미국과 달리 우회의 필요 요건을 규정한

---

1 Canada Gazette, Part II, Volume 152, Number 10, 2018.5.16
2 후술하겠지만, 우리나라도 우회 방지 제도 도입 과정에서 철강 업계의 강력한 요청이 있었다. 다만 우리나라는 캐나다와 달리 다른 업계의 반대가 있었음을 밝힌다.

EU 규범 모델을 따랐다. 즉 EU와 마찬가지로 열거한 요건을 모두 충족해야 우회가 된다.³ 캐나다의 덤핑과 상계관세 조사 및 부과 관련 기본법은 특별 수입 조치 법률^(Special Import Measures Act, 이하 "SIMA")⁴ 및 특별 수입 조치 규정^(Special Import Measures Regulations, 이하 "SIMR")⁵인데, 우회 조사에 대해서도 SIMA와 SIMR에서 규정한다.⁶ 캐나다 법률이 규정한 우회의 요건은 크게 세 가지, 사실상은 네 가지이다.

(2) SIMA 제71조: 캐나다 법령상 우회의 정의

캐나다는 우회를 세 가지 요건을 모두 갖춘 경우로 한정한다. 즉 ① 덤핑방지관세 부과를 위한 조사개시 이후 무역 패턴^(pattern of trade)의 변화가 발생하고, ② 특정 행위^(prescribed activity)로 인해 기존 덤핑방지관세 조치의 효과를 훼손하되, ③ 무역 패턴의 변화가 덤핑방지관세의 부과로 인해 발생한 경우, 우회가 발생했다고 판단한다.⁷

3) SIMR 제57.11조: 우회덤핑의 요건 ① - 무역 패턴의 변화

첫째, 덤핑방지관세 부과를 위한 조사개시 이후 무역 패턴^(pattern of trade)의 변화

---

3 71 of Special Import Measures Act(SIMA)

4 법률 원문: https://laws-lois.justice.gc.ca/eng/acts/s-15/

5 규정 원문: https://laws-lois.justice.gc.ca/eng/regulations/SOR-84-927/index.html

6 SIMA 제3(1.1)~(1.2) 및 제71조~제75조 및 SIMR 제57.11조 ~ 제57.2조 등에서 규정하고 있다.

7 71 of Special Import Measures Act(SIMA): For the purposes of sections 72 to 75.6, circumvention means a situation in which all of the following exist:
   (a) a change has occurred in the pattern of trade since the day on which an order imposing a countervailing duty was made under section 7 or an investigation was initiated under section 31, as the case may be;
   (b) a prescribed activity is occurring and imports of the goods to which that prescribed activity applies are undermining the remedial effects of the order in council or the order or finding of the Tribunal; and
   (c) the change in trade pattern is caused by the imposition of anti-dumping or countervailing duties.

가 발생해야 한다.[8] 캐나다가 무역 패턴의 변화를 판단할 때는 다음의 네 가지를 고려한다. 즉, ① 덤핑방지관세 부과 대상 상품의 캐나다 수입 물량의 변화, ② 우회 조사 대상 상품의 캐나다 수입 물량의 변화, ③ 덤핑방지관세 부과 대상 상품의 동종 상품(like goods) 또는 동종 상품이 조립이나 완성품인 경우, 동종 상품의 부품 또는 구성품의 덤핑방지관세 부과 국가로부터 수입되는 물량의 변화, ④ 기타 다른 관련 요소[9] 등이다. 유의할 점은 무역 패턴의 변화는 덤핑방지관세 부과 대상 상품의 수입량 변화 혹은, 우회 상품의 수입량 변화, 혹은 덤핑방지관세 부과 국가로부터 동종 상품의 수입량 변화 혹은 관련 부품의 수입량 변화를 모두 고려하되 어느 하나가 결정적이지 않은 Totality test를 거친다는 점이다.[10]

참고로 캐나다는 동일 분류 혹은 동일 종류(the same class or kind)를 기준으로 판단하는 미국과 달리, 동종 상품을 기준으로 덤핑방지관세 부과 국가로부터 수입되는 물량의 변화를 관찰한다. 이 점에서 필자는 캐나다가 우회 판단 시 미국보다는 다소 제한적으로 운영할 의도가 있다고 생각한다.

한편, 전술한 대로 우리나라는 무역 패턴의 변화를 우회덤핑의 요건으로 삽입하지 않았는데, 이후 제3국 생산을 추가할 경우에는 캐나다나 EU처럼 무역 패턴의 변화를 요건으로 반드시 추가해야 한다. 이때 캐나다 규정을 참조하여 덤핑방지관세 부과 대상인 물품의 수입량 변화 혹은, 우회 물품의 수입량 변화, 혹은 덤핑방지관세 부과 국가로부터 동종 물품의 수입량 변화 혹은 관련 부품의 수입량 변화 등을 종합적으로 고려하여 무역 패턴의 변화를 분석할 필요가 있을 것으로 본다.

무역 패턴을 우회 판단의 필요조건으로 규정하는 EU와 마찬가지로 수입 물량의 변화를 판단할 때, 캐나다는 덤핑 관세가 부과되는 상대방 수출자나 생산자의 특수 관계인에 조사 범위를 한정하지 않는다. 즉 해당 국가 전체를 대상으

---

8 71(a) of SIMA
9 57.11 of SIMR
10 57.11 of the Special Import Measures Regulations (SIMR)

로 무역 패턴의 변화 추이를 분석한다. 만약 덤핑 관세가 부과된 국가로부터 수입 물량이 관세 부과 대상 품목의 경우에는 감소하고, 우회 조사 대상 품목의 경우 증가하였다면 우회의 첫 번째 요건을 충족할 가능성이 매우 높을 것이다.

다시 말하지만 네 가지가 고려 요소이므로, 모든 요건을 충족할 필요는 없다. 예컨대 덤핑 관세 부과 물품의 수입 물량은 아예 없어졌지만, 만약 그 상품의 조립을 위한 부품의 수입량이 덤핑 조사 이후 크게 증가하였다면 이는 무역 패턴의 변화 요건을 충족할 가능성이 높다.

(4) SIMR 제57.12조: 우회덤핑의 요건 ② - 특정 행위의 발생

둘째, 캐나다 법령이 규정한 특정 행위가 발생해야 한다. 캐나다 SIMR가 규정하는 특정 행위는 세 가지 유형이다. ① 사소한 공정(insignificant processes)을 통한 캐나다 내 조립 혹은 완성(assembly or completion) ② 사소한 공정(insignificant processes)을 통한 제3국 조립 혹은 완성(assembly or completion) ③ 사소한 변경(slight modification).

참고로 캐나다는 EU가 규정하는 제3국 우회 수출 혹은 더 낮은 관세율을 부과받은 수출자·생산자로의 변경이나 미국이 규정하는 사후 개발과 같은 기타 유형의 우회 규제가 없다. 즉 캐나다는 EU나 미국보다 우회 유형을 더 간소화하고 있다. EU, 미국, 캐나다 3국 간 우회 유형을 비교하면 아래 표와 같다.

< 주요국의 법령상 우회 유형 >

	EU	미국	캐나다
환적 등	제3국 우회 수출		
사소한 변경	사소한 변경 (slight modification)	사소한 변경 (minor alterations)	사소한 변경 (slight modification)

생산 우회 (본국 생산)	60% 이상 부품을 덤핑부과국으로부터 수입하여 25% 이하 부가가치를 EU 내에서 창출한 조립 공정(assembly operation)	상당(significant portion) 부품과 사소한 공정(minor or insignificant processes)을 통한 미국 내 완성 혹은 조립(completion or assembly)	주요(major portion) 부품과 사소한 공정 (insignificant processes)을 통한 캐나다 내 조립 혹은 완성(assembly or completion)
생산 우회 (제3국 생산)	60% 이상 부품을 덤핑부과국으로부터 수입하여 25% 이하 부가가치를 제3국에서 창출한 조립 공정(assembly operation)	상당(significant portion) 부품과 사소한 공정(minor or insignificant processes)을 통한 제3국 완성 혹은 조립(completion or assembly)	주요(major portion) 부품과 사소한 공정 (insignificant processes)을 통한 제3국 조립 혹은 완성(assembly or completion)
기타	더 낮은 관세율을 부과받는 수출자 혹은 생산자를 통한 수출국 내의 거래 패턴 또는 판매 경로 전환	사후 개발	

(5) SIMR 제57.12조 (a): 우회덤핑의 요건 ②-1 - 캐나다 내 조립 혹은 완성

특정 행위 중 첫 번째 유형은 캐나다 내에서 조립 혹은 완성이다. 캐나다 내 조립 혹은 완성이란 첫째, 부품 또는 구성품이 덤핑방지관세 명령의 대상이 되는 국가가 원산지이거나, 혹은 덤핑방지관세 명령의 대상이 되는 국가에서 수출한 제품이고, 둘째, 해당 부품 또는 구성품이 동종 상품 생산에 총비용의 주요 부분(major portion)을 차지하고 셋째, 캐나다 내에서 사소한 가공(insignificant processes)을 통해 동종 상품을 조립 또는 완성한 경우를 의미한다.[11]

---

[11] SIMR 57.12 (a) the assembly or completion of like goods in Canada, by means of insignificant processes, using parts or components — that represent a major portion of the total cost of producing the like goods — originating in or exported from a country that is subject to the applicable order of the Governor in Council or the applicable order or finding of the Tribunal, whether or not those parts or components are the only

I. 프롤로그 - 우회의 개요 및 주요국의 우회 방지 제도

이 경우 부품 또는 구성품이 캐나다 내에서 동종 상품을 조립하거나 완성하는데 사용되는 유일한 부품 또는 구성품인지 여부는 검토하지 않는다. 즉 부품이 하나이든, 여러 개이든 덤핑방지관세가 부과된 국가에서 수입된 부품을 사용하거나, 해당 국가가 원산지인 부품을 사용하여 캐나다 내에서 사소한 가공을 거치면 캐나다 내 조립 혹은 완성이라는 우회에 해당할 수 있다.

이처럼 캐나다는 EU처럼 부품이 총생산비용에서 차지하는 비중이 60% 이상이고, EU 내에서 창출된 부가가치가 25% 이하인 경우에 우회로 판정하는 구체적인 요건이 없다. 즉 캐나다는 미국처럼 부품 또는 구성품이 총비용의 "주요(major)" 부분을 차지하고, 캐나다 내에서 "사소한(insignificant)" 가공이라는 다소 추상적인 기준을 사용한다. 아울러 해당 부품이 조치 대상국의 원산지이면 되는지, 아니면 단순히 수입품인지 여부가 명확하지 않은 EU 규정과 달리, 캐나다는 조치 대상국이 원산지이거나 혹은 그 국가로부터 수입되는 부품이나 구성품으로 정의를 명확히 하고 있다. 아울러 하위 법령인 SIMR에서 "사소한 가공"에 대해 고려해야 할 요소를 다음과 같이 열거한다.[12] 즉, 가공 및 가공 설비 특성, 가공 또는 설비에 대한 투자 수준, 가공 관련 연구개발 수준, 가공 비용, 동종 상품의 생산비용과 비교한 가공비용의 비율, 기타 관련 요소 등 6가지이다. 6가지 요소 모두에 대해 우회 긍정 판단이 나올 필요는 없다. 즉 6가지 요소 모두를 검토하되, 6가지 모두를 종합적으로 고려하는 Totality test를 진행한다.

---

ones used to assemble or complete the like goods in Canada.

12 SIMR 57.13 The following factors may be considered in determining whether the processes of assembly or completion of the like goods referred to in paragraph 57.12(a) or (b) are insignificant: (a) the nature of those processes; (b) the nature of the facilities used to carry out those processes; (c) the level of investment related to those processes and to those facilities; (d) the level of research and development related to those processes; (e) the costs of those processes; (f) the proportion of those costs in relation to the cost of production of the like goods; and (g) any other relevant factor.

(6) SIMR 제57.12조 (b): 우회덤핑의 요건 ②-2 - 제3국 조립 혹은 완성

특정 행위 중 두 번째 유형은 제3국 조립 혹은 완성이다. 제3국 조립이라 함은 첫째, 부품 또는 구성품이 덤핑방지관세 명령의 대상이 되는 국가가 원산지이거나, 혹은 덤핑방지관세 명령의 대상이 되는 국가에서 수출한 제품이고, 둘째, 해당 부품 또는 구성품이 동종 상품 생산에 총비용의 주요 부분$^{(major\ portion)}$을 차지하고, 셋째, 제3국에서 사소한 가공$^{(insignificant\ processes)}$을 통해 동종 상품을 조립 또는 완성한 경우를 의미한다.

이 경우 부품 또는 구성품이 제3국에서 동종 상품을 조립하거나 완성하는데 사용되는 유일한 부품 또는 구성품인지 여부는 검토하지 않는다. 즉 부품이 하나이든, 여러 개이든 덤핑방지관세가 부과된 국가에서 수입된 부품을 사용하거나 해당 국가가 원산지인 부품을 사용하여 제3국에서 사소한 가공을 거치면 제3국 조립 또는 완성이라는 우회에 해당할 수 있다. 특히 부품 또는 구성품이 덤핑방지관세의 대상이 될 필요는 전혀 없다. 오직 덤핑방지관세 부과 국가로부터 해당 부품 또는 구성품이 수입되었는지, 혹은 덤핑방지관세 부과 국가가 원산지인 부품 또는 구성품이 사용되었는지만 검토한다.

캐나다 내 조립이나 완성의 경우와 같이 캐나다는 EU처럼 부품이 총생산비용에서 차지하는 비중이 60% 이상이고, 제3국에서 창출된 부가가치가 25% 이하인 경우에 우회로 판정하는 구체적인 요건이 없다. 즉 캐나다는 미국처럼 부품 또는 구성품이 총비용의 "주요$^{(major)}$" 부분을 차지하고, 제3국에서 "사소한$^{(insignificant)}$" 가공이라는 다소 추상적인 기준을 사용한다. 나아가 전술한 대로 캐나다는 해당 부품이나 구성품이 조치 대상국이 원산지이거나 혹은 그 국가로부터 수입되는 경우이면, 제3국 우회 가능성이 있다. 예컨대 캐나다는 조치 대상국과 사소한 변경이 발생하는 제3국으로부터 수입되는 것이 아니라, 조치 대상국이 원산지인 품목이 제4국을 통해서 제3국으로 수입되어 조립 혹은 완성되어도 제3국 우회 요건을 충족하게 된다.

제3국 조립 혹은 완성 유형은 캐나다의 최초 우회 사건이기도 하다. 즉 캐나다는 중국산 컨테이너 샤시(Certain Container Chasis)가 베트남을 우회하여 수입된다는 우회덤핑 조사신청을 받고, 2024년 11월 25일에 조사를 공식 개시하였다. 이 제품은 2022년 1월 캐나다 CBSA가 반덤핑 관세와 상계관세를 이미 부과한 제품이었다. 조사기간은 2020년 10월 1일부터 2024년 9월 30일까지였고, 조사 대상 물품은 컨테이너를 제작하는 데 사용하는 철제 제품이었다. 캐나다는 베트남 현지 업체를 대상으로 질의서 발송, 실사를 진행하였는데, 베트남 현지 공장과 설비를 통한 공정이 사소하지 않았고 베트남 업체가 이 제품과 관련하여 상당한 수준의 연구개발까지 진행했다는 점을 이유로 우회라고 판정하지는 않았다.

(7) SIMR 제57.12조 (c): 우회덤핑의 요건 ②-3 – 사소한 변경

특정 행위 중 세 번째 유형은 사소한 변경(slight modification)이다. 캐나다의 사소한 변경은 덤핑방지관세 명령이 부과된 국가가 원산지이거나, 그 국가에서 수출하는 동종 상품을 덤핑방지관세 부과 국가 또는 제3국에서 사소하게 변형하여 더 이상 동종 상품이 아니게 되는 것을 의미한다.[13]

캐나다의 사소한 변경은 EU나 미국, 우리나라와 달리 제3국에서 일어난 사소한 변경을 포함한다. 필자가 보기엔 제3국에서 일어난 사소한 변경은 제3국 조립 혹은 완성을 통한 생산 우회와 사실상 같다. 다만 제3국에서 일어난 사소한 변경이 조립 혹은 완성 이외의 다른 행위로 인한 사소한 변경이 일어났다면, 이 조항으로 인해 캐나다는 이를 사소한 변경 행위로 규제할 수 있다. 조립 혹은 완성 이외의 다른 행위로 사소한 변경이 일어날 수 있는지 필자는 회의적이지만, 그럼에도 불구하고 조립 혹은 완성 이외 제3의 형태로 사소한 변경이 일어날 가

---

13 SIMR 57.12 (c) the slight modification — in a country that is subject to the applicable order of the Governor in Council or the applicable order or finding of the Tribunal or in a third country — of like goods originating in or exported from that subject country such that the slightly modified goods are no longer like goods.

능성을 배제하는 것은 바람직하지 않을 수도 있다. 이 점에서 캐나다의 사소한 변경은 EU나 미국보다 그 범위가 넓다고 본다.

사소한 변경을 판단할 때 캐나다는 다음을 고려할 수 있다.[14] 변경된 상품과 동종 상품의 물리적 특성, 기술적 사양, HS 코드, 용도, 대체 가능 범위, 포장 및 홍보자료, 유통경로, 생산 공정, 생산설비, 생산비용, 변경 비용, 변경 복구가 가능할 경우 복구 비용, 기타 관련 요소 등이다. 즉 캐나다는 이러한 요소들에 대한 종합적인 고려, 즉 Totality test를 통해 사소한 변경 여부를 판단한다. Totality test이므로 모든 요소를 충족할 필요는 없으며, 비용과 관련된 구체적인 수치 기준도 없다.

(8) SIMR 제57.15조: 우회덤핑의 요건 ②-4 – 무역구제조치 효과의 훼손

이와 같은 특정 행위가 발생한 이후 무역구제 조치의 효과가 훼손되어야 한다. 무역구제 조치의 훼손이란 국내 산업 피해 구제 효과가 사실상 없어지는 상태를 의미한다. 캐나다는 우회 행위가 기존 덤핑방지관세의 무역 구제 효과 훼

---

14 SIMR 57.14. The following factors may be considered in determining whether a modification of like goods referred to in paragraph 57.12(c) is slight:
(a) the physical characteristics of the modified goods and the like goods, including their composition;
(b) the technical specifications of the modified goods and the like goods;
(c) each of the classification numbers under the Harmonized Commodity Description and Coding System attributed to the modified goods and the like goods;
(d) the uses of the modified goods and the like goods;
(e) the extent to which the modified goods could be substituted for the like goods and consumer preferences in relation to the modified goods and the like goods;
(f) the packaging for the modified goods and the like goods, along with the promotional material and documentation concerning the modified goods and the like goods;
(g) the channels of distribution for the modified goods and the like goods;
(h) the difference in the processes to produce, the facilities used to produce and the costs of producing the modified goods and the like goods;
(i) the cost of the modification and, if it is possible to reverse the modification, the cost of reversing it; and
(j) any other relevant factor.

손하는지 여부를 판단할 때, 다음의 요소를 고려할 수 있다.[15] 즉, 우회에 해당하는 상품의 캐나다 내 판매가격 및 수량, 우회 의심 상품과 덤핑방지관세 부과 대상 제품이 동일 소비자에게 판매되는지 여부 및 동일 용도 여부, 그리고 기타 관련 요소 등을 무역구제 훼손 여부 판단시 고려할 수 있다.

(9) SIMR 제57.16조: 우회덤핑의 요건 ③ - 덤핑방지관세의 부과와 무역 패턴의 인과관계

마지막 요건은 무역 패턴의 변화가 덤핑방지관세 부과로 인해 발생해야 한다. 즉 두 요소 상호 간의 인과관계가 있어야 한다. 사소한 변경의 경우 실무적으로 볼 때 조사 당국은 인과관계를 엄격하게 증명해야 하는 것이 아니라, 일종의 선후 상관관계만 증명해도 크게 무리가 없다고 본다. 왜냐하면 법에 규정된 특정한 사소한 변경 행위가 일어났다면, 덤핑방지관세 부과로 인해 생겼을 가능성이 매우 높기 때문이다.

그러나 제3국 생산이나 조립의 경우에는 덤핑방지관세 이외의 다른 요인도 있을 수 있으므로, 이에 대해서 조사 당국은 면밀한 검토를 해야 한다. 예컨대 중국 기업이 덤핑방지관세 부과 이전부터 글로벌 경영 전략에 따라 베트남으로 공장 이전을 검토한 후 이전을 최종 결정하였다고 하자. 하필 이즈음 캐나다는

---

15 SIMR 57.15 For the purposes of paragraph 71(b) of the Act, the following factors may be considered in determining whether imports of goods to which an activity referred to in section 57.12 applies are undermining the remedial effects of the applicable order of the Governor in Council or the applicable order or finding of the Tribunal:
(a) the price and volume of like goods referred to in paragraph 57.12(a) sold in Canada or the price and volume of imports of like goods referred to in paragraph 57.12(b) or of slightly modified goods referred to in paragraph 57.12(c);
(b) whether the goods referred to in paragraph (a) are sold to consumers that otherwise may have bought goods that are subject to the applicable order of the Governor in Council or the applicable order or finding of the Tribunal;
(c) whether the goods referred to in paragraph (a) have the same use as goods that are subject to the applicable order of the Governor in Council or the applicable order or finding of the Tribunal; and (d) any other relevant factor.

이 중국 기업에 덤핑 조사를 개시한 후 덤핑방지관세를 부과하였고, 중국은 베트남으로 공장을 이전하였다. 이 경우 캐나다에서 베트남으로부터 수입하는 물량이 급증하였다면 이를 중국 기업의 우회라고 판단할 수 있을까?

캐나다 법령은 무역 패턴 변화의 주된 요인이 덤핑방지관세 부과인지 여부를 판단할 때 고려해야 할 관련 요소를 열거한다.[16] 즉, 우회 유형에 해당하는 상품과 덤핑관세 부과 상품 간 원가 차이, 무역 패턴의 변화가 발생한 시기$^{(timing)}$, 캐나다 이외의 국가에서 우회 조사 상품과 유사한 동종 상품 판매 현황, 덤핑방지관세 상품에 대한 소비자 선호도 변화, 덤핑방지관세 상품 혹은 동종 상품의 생산 관련 기술의 변경, 덤핑방지관세 부과와 관련 없는 경제적 또는 상업적 요인, 기타 관련 요소 등이 그것이다. EU나 미국보다 고려해야 할 요소가 훨씬 많은데, 이는 캐나다가 제3국 생산 우회 방지 조치에 대해 매우 조심스러운 접근법을 취하고 있다는 것을 의미한다. 필자는 이와 같은 법령상 요건 때문에 캐나다는 우회덤핑 방지 제도를 미국이나 EU보다 제한적으로 운영할 것이라고 예상한다.

다만 인과관계만 한정해서 본다면, 제3국 조립 혹은 완성의 경우 조사 당국이 무역 패턴의 변화와 덤핑방지관세 부과 조치 사이의 인과관계를 엄격하게 적

---

16 57.16 For the purpose of paragraph 71 (c) of the Act, the following factors may be considered in determining whether the change in trade pattern is caused by the imposition of anti-dumping or countervailing duties:
  (a) a difference in costs in respect of
    (i) goods that are subject to the applicable order of the Governor in Council or the applicable order or finding of the Tribunal, and
    (ii) the like goods referred to in paragraph 57.12(a) or (b) or the slightly modified goods referred to in paragraph 57.12(c);
  (b) the timing of when an activity referred to in section 57.12 began or substantially increased in relation to the day on which an order imposing a countervailing duty was made under section 7 of the Act or an investigation was initiated under section 31 of the Act, as the case may be;
  (c) the sale, in a country other than Canada, of like goods referred to in paragraph 57.12(b), of parts or components referred to in paragraph 57.12(a) or (b) or of slightly modified goods referred to in paragraph 57.12(c);
  (d) a change in consumer preferences in relation to goods referred to in subparagraph (a)(i) or (ii) or to parts or components referred to in paragraph 57.12(a);
  (e) a change in technology related to the production of goods referred to in subparagraph (a)(i) or (ii);
    (e.1) any economic or commercial factors that are unrelated to the imposition of anti-dumping or countervailing duties; and
  (f) any other relevant factor.

용하지는 않을 것이다. 즉 상관관계만 있다면 사소한 변경과 마찬가지로 조사 당국은 인과관계를 자신들에게 유리하게 해석하여, 대부분의 경우 덤핑방지관세 부과로 인해 무역 패턴의 변화가 발생했다고 판단할 가능성이 높다.

예컨대 2024년 캐나다가 조사를 개시한 컨테이너 샤시의 경우 CBSA는 2022년 원심에서 중국산 샤시에 대해 반덤핑 관세와 상계관세를 부과하였는데, 그 직후부터 베트남을 우회하여 수입된다는 우회 신청이 있었다. CBSA의 조사에 따르면 반덤핑 관세와 상계관세가 부과된 2022년 34%인 중국 물량 비중이 2023년 3%로 줄었고, 베트남 비중은 0%에서 34%로 급증하였다. CBSA는 이와 같은 무역 패턴의 변화가 우회로 인해 발생할 가능성이 높다고 판단하였다.

< 컨테이너 샤시 캐나다 수입 비중(2020~2024) >

	2020.10~12	2021	2022 (AD, CVD 부과)	2023	2024.1~9
중국	36%	49%	34%	3%	1%
베트남	0%	0%	0%	34%	4%
기타	64%	51%	66%	63%	95%
합계	100%	100%	100%	100%	100%

출처: CBSA

(10) 우회 조사기관·조사 절차 및 기간

캐나다의 우회 조사 담당 권한은 캐나다 국경 관리청(Canada Border Services Agency, CBSA)에 있다. 캐나다는 덤핑 조사와 산업 피해 조사가 양분되어 있는 미국과 유사하게 CBSA는 덤핑 조사, 국제 무역법원(Canadian International Trade Tribunal, CITT)이 산업 피해 조사를 담당한다. 이에 따라 조사 대상 상품의 정의와 관련된 우회 조사는 덤핑 조사를 담당하는 CBSA가 수행하는 것이다.

SIMA에 따르면 우회 조사신청이 있을 경우, 캐나다 CBSA는 45일 이내에 이를 결정한다.[17] CBSA가 우회 조사를 공식 개시하면 수입업자, 수출업자, 수출국 정부, 국내 생산자와 신청인에게 각각 조사개시를 통보한다. 캐나다 관보(Canada Gazette)에도 우회 조사개시 사실을 공고하며 정해진 방식(prescribed manner)으로 조사개시 사유를 기재한다.[18] 특히, CBSA는 제출된 증거가 우회의 합리적 징후인지 여부에 대한 예비적 평가, CBSA의 예비적 평가의 근거 사실에 대한 요약을 포함한 조사개시 관련 필수적 사실에 대한 진술서를 공표[19]해야 하는데, 주로 CBSA 웹사이트에 게시한다.[20] 만약 CBSA가 우회 조사를 개시하지 않기로 결정하면, 해당 결정 내용 및 근거를 신청인에게 통보해야 한다.[21]

---

17 SIMA 75.1 (1) Subject to subsection 75(1), within 180 days after initiating an investigation under subsection 72(1), the President shall make a decision and shall
    (a) cause written notice of the decision to be
      (i) given to the importer, the exporter, the government of the exporting country, the domestic producers and the complainant, if any, and
      (ii) published in the Canada Gazette;
    (b) publish the reasons for the decision in the prescribed manner; and
    (c) in the case of the President finding that there is circumvention, file with the Tribunal the decision, the reasons for the decision and any other material relating to the decision that may be required under the rules of the Tribunal.

18 SIMA 73 (1) If the President causes an anti-circumvention investigation to be initiated, he or she shall
    (a) cause notice of the investigation to be
      (i) given to the importer, the exporter, the government of the exporting country, the domestic producers and the complainant, if any, and
      (ii) published in the Canada Gazette; and
    (b) publish the reasons for initiating the investigation in the prescribed manner.

19 Statement of essential facts
SIMA 74 (1) Subject to subsection (2), the President shall publish, in the prescribed manner, a statement of essential facts in respect of an investigation initiated under subsection 72(1) that includes
    (a) the President's preliminary assessment of whether the evidence discloses a reasonable indication of circumvention; and
    (b) a summary of the facts the President relied on in making that preliminary assessment.

20 SIMR 57.18 For the purposes of paragraphs 73(1)(b), 75(3)(c), 75.1(1)(b) and 75.4(7)(c) of the Act, the reasons are to be published on the website of the Canada Border Services Agency

21 SIMA 73(2) President decides not to initiate investigation – If, after receipt of a complaint referred to in subsection 72(1), the President decides, with respect to some or all of the goods specified in the complaint, not to cause an investigation to be initiated, the President shall send a written notice of the decision and the reasons for it to the complainant.

I. 프롤로그 - 우회의 개요 및 주요국의 우회 방지 제도

    우회 조사개시는 수출자별로도 할 수 있고, 국가별로도 할 수 있다.[22] 국가별 우회 조사는 우회 행위가 특정 수출자가 아니라, 해당 국가에서 수출자를 특정할 수 없을 정도로 만연할 경우에 적용한다. 이는 미국의 국가 단위(country-wide) 제도를 차용한 것이다.

    조사개시가 결정되면 180일 이내에 판정해야 하고, 필요할 경우 240일까지 연장이 가능하다.[23] 우회 조사의 최종 결정 이전에 CBSA는 이해관계인에게 핵심적 고려 사항을 담은 진술서에 대한 서면 의견을 제출하도록 해야 한다.[24] 캐나다는 핵심적 고려 사항 공개 후 최소 7일의 기간을 부여한 후 의견을 제출하도록 한다.[25] 캐나다는 우회 조사신청이 들어오고, 이 문제가 조사 대상 상품의 정의와 관련된 것이면 미국의 Scope Ruling과 유사한 판결을 내리고 절차를 조기에 종료한다.[26] 이 종료 결정은 우회 결정이 아니라 Scope Ruling 결정으로 간주한다. 이때 CBSA는 (a) 수입업자, 수출업자, 수출국 정부, 국내 생산자, 신청인에게 종료를 통보하고, (b) 종료 사실을 캐나다 관보에 공표하며, (c) 관보 게재 날짜와 동일한 날 CBSA 웹사이트에 조사 종료 사유를 게재해야 한다.[27] 만약

---

22 SIMA 72(2) An anti-circumvention investigation may be initiated in respect of an exporter or in respect of a country, as the circumstances require.

23 SIMA 75.2 (1) The President may, at any time before the publication of the statement of essential facts and before the expiry of the 180-day period set out in subsection 75.1(1), extend the period set out in that subsection to 240 days, in prescribed circumstances.

24 SIMA 74(2) Before making a decision under subsection 75.1(1), the President shall allow interested parties sufficient time to provide written comments on the statement of essential facts.

25 SIMR 57.19(2) For the purpose of subsection 74(2) of the Act, seven days after the day on which that statement is published constitutes sufficient time.

26 SIMA 75 (1) Despite section 74, the President may terminate an investigation at any time before the publication of the statement of essential facts, if the President is satisfied that the goods in respect of which an investigation was initiated under subsection 72(1) are of the same description as goods to which an order or finding of the Tribunal or an order of the Governor in Council applies.

27 SIMA 75 (3) Notice of termination, If an investigation is terminated under subsection (1), the President shall
    (a) give notice of the termination to the importer, the exporter, the government of the exporting country, the domestic producers and the complainant, if any;
    (b) publish notice of the termination in the Canada Gazette; and
    (c) on the same day that the notice is given, publish the reasons for terminating the investigation in the prescribed manner, including the reasons for determining that the goods in question are of the

Scope Ruling 이슈가 아닌 경우로 판단이 되면, 우회 조사를 계속하여 우회 여부에 대한 판정을 하게 된다.

　캐나다는 EU와 마찬가지로 우회덤핑의 경우에는 예비판정 제도가 없다. 나아가 수출자는 조사 대상으로 선정된 우회 수출자와 어떠한 특수관계도 없고, 조사 대상으로 선정되지 않았거나 혹은 자료 제출 요구를 받은 적이 없다는 내용을 서면으로 제출하면, 면제를 받을 수도 있다.[28] CBSA가 우회 결정을 하게 되면 당해 결정을 수입업자, 수출업자, 수출국 정부, 국내 생산자와 신청인에게 서면으로 통보하고, 이를 관보에 게재해야 하며, CBSA 웹사이트에 당해 결정의 근거 등을 게재해야 한다. 특히 우회 긍정 결정을 하게 되면 CBSA는 국제 무역법원(CITT)에 당해 결정 자체, 결정 근거 및 기타 결정 관련 자료를 제출해야 한

　　same description as goods to which an order or finding of the Tribunal or an order of the Governor in Council applies.

28　면제 신청서에 포함될 이름, 증거서류, 상품에 대한 상세 기술서 등 관련 내용은 57.21(1) of the Special Import Measures Regulations (SIMR) 57.21(1)에 상세히 규정되어 있다.
　　SIMR 57.21 (1) For the purpose of subsection 75.6(2) of the Act, a request for an exemption from the extension of duties made by an exporter to Canada shall contain the following information:
　　　(a) the name and civic address and, if different, postal address of the exporter, along with a list of associated persons in relation to the exporter;
　　　(b) confirmation, along with evidence in support, that the goods for which the request for exemption is made have been sold or consigned to an importer in Canada;
　　　(c) a detailed description of those goods;
　　　(d) if the decision setting out a finding of circumvention in respect of the applicable amending order referred to in section 75.3 of the Act is made in respect of a prescribed activity referred to in paragraph 57.12(a), the name and civic address and, if different, the postal address of each producer of parts or components referred to in that paragraph and, if known, the name and civic address and, if different, the postal address of each person that uses those parts or components;
　　　(e) if the decision setting out a finding of circumvention in respect of the applicable amending order referred to in section 75.3 of the Act is made in respect of a prescribed activity referred to in paragraph 57.12(b), the name and civic address and, if different, the postal address of any exporter or producer of parts or components used to assemble or complete those goods;
　　　(f) if the decision setting out a finding of circumvention in respect of the applicable amending order referred to in section 75.3 of the Act is made in respect of a prescribed activity referred to in paragraph 57.12(c), the name and civic address and, if different, the postal address of any exporter or producer of like goods that were slightly modified such that they became goods for which the request for exemption is made;
　　　(g) an indication of the applicable amending order referred to in section 75.3 of the Act; and
　　　(h) arguments in support of the request, along with supporting evidence.

다.[29]

　CITT에 우회 결정이 제출되면 CITT는 지체없이 CBSA 결정에 포함된 조건과 방식에 따라 덤핑방지관세 명령을 수정해야 한다.[30] CITT는 사실상 특별한 추가 조사 없이, CBSA가 송부한 최종 결정문을 법률 형태로 수정하여 발표만 한다. 즉 CITT는 CBSA의 조사 결과를 그대로 추종하여 기존에 발표된 덤핑방지관세 명령을 수정하고, 수정된 명령을 공표한다. 이에 따라 우회에 대한 긍정 판정으로 기존 덤핑방지관세 부과 명령이 수정되어 우회 대상 상품으로 관세 부과 범위가 확대되며, 덤핑방지관세를 우회 방지 조사가 시작된 날로 소급하여 적용한다.[31] 다만 캐나다는 EU나 미국과 달리 잠정 조치 조항이 없다. CBSA의 우회 조사와 관련된 기한과 내용 등 상세 절차는 다음과 같다.

---

29 Decision - circumvention
　SIMA 75.1 (1) Subject to subsection 75(1), within 180 days after initiating an investigation under subsection 72(1), the President shall make a decision and shall
　　(a) cause written notice of the decision to be
　　　　(i) given to the importer, the exporter, the government of the exporting country, the domestic producers and the complainant, if any, and
　　　　(ii) published in the Canada Gazette;
　　(b) publish the reasons for the decision in the prescribed manner; and
　　(c) in the case of the President finding that there is circumvention, file with the Tribunal the decision, the reasons for the decision and any other material relating to the decision that may be required under the rules of the Tribunal.

30 Tribunal
　SIMA 75.3 Without delay after a decision setting out a finding of circumvention is filed with the Tribunal under paragraph 75.1(1)(c), the Tribunal shall make an order amending the order or finding that is the subject of the President's decision in the manner described in the decision, including any terms and conditions that are set out in the decision.

31 SIMA Marginal note: Duties - circumvention investigation,
　3(1.2) A duty shall be levied, collected and paid on all dumped and subsidized goods imported into Canada, after the initiation of an anti-circumvention investigation under section 72, in respect of which the Tribunal has made an order - amending an order or finding after the release of the goods - to the effect that the importation of goods of the same description constitutes circumvention, as follows:
　　(a) in the case of dumped goods, an anti-dumping duty in an amount that is equal to the margin of dumping of the imported goods; and
　　(b) in the case of subsidized goods, a countervailing duty in an amount that is equal to the amount of subsidy on the imported goods.

<커나다 우회 조사 절차별 기한 및 내용>

기한	내용
Day 0	우회 조사 개시
Day 21	수입자 답변서 제출 기한
Day 37	수출자·생산자 답변서 제출 기한
Day 110	우회 조사 보고 완료
Day 135	핵심적 고려 사항 보고서 공개
Day 142	이해관계인의 의견 제출
Day 149	이해관계인 의견 제출에 대한 답변서 제출
Day 180	종료

(11) 직권조사

캐나다는 신청에 따른 우회 조사 외에도 CBSA가 직권으로 조사를 개시할 수 있다.[32] 캐나다는 WTO에서 직권조사 개시를 위해 필요한 요건인 '특별한 상황'이라는 문구가 없다. 다만 CBSA가 직권으로 우회가 발생하고 있다는 사실에 대한 합리적인 증거가 있는 경우, 우회 방지 조사를 개시해야 한다고 규정한다. 다른 나라와 달리 캐나다는 직권조사를 의무 조항으로 규정 ^(shall cause an investigation to be initiated) 하고 있다는 점이 특이하다.

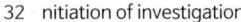

32 nitiation of investigation
    72 (1) The President shall cause an investigation to be initiated respecting the circumvention of an order or finding of the Tribunal, or an order of the Governor in Council imposing a countervailing duty under section 7, on the President's own initiative or, if he or she receives a written complaint respecting the circumvention, within 45 days after the day on which that complaint is received, if he or she is of the opinion that there is evidence disclosing a reasonable indication that circumvention is occurring.

05 기타 국가의 우회덤핑 방지 제도

(1) 인도

인도는 우회덤핑 조사를 위한 규정을 2011년에 도입했다. 도입 배경은 다른 나라와 거의 같다. 즉, 무역구제 조치의 실효성을 확보하기 위해서였다. 인도는 우회덤핑 방지 제도를 도입할 때, 본국 우회뿐 아니라 WTO 규정 위반 가능성이 있는 제3국 생산 우회도 도입하였다. 나아가 2020년에는 상계관세 조치 우회 방지 규정도 도입하였다. 인도의 우회덤핑 관련 기본법은 1975년 관세법(Indian Customs Tariff Act of 1975)과 1995년 관세법 규칙(Customs Tariff Rules)이다. 1975년 관세법의 우회 방지 규정은 상계관세를 규정하는 Section 9과 덤핑 방지 관세를 규정하는 Section 9A의 Sub-section 1A이다. 특히 인도는 2024년 반덤핑 조사만 무려 43건을 개시하여, 브라질(23건), 미국(23건), EU(21건)를 압도했다. 이는 인도의 우회덤핑 조사도 향후 급증할 가능성이 높음을 의미한다.

인도는 우회 유형을 세 가지로 규정한다. 즉 우회란 첫째, 조사 대상 물품의 구성, 명칭, 사양 등을 변경하는 행위(Alteration of Article), 둘째, 조사 대상 물품을 조립되지 않거나(unassembled) 혹은 해체된(dissembled) 상태로 수입하여 [인도 내에서 부가가치 35% 미만으로 생산하여 판매하거나 혹은 제3국에서 부가가치 35% 미만으로 생산하여 인도에 수출하는] 행위(Unassembled/Disassembled Imports), 셋째, 원산지 혹은 수출지를 변경하는 행위(Change of Origin/Export) 등을 통해 반덤핑 관세 혹은 상

계관세의 효과를 저해(ineffective)하는 행위를 의미한다.[1]

인도 우회 유형이나 제도의 특징은 사소한 변경이라는 개념보다는 더 포괄적인 변경 행위를 통해 반덤핑 관세 혹은 상계관세 효과를 저해하는 행위가 우회의 유형이라는 점, 우회덤핑 방지 제도를 먼저 도입하고 나중에 상계관세 우회 방지 규정을 도입한 점, 원산지 위반도 같이 우회의 유형으로 나열한다는 점 등이다.

관세법의 하위 법령인 1995년 관세법 규칙 제25조에는 우회의 정의를 좀 더 상세히 정의한다. 이에 따르면 ① 반덤핑 관세 이외의 원인이나 경제적 타당성이 불충분한 관행, 공정 또는 작업의 결과로 모든 국가와 인도 간 또는 조치 대상 국가의 개별기업과 인도 간의 무역 패턴이 변경되는 경우, 그리고 ② 해당 제품의 가격이나 수량 또는 두 가지 측면에서 산업 피해가 있거나 혹은 반덤핑 관세의 효과가 훼손되고 있다는 증거가 있는 경우, 나아가 ③ 덤핑의 증거가 있는 경우 등의 세 가지를 모두 만족하면 우회 행위가 된다. 나아가 관행, 공정 또는 작업의 경우 인도 혹은 제3국 내에서 창출된 부가가치가 35% 미만이어야 하되, 특허나 저작권과 같은 생산 기술의 취득 비용은 고려하지 않는다.[2]

---

1 Indian Customs Tariff Act of 1975 9A(1A) Where the Central Government, on such inquiry as it may consider necessary, is of the opinion that circumvention of anti-dumping duty imposed under sub-section (1) has taken place, either by altering the description or name or composition of the article subject to such anti-dumping duty or by import of such article in an unassembled or disassembled form or by changing the country of its origin or export or in any other manner, whereby the antidumping duty so imposed is rendered ineffective, it may extend the anti-dumping duty to such article or an article originating in or exported from such country, as the case may be [from such date, not earlier than the date of initiation of the inquiry, as the Central Government may, by notification in the Official Gazette, specify. (상계관세 우회 규정은 Indian Customs Tariff Act of 1975 9(1A)에서 규정)

2 Section 25 in Customs Tariff (Identification, Assessment and Collection of Anti-dumping Duty on the dumped Articles for Determination of Injury) Rules, 1995, 25. [Circumvention of anti-dumping duty. [Substituted by Notification No. G.S.R. No. 73(E), dated 02.02.2020 (w.e.f. 1.1.1995).]
   (1) Circumvention shall be considered as a change in the pattern of trade between any country and India or between individual companies in any country subject to measures and India, as a result of a practice, process or work for which there is insufficient cause or economic justification other than the imposition of the duty; and where there is evidence of injury or that the remedial effects of the duty are being undermined in terms of the prices or quantities or both of the like product; and where there is evidence of dumping in relation to the normal values previously established for the like product, if necessary with

규칙 제26조에 따르면 우회덤핑 조사는 인도 상공부 무역구제총국^(Dirctorate General of Trade Remedies, DGTR)의 직권 또는 이해관계인의 신청에 따라 개시된다.[3] 신청서는 우회에 대한 충분한 증거를 갖추어야 하고, 조사를 개시할 때에는 상대국 정부에 통보해야 한다. 조사는 12개월 동안 수행하고, 어떤 경우에도 18개월을 넘을 수 없다. 인도의 경우도 우회 최종 판정 이전에 잠정 조치를 시행할 수 있으며,[4] 우회 방지 관세는 조사개시 때까지로 소급 적용할 수 있다.[5]

    appropriate changes or adjustments or in accordance with the provisions of rule 10.
(2) The practice, process or work referred to in the sub-rule (1) includes, inter alia, -
    (a) where an article subject to anti-dumping duty is imported into India from any country including the country of origin or country of export notified for the purposes of levy of anti-dumping duty, in an unassembled, unfinished or incomplete form and is assembled, finished or completed in India or in any other country, such assembly, finishing or completion shall be considered to circumvent the anti-dumping duty in force if, -
        (i) the operation started or increased after, or just prior to, the anti-dumping investigations and the parts and components are imported from the country of origin or country of export notified for purposes of levy of anti-dumping duty; and
        (ii) the value added to the inputs brought in, during the assembly or completion operation, is less than 35% of the manufacturing cost:
Provided that for calculation of value addition, expenses on account of procurement of technology, such as patents, copyright, trademark, royalty, technical know-how, consultancy charges, etc., shall not be included in the value of the parts brought in.

3 Section 26 in Customs Tariff (Identification, Assessment and Collection of Anti-dumping Duty on dumped Articles for Determination of Injury) Rules, 1995
    Rule (1) Except as provided herein below, the designated authority may initiate an investigation to determine the existence and effect of any alleged circumvention of the anti dumping duty levied under section 9A of the Act , upon receipt of a written application by or on behalf of the domestic industry.

4 Section 26 Rule (4A) The Central Government may, on recommendation of the designated authority, resort to provisional assessment of the imports of the article alleged to be circumventing an anti-dumping duty in force and may ask a guarantee from the importer, till the time a decision under sub-rule (3) of rule 27 is taken by the Central Government.

5 Section 26 Rule (27). Determination of circumvention. - (1) The designated authority, upon determination that circumvention of anti-dumping duty exists, may recommend imposition of anti-dumping duty to imports of articles found to be circumventing an existing anti-dumping duty or to imports of article originating in or exported from countries other than those which are already notified for the purpose of levy of the antidumping duty and such levy may apply retrospectively from the date of initiation of the investigation under rule 26.

(2) 호주

호주는 우회 방지를 위한 규정을 2013년에 도입했다. 호주는 우회 방지 규정이 WTO 규정에 위배된다는 점을 인식하고 우회 도입에 신중한 태도를 견지하고 있었지만, 중국 등의 국가에서 우회 행위가 증가하면서 우회 방지 규정을 2013년에 결국 도입하게 된다. 호주도 캐나다와 마찬가지로 호주 철강 협회(Australian Steel Institute)의 강력한 요구가 있었다.[6] 호주는 특이하게도 처음에는 사소한 변경 행위가 우회 행위에 포함되어 있지 않았으나, 2015년 4월 관세법 개정을 통해 사소한 변경 행위를 가장 마지막 우회 유형으로 추가하였다.

호주의 우회 방지 기본법은 1901년 관세법(Customs Act 1901)이다. 호주의 관세법은 조항이 숫자와 영문이 결합된 특이한 형태를 띠는데, 우회 방지 조항은 Section 269ZDBB에 규정되어 있다. 호주는 우회 유형을 크게 6가지로 구분한다. 첫째 호주 내 부품 조립(Assembly of parts in Australia), 둘째, 제3국 부품 조립(Assembly of parts in third country), 셋째, 하나 혹은 그 이상의 제3국을 통한 수출(Export of goods through one or more third countries), 넷째, 수출자 간 합의(Arrangements between exporters)에 따른 관세 회피 행위, 다섯째, 관세의 의도된 효과를 회피(Avoidance of intended effect of duty)하는 행위, 여섯째, 사소한 변경(Slight modification of goods) 행위.

호주는 제3국 생산의 경우 우회 판단 기준인 부가가치 기준을 EU(25% 이하)나 인도(35% 미만)처럼 명시적인 수치로 규정하지 않고, 미국이나 캐나다처럼 사례별로 적용하는 "상당성(significant) 기준"을 적용한다.[7] 다만 미국·캐나다와는 다르게 호주 혹은 제3국의 우회 국가가 아니라 관세 부과 국가에서 창출된 부가가치를 기준으로 상당한 기준을 판단한다. 즉 호주 내 혹은 제3국이 아니라, 반덤핑 관세

---

6 House of Representatives Standing Committee on Agriculture and Industry, 『Circumvention: closing the loopholes』, 2015.5, p. 9~10(2.29~2.30)

7 the total value of the parts manufactured in that foreign country is a significant proportion of the value of the assembled goods;

가 부과된 국가에서 창출된 부가가치가 상당한 수준인지 여부를 기준으로 생산 우회 여부를 판단한다. 기준이 되는 가치는 세관 신고 가치(customs value)이며, 세관 신고 가치를 분모로 하여 반덤핑 관세가 부과된 국가에서 창출된 부가가치의 비율을 계산한다. 사례별로 그 기준이 다르므로 일률적으로 말하기는 어렵지만, 대략 70~80% 내외 이상의 부가가치가 반덤핑 관세 부과 국가에서 발생하면 우회 가능성이 높다고 본다.

우회 조사는 신청 혹은 산업과학자원부(Department of Industry, Science and Rsources) 장관의 직권으로 이루어지고, 신청의 경우에는 Form B1236이라는 신청서 양식을 작성하여 제출하면 된다. 신청서에는 조사 대상 물품 설명, 원심 판정 내용, 우회라고 주장하는 사실 및 그 근거, 이에 따른 최종 판정문의 수정안 등을 기재한다. 우회라고 판단한 근거에는 정확하고 충분한 정보와 증거들을 포함해야 한다. 호주 반덤핑 위원회(Anti-Dumping Commission)는 신청이 들어오면 20일 이내에 조사개시 여부를 결정해야 한다.

조사개시가 결정되면 의무 답변자는 37일 이내에 답변해야 한다. 호주 반덤핑위원회는 조사개시 후 60일부터 잠정 조치를 취할 수도 있다. 나아가 조사개시 결정 후 155일 이내에 산업과학자원부(Department of Industry, Science and Resources)에 우회 판정 결과에 따른 건의 여부를 송부해야 한다. 최종 건의 결정 전인 조사개시 후 110일 이내에 호주 반덤핑위원회는 핵심적 고려 사항(the statement of essential facts, SEF)을 공개하고 이해관계자로부터 의견을 청취해야 한다. 호주 산업과학자원부는 반덤핑위원회의 건의서를 받은 후 30일 이내에 최종 결정을 해야 한다. 최종 결정문에서 호주 산업과학자원부는 필요할 경우 우회 조사개시 시점까지 우회관세를 소급해서 적용할 수도 있다.

(3) 튀르키예

튀르키예는 우회 방지를 위한 규정을 1999년에 도입했다. 우선 튀르키예는

1980년부터 수출 지향 경제 성장을 목표로 삼고, 튀르키예 국내 산업 보호를 위해 무역 구제 제도를 1989년에 도입했다. 이후 튀르키예는 1995년에 WTO에 가입하였는데, 다른 개도국보다 이른 해인 1999년에는 우회 방지 제도까지 도입했다. 이는 튀르키예 경제의 부흥을 위한 국내 제조업 보호 조치 강화에 따른 정책적 결론이었다.[8] 특히 튀르키예는 1999년 EU 가입 후보국에 올라 EU 가입을 본격 추진하는데, 이 때문에 기본적으로 튀르키예는 EU의 우회 방지 모델을 사실상 그대로 따르게 된다.

튀르키예의 우회 방지 기본법은 수입의 불공정 경쟁 방지법(3577 Law on the Prevention of Unfair Competition in Imports)이다.[9] 우회와 관련된 근거 규정은 제13조 최종 조치에 규정되어 있는데, 특이하게도 우회와 관련된 모든 내용을 시행령으로 위임하였다.[10] 이 법의 위임에 따라 시행령 제2조의 정의 부분에는 우회에 대해 4가지 요건을 명시한다.[11]

---

8   Decree on the Prevention of Unfair Competition in Imports, No: 99/13482, Official Gazette: Date:30/10/1999 Number: 23861,
    Article 11: When it is determined as a result of an investigation that definitive duties are circumvented as a consequence of a practice, process or work for which there is insufficient due cause or economic justification other than avoidance of anti-dumping duties or countervailing duties in force, anti-dumping duties and countervailing duties in force may be extended to cover like products or parts thereof from countries subject to measures or like products or parts thereof from third countries. In cases where anti-dumping or countervailing duties are imposed individually for exporters/ producers located in a country subject to measures, individual duties of the companies may be increased such that those duties shall not exceed the highest duty in force for the country in question. During the investigations to be carried out in accordance with this paragraph, imports of product under investigation may be subject to a security deposit at an amount not exceeding the provisionally determined level of circumvention.

9   As amended by Law No.4412, Official Gazette Date:25/07/1999, No:237
10 Decree on the Prevention of Unfair Competition in Imports (Official Gazette Date:30/10/1999, No:23861
11 3577 Law on the Prevention of Unfair Competition in Imports, Article 13: Where, as a result of the investigation an affirmative determination has been made as regards dumped or subsidised imports and injury caused thereby, a definitive anti-dumping duty or countervailing duty at an amount equal to the dumping margin or the amount of subsidy as specified by the Board and finalised by the approval of the Ministry, or at a lesser amount or rate adequate to remove the injury, shall be imposed to prevent injury being caused. In the case where any security deposit has been made, the provisions of Article 14 shall apply. However, when the decision for definitive measures has been taken as regards the threat of injury or

첫째, 튀르키예와 제3국 사이의 무역 패턴의 변화가 있어야 하고, 둘째, 덤핑이나 상계관세 회피 이외의 원인이나 경제적 타당성이 부족한 관행, 공정, 작업(practice, process or work)이 존재해야 하며, 셋째, 무역구제 효과가 훼손되거나 무효화되어야 하며, 넷째, 덤핑이나 보조금의 존재가 있어야 한다.[12] 튀르키예는 여기서 더 나아가 수출가격 인하로 인해 반덤핑 관세의 수입 가격에 대한 예상 효과를 저해하거나 무효화함으로써, 산업피해 구제 효과가 약화되었을 때도 우회라고 정의한다. 요컨대 튀르키예는 우회의 유형을 나열하지 않고, 무역구제 조치의 훼손 여부에 초점을 맞추어 우회를 정의하며, 여기서 더 나아가 수입 물품의 가격 인하로 인해 산업피해 구제 효과가 저해되었을 때도 우회라고 정의할 수 있도록 규정한다. 따라서 튀르키예는 사소한 변경, 국내 조립, 제3국 생산 및 조립은 물론이고, 그 외에 산업피해 구제 효과를 훼손하는 모든 행위에 대한 우회 조사 권한을 보유하고 있는 셈이다. 이 때문인지 몰라도 튀르키예는 전 세계에서 미국,

---

material retardation of a domestic industry, in order that the security deposit made during the investigation be collected, the Board shall determine that injury would occur but for the imposition of provisional measures. Where no such determination has been made, any security deposit made during the period of investigation as provisional measures shall be refunded. The procedures and principles on the process to be applied as regards the duration, application, suspension, review, refund and the circumvention of the anti-dumping or countervailing duty in force, shall be set out in the Decree of the Council of Ministers. Anti-dumping and countervailing duties shall not be applied together for the purpose of counteracting the same situation where the product subject to investigation is both dumped and subsidised.

12 Decree on the Prevention of Unfair Competition in Imports(Official Gazette Date:30/10/1999, No:23861, Article 2: Definition
  (i) Circumvention:
    (1) Cases where there is evidence that, a change in the pattern of trade between a third country and Turkey, stemming from a practice, process or work for which there is insufficient due cause or economic justification other than to avoid the anti-dumping duty or countervailing duty, existed and that the remedial effects of the duty are being undermined or nullified in terms of the prices and/or quantities of the like products and there is evidence of dumping or continuance of subsidy in relation to the normal values previously established for the like products;
    (2) Cases where, there is evidence that, due to the lowering of export prices, the expected effects of the anti-dumping duty on selling prices of the imported products subject to measures in the Turkish market are being undermined or nullified and thus the remedial effects of the duty in terms of removal of injury to the domestic industry are being weakened;

EU와 함께 우회 조사를 가장 활발히 하는 나라 중의 하나이다. 즉, 수입국 홈페이지에 따르면 2024년 9월 기준으로 튀르키예는 무려 115건의 우회 조치를 시행 중이다.

튀르키예의 무역구제 담당 기관은 일반적인 무역 구제 조치를 수행하는 무역부(Ministry of Trade)의 수입국(General Directorate of Imports)이다. 수입국의 우회 조사는 신청 혹은 직권조사 모두 가능한데, 우회 직권조사는 아무런 요건이 없고 수입 국장의 제안만 있으면 가능하다는 것이 특징이다.[13] 조사가 개시되면 우회 의심 물품은 세관에 등록될 수도 있으며, 만약 수출가격 인하로 우회 긍정 판정이 나면 덤핑마진은 반드시 새로 계산되어야 한다. 우회 긍정 판정으로 조치가 취해지면, 우회 의심 물품이 등록된 날로 소급되어 적용될 수 있다. 우회 조사와 관련된 상세한 내용은 별도의 하위 법령으로 정한다고 규정되어 있다.[14]

---

13 Decree on the Prevention of Unfair Competition in Imports, No: 99/13482, Official Gazette: Date:30/10/1999 Number: 23861,
   Article 38: Domestic producers, claiming that the effects of the definitive duty or countervailing duty in force are being eliminated, may submit a written request to the Directorate General duly supported with evidence, for the initiation of a circumvention investigation. An investigation may also be initiated ex officio upon proposal by the Directorate Genera

14 Decree on the Prevention of Unfair Competition in Imports (Official Gazette Date:30/10/1999, No:23861,
   Article 11: Anti-dumping duties and countervailing duties imposed may be extended as to cover like products or parts thereof and imports of such product from third countries, where it is determined as a result of the investigation initiated that effects of definitive duties are being nullified consequent to a practice, process or work for which there is insufficient due cause or economic justification other than to avoid the anti-dumping duty or countervailing duty in force. Imports of the product subject to investigation may be made subject to registration during the investigations to be carried out under this paragraph.
      Where, as a result of the investigation, it is determined that the definitive duties were nullified due to the lowering of the export prices, the anti-dumping duty shall be reassessed in accordance with the new dumping margin calculated. When investigations to be carried out under this paragraph, cover the re-examination of normal value, the imports of the product subject to investigation may be made subject to registration during the investigation.
      Where, imports of the product concerned have been subject to registration and, consequent to the investigation it is decided to impose measures, such measures shall be applied from the date of registration.
      The procedures and principles as regards the process and investigations to be carried out for the prevention of circumvention shall be set out in the regulation. (다만 필자는 이 규정을 인터넷에서는 찾을 수가 없었다.)

(4) 중국

중국의 우회 방지와 관련된 기본법은 대외무역법^(Foreign Trade Law)이다. 대외무역법에는 반덤핑, 상계관세, 세이프가드 조치뿐만 아니라 우회덤핑에 대한 근거조항도 담겨 있다.[15] 이 조항에 따르면 중국 상무부^(The Ministry of Commerce, MOFCOM)는 "해외 무역 구제 조치를 회피하는 활동"을 조사할 수 있고, 필요한 조치를 취할 수도 있다. 공개된 정보를 통해 확인할 수 있는 중국의 우회 조치 규정은 2025년 7월 30일 이전에는 이 조항이 전부였다. 무역 구제 조치의 훼손 여부나 경제적 타당성 여부를 검토하는지 등은 알려진 바가 없었다. 법 아래의 시행령이나 세부 운영 규정도 필자가 알기로는 2025년 7월 30일 이전에는 공개된 내용이 없었다. 따라서 2025년 이전에는 중국의 우회 방지 규정은 상징적인 조항 정도로만 이해되었다.

하지만 2기 트럼프 행정부의 무지막지한 관세 조치 이후 중국은 우회 방지 조항을 드디어 발동했다. 즉, 2025년 3월 4일, 미국산 단일모듈 광섬유 제품이 기존 원심 반덤핑 조치를 우회했다면서 중국 상무부가 우회 조사를 처음으로 개

---

15 중국은 우회를 회피라고 부른다. Foreign Trade Law of the People's Republic of China(Updated : 2017-07-11)
   Chapter 7 Foreign Trade Investigation
   Article 37 In order to maintain the foreign trade order, the authority responsible for foreign trade under the State Council may carry out investigations on the following matters in accordance with laws and administrative regulations at its disposal or in conjunction with other relevant administrations:
   (1) the impact on the domestic industry as well as the competitive strengths of import and export of goods, import and export of technologies and international trade in services;
   (2) trade barriers of relevant countries or regions;
   (3) matters needed to be investigated on in order to determine whether such foreign trade remedies as anti-dumping, countervailing or safeguard measures shall be taken;
   (4) activities that circumvent foreign trade remedies;
   (5) matters in relation to state security in foreign trade;
   (6) matters needed to be investigated on in order to enforce the provisions of Articles 7, 29(2),30,31,32(3) and 33(3).
   (7) Other matters which may have impact on foreign trade order and need to be investigated on.
   Article 50 The State may take necessary anti-circumvention measures against the activities circumventing the foreign trade remedies provided under this Law.

시한 것이다. 조사 대상 기업은 미국의 코닝(Corning)社였고, 신청인 양쯔 광전자(YOEC)는 코닝사가 2012년부터 반덤핑 관세가 부과 중인 품목을 사소하게 변경하였다고 주장했다. 중국 상무부는 6개월 조사를 거쳐 코닝의 새로운 모델 G.654.C 등의 제품이 반덤핑 관세가 부과되는 품목을 사소하게 변경하여 우회가 발생하였다고 판단하고, 2025년 9월 4일 우회 물품에 대해 코닝에게는 37.9%를, 그 밖의 공급사에게는 78.2%를 부과하였다.

한편 최초 우회 사건을 조사하던 중 중국 상무부는 2025년 7월 30일, 우회 조사에 대한 상세 규정(무역구제조치 反 회피 조사규칙, 총 25개 조)을 입법 예고하면서 우회 방지에 대한 상세 내용을 공포하였는데, 그 주요 내용은 다음과 같다. 우선 우회의 유형은 크게 여섯 가지로 구분한다. 첫째, 무역구제 조치 대상국의 부품 혹은 원재료의 주요 또는 중요 부분을 중국으로 수입하여 중국 내에서 조립 혹은 가공(assemble or process)하는 행위, 둘째, 무역구제 조치 대상국의 부품 혹은 원재료의 주요 또는 중요 부분을 제3국으로 수입하여 제3국 내에서 조립 혹은 가공(assemble or process)한 후 중국으로 수출하는 행위, 셋째, 중국으로 수출 전에 무역구제 조치 물품을 제3국에서 환적하는 행위, 넷째, 반덤핑 관세나 상계관세가 낮은 수출자나 생산자를 통해 무역구제 조치 물품을 수출하는 행위, 다섯째, 형태·외관·기능을 사소하게 변경하는 행위, 여섯째, 기타 무역 방식을 변경하여 중국으로 수출하는 행위.

나아가 이 규정안에 따르면 중국 상무부는 조사개시 전후로 무역 패턴의 변화를 관찰하며, 무역 패턴의 변화가 경제적 타당성이 있는지도 검토한다. 본국 생산 우회나 제3국 생산 우회의 경우에는 조사 대상 수출자·생산자가 제3국 수출자·생산자와 특수관계가 있는지 여부와 제3국에서의 투자 수준, R&D 수준, 생산 규모, 부가가치 창출 수준 등을 고려한다. 사소한 변경의 경우에는 물리적 특성, 화학성분, 소비자 수요, 마케팅 채널 및 광고 수단 등을 고려한다.

중국의 우회 조사기관은 상무부 내의 무역구제 조사국(Trade Remedy and Investigation Bureau of the Ministry of Commerce)인데, 세부 규정안에 따르면 우회 조사는 신청 혹은 정

I. 프롤로그 - **우회의 개요 및 주요국의 우회 방지 제도**

당한 사유가 있는 경우 직권으로 가능하고, 우회 긍정 판정이 나면 조사 개시일까지 소급효가 적용된다.[16] 조사개시 여부는 신청 후 60일 이내 결정하고 조사개시 결정 후 질의서 발송, 공청회, 실사 등을 거쳐, 12개월 내 최종 결정을 내려야 한다. 중국 상무부는 이와 같은 우회 상세 규정의 제정 목적이 무역구제 조치의 효율성을 제고하기 위한 것이라고 밝혔다.[17] 조사 결과에 따라 과세 조치를 조정하기로 결정한 경우, 관련 절차는 중화인민공화국 반덤핑 조례 제38조, 중화인민공화국 반보조금 조례 제39조 등 관련 규정에 따라 시행한다.

필자가 보기에 기타 무역 방식 변경이라는 전혀 새로운 유형이 추가된 점(제4조), 조립 혹은 가공의 구체적 기준 없이 "주요 또는 중요한 부분"이라고 모호하게 처리한 점(제5, 6조), 우회 판정 시 어떠한 조치도 가능하게 한 점(제11조) 등은 제도 남용 가능성이 있다는 점에서 우려가 된다. 특히 직권조사와 소급효 규정 등을 활용하여 향후 우회 조사를 매우 적극적으로 수행할 가능성이 높아 보이는데, 그 대상이 주로 미국 기업이 될지도 주목된다.

(5) 기타 국가

인도, 호주, 튀르키예, 중국 외에도 브라질, 아르헨티나, 콜롬비아, 에콰도르, 우루과이, 멕시코, 남아프리카 공화국, 태국, 베트남, 말레이시아 등이 우회 방지 제도를 운영하고 있다. 이들 국가 우회 방지의 공통적 목표는 무역구제 조치의 효과성을 제고한다는 점이다. 우회 유형에 대해서는 원산지 변경, 환적, 사소한 변경, 제3국 생산 우회 등이 포함되지만, 국가별로는 우회 유형이 조금씩 다르다. 예컨대 아르헨티나는 원산지 위반, 환적, 자국 및 제3국 생산 우회를 우회 유형으로 규정하고, 베트남은 원산지 변경과 조립국 변경을, 태국은 사소한 변경, 환

---

16 발표된 세부안에 따르면 조사 개시일 이전으로 소급은 불가하다고 규정한다.
17 상세 규정에 대한 의견이 있는 경우 2025년 8월 29일까지 상무부로 의견서를 제출했어야 했다.

적, 채널링^(제3국 유통을 통해 태국으로 수입), 자국 혹은 제3국 완성 및 조립 공정을, 브라질은 브라질 국내 완성 및 조립, 제3국 완성 및 조립, 사소한 변경으로 우회 행위를 구분한다. 브라질은 원산지 위반 사건에 대해서는 사소한 변경이나 완성 및 조립 행위가 없다는 이유로 우회와는 구분해서 운영한다.

자국 내 생산 혹은 제3국 생산에 대한 부가가치 기준도 다양하다. 예컨대 브라질은 자국 내 조립 및 완성은 25% 미만 기준을, 제3국 조립 및 완성은 35% 미만 기준을 사용한다. 국가 단위와 면제 제도에 대해서도 국가별로 차이가 있는데, 베트남은 기본적으로 국가 단위로 우회 마진율을 적용하되 면제 요건에 해당하면 우회 마진율을 적용하지 않는다. 도입 시기 또한 다양한데, 브라질은 2008년, 우루과이는 2010년, 태국은 2019년에 우회 방지 제도를 도입했다.

대부분의 나라들은 우회 조사에 대한 직권조사를 인정하되, 각국마다 특색이 있다. 예컨대 브라질은 신청에 따른 우회 조사를 기본으로 하고, 직권조사는 예외적인 상황에서만 허용한다. 잠정 조치와 소급효에 대해서는 명확하게 공개되어 있지 않아, 일관된 패턴을 정확히 추정하기는 어렵다. 다만 잠정 조치와 소급효를 인정하는 것이 우회 방지라는 정책 목표를 달성하기 위한 일반적인 형태가 아닐까 생각해 본다.

주요국 중에서 우회 방지 제도를 가지고 있지 않은 대표적인 나라가 바로 스위스와 일본이다. 스위스와 일본은 DDA 협상 과정에서 한국과 함께 우회 방지 제도 도입에 강력히 반대한 나라였다. 하지만 일본의 경우 필자가 주도하여 한국이 우회덤핑 방지 제도를 2025년에 도입하면서, 기류가 바뀌었다. 필자는 2024년 말에 일본 경산성, 외무성, 재무성 관계자들에게 한국의 우회덤핑 방지 제도와 관련된 우리측 경험을 상세하게 공유해 주었다. 필자는 2025년 기준으로 일본 재무성 산하의 「관세·외환 심의회」가 우회 방지 방안을 마련 중인 것으로 알고 있으며, 방안이 마련되면 관련법인 '관세정률법'도 개정될 것으로 본다. 일본 측의 적극적인 태도를 보건대, 아마도 조만간 일본도 우회 방지 제도를 도입할 것으로 추정한다.

II
텍스투스
한국의 우회덤핑 방지 제도 해설

01 한국의 우회덤핑 방지 제도 도입 과정

당 삼채, 폴로 게임을 하고 있는 당나라 관리와 여인 (唐三彩馬球仕女俑), 대만 국립고궁박물관 소장

(1) 우회덤핑 방지제도에 대한 한국 정부의 과거 견해

한국 정부는 WTO 협정의 개방 수준을 진전시키기 위해 전개된 DDA 협상 과정에서 EU와 미국을 중심으로 제기된 우회덤핑 방지 규정의 반덤핑 협정 삽입 주장에 대해 일관되게 반대해 왔다. 그 핵심 근거는 우회덤핑 방지 규정은 특히 생산 우회를 우회 제도로 포함할 경우 남용 가능성이 매우 크다는 점이다. 대표적으로 한국의 가전 업체는 1984년 4월 컬러 TV에 대해 미국이 반덤핑 관세를 부과한 이후인 1988년부터 멕시코 등으로 공장을 이전한 후, 그곳에서 컬러 TV를 만들어 미국에 판매했다. 1991년부터는 멕시코 공장이 본격화되면서 한국 컬러 TV의 미국 직접 수출은 아예 중단되었다. 미국이 보기에는 전형적인 제3국 생산 우회인데, 이에 따라 미국은 1996년 1월 한국 가전 업체가 멕시코에 설립한 공장에서 생산하여 미국에 판매한 컬러 TV에 대해 우회덤핑 조사를 개시했다.

> **< 美 상무부의 한국산 컬러 TV에 대한 우회덤핑 조사 >**
>
> ○ 조사 개요: (신청인) 미국 전자 노조, (조사 대상 공급자) 한국의 LG, 대우, 삼성
> ○ 조사 경과
> - '84년 4월: 美 상무부, 한국산 컬러 TV에 반덤핑 관세 부과. 이후 韓 가전 업체는 멕시코, 태국으로 공장을 이전(LG, 대우: 멕시코, 삼성: 태국)하여 미국으로 컬러TV 수출
> - '91년 하반기: 한국 기업 컬러TV 對美 수출 중지
> - '95년 8월 11일: 미국의 전자 노조, 우회덤핑 조사 신청
> - '96년 1월: 美 상무부 우회덤핑 조사 개시
> - '97년 12월: 미국 전자 노조의 조사 신청 철회 요청으로 조사 종결

1996년 1월은 북미 자유 무역협정(NAFTA)이 발효된 1994년 1월을 기점으로 정확히 2년째 되던 시점이었다. 당시 클린턴 행정부가 야심차게 밀어붙인 NAFTA 발효 이후, 미국은 클린턴 행정부의 예상과는 반대로 오히려 미국 내 실업률이 상승하고 미국 국내 생산이 감소하는 상황에 직면했다. 이런 상황에서 컬러 TV를 생산하던 미국 전자업체 노조가 중심이 되어 한국산 컬러 TV의 우회 조사를 신청한 것이다.

한국 정부는 미국의 조치가 1995년에 출범한 WTO 반덤핑 협정에 위배되며, 이에 따라 미국의 조치를 WTO 분쟁 해결 절차에 회부했다. 당시 한국 정부는 WTO 반덤핑 협정의 대원칙인 제1조의 규정, 즉 "반덤핑 조치는 **오직**(only) 이 협정에 따라서 개시되고 수행되어야 한다."라는 조항을 근거로 들었다. 즉, WTO 반덤핑 협정에는 우회덤핑 방지 제도가 없으므로 WTO 가입국인 미국의 생산 우회 조사는 법리상 당연히 WTO 협정 위반이라고 주장한 것이다.[1] 이후 1997년 12월, 미국의 전자노조가 조사 신청을 철회하면서 우회 조사는 중단되었고, WTO 패널의 의견 또한 공식적으로 제시되지는 않았다.

이와 비슷한 사건은 또 있었다. 즉 미국은 2012년 12월에 한국과 멕시코에서 생산된 세탁기에 대해 반덤핑 관세를 부과하였고, 이후에는 다시 중국의 한국 가전 업체 공장에서 생산한 세탁기에도 반덤핑 관세를 부과하였다. 이후 한국의 가전 업체는 베트남과 태국에 세탁기 공장을 신설하여 미국으로 수출하였다. 2017년 당시 백악관 국가무역위원회(NTC, National Trade Council) 의장인 피터 나바로(Peter Navarro, 1949 ~)는 이러한 한국 가전 업체의 행위를 "널뛰기(hopping)" 혹은 "무역 사기(Trade Cheating)"에 해당한다고 강력히 비난하였고, 이에 따라 미국 상무부는 한국산 세탁기에 대한 우회 조사를 검토하기도 하였다.

이처럼 한국 정부는 우회덤핑 방지 제도에 대해 기본적으로 적극 찬성한다는

---

1 An anti-dumping measure shall be applied only under the circumstances provided for in Article VI of GATT 1994 and pursuant to investigations initiated(1) and conducted in accordance with the provisions of this Agreement.

견해를 가진 적이 없다. DDA 협상 때에도 한국 정부는 일본, 스위스 등 이른바 반덤핑 프렌즈 국가들과 함께 제로잉과 더불어 우회덤핑 제도에 대해 적극 반대 의견을 개진하기도 하였다. 필자는 이때 우회덤핑 방지 제도의 WTO 도입에 대해 우리 측 반대 의견서 작성에 간여하기도 하였다.

(2) 우회덤핑 방지제도에 대한 한국 정부의 견해 변경

필자는 2021년 3월부터 무역위원회 덤핑조사과장을 역임하였다. 이즈음 미국 바이든 행정부는 중국의 우회덤핑 관행에 국제적 공조를 강화하겠다며, 2021년부터 EU, 영국, 일본 등과 중국의 우회 행위에 대해 공동 대응하고, 우회 행위에 대한 최적 관행을 공유하겠다는 공동 선언문을 발표하기도 하였다.

한편 국내에서는 무역위원회의 판정으로 2013년부터 한국합판보드협회가 신청한 중국산 활엽수 합판에 대해 3년간 2.42~27.21%의 덤핑방지관세가 부과되고 있었는데, 2014년부터 합판의 한쪽 면을 활엽수가 아닌 침엽수로 덧된 침엽수 합판의 수입이 급증하기 시작했다. 즉 반덤핑 관세 부과 품목은 양쪽 모두가 활엽수인 제품이었는데, 중국 수출자가 한쪽 면만 침엽수로 바꾸어 HS 코드를 변경한 후 한국으로 수출하기 시작한 것이다. 이 당시 국내법에는 우회덤핑 방지 제도가 없었으므로, 한국합판보드협회는 조사 대상 물품을 침엽수 합판(Coniferous Wood Plywood, Softwood Plywood)으로 변경하고 HS 코드 4412.39.1090, 4412.39.9090, 4412.99.9111, 4412.99.9119, 4412.99.9191, 4412.99.9199를 추가하여 2015년에 반덤핑 조사를 다시 신청하였다.

아울러 무역위원회 판정 결과 2015년부터 중국산 H형강에 대해 반덤핑 관세가 부과되고 있었는데, 그 이후인 2020년 무렵부터 중국에서 H형강의 윗부분과 아랫부분을 패치 형태의 철로 덧대어 날 일(日)자 모양으로 사소하게 변형한 후 수출하는 행위가 극성을 이루기 시작했다. 즉 중국산 H형강 케이스에서 반덤핑 관세가 부과되는 품목은 "구조용 형강(Structural Steel Sections) 중 좌우대칭 형태로 단면이 H 형상을 한 것"이며, HS 코드는 7216.33.3000, 7216.33.4000, 7216.33.5000, 7228.70.1010, 7228.70.1090이었다. 하지만 패치 형태를 위, 아래로 덧대면 단면이 H 형상이 되지 않고 날 일(日)자 모양으로 변형되며, HS 코드도 기타 철강 구조물(730890)로 바뀌게 된다. 하지만 이처럼 사소하게 변형된 형강 제품은 기존 반덤핑 관세 부과 품목과 사실상 완전히 동일한 제품이었고, 실제로도 한국의 수입업자는 중국에서 이 물품을 수입한 후 위, 아래 금속 패치를 분리하여 H형강처럼 사용하고 있었다.

필자는 이와 같은 국내외적 상황 변화를 고려하여 우회덤핑을 제한적인 범위 내에서 도입하는 것은 불가피한 선택이라고 판단하였다. 즉 침엽수 합판이나 H형강 사례와 같이 반덤핑 관세 부과 물품을 사소하게 변경하는 행위는 GATT 예외 규정이 허용하는 사기 행위(deceptive practice)에 해당하고, 이를 방지(prevent)하기 위한 제한적인 우회덤핑 방지 제도는 도입이 가능하다고 생각한 것이다. 때마침 우회덤핑 연구에 관심을 표명한 로펌도 있었다.

(3) 한국 우회덤핑 방지제도 도입 경과

이에 따라 필자는 2022년 초 EU의 우회덤핑 사례 연구, 하반기부터 미국과 EU의 우회방지 제도 사례 연구를 위한 정책연구 사업 등을 발주하였으며, 2023년에는 이를 바탕으로 한국에 우회덤핑 방지제도 도입을 위한 제도 개선 방안을 위한 정책연구 사업도 발주하였다. 정책연구 수행 중인 2022년 8월 30일에는 우회덤핑 제도 도입을 위한 1차 기업 간담회를 개최하였고, 2023년 2월 2일에는 2차 기업 간담회를 개최하였다. 기업 간담회에서 철강 업계는 제3국 생산까지 우회 방지 제도에 포함할 것을 강력히 주장한 반면, 전자 업계에서는 과거 미국의 우회덤핑 조사 경험을 고려했을 때 전면적인 우회 방지 제도 도입에 대해서는 신중을 기해야 한다는 의견을 제시하였다.

필자는 과거 한국 정부가 우루과이 라운드와 DDA 협상 과정에서 우회 방지

제도의 도입에 반대 의견을 견지해 왔고, 우회 방지 제도를 처음 도입하는 만큼 제3국 생산까지를 우회 방지 제도의 범위에 포함하는 것은 합리적이지 않다고 판단했다. 나아가 제3국 생산은 지나치게 범위가 넓어 WTO 규정에 합치하지 않을 가능성이 매우 높다는 점, 전면 도입 시 조사 기간 장기화가 불가피하여 신속한 우회 판정이 어렵다는 점, 제3국 생산 우회 도입 시 관련 규정 개정 사항이 지나치게 많다는 점, 전자 업계가 겪은 제3국 생산 우회에 따른 고통스러운 경험과 제3국 생산 우회가 WTO 규정 위반이라고 한국 정부가 WTO에 미국 정부를 제소한 점 등을 고려했을 때에도 처음부터 제3국 생산을 포함한 전면적인 우회 방지 제도 도입은 문제가 있다고 판단했다.

이렇게 해서 우회덤핑 행위를 사소한 변경으로 한정한 우리 무역위원회 측 초안이 마련되었고, 기획재정부와 2023년 3월부터 협의를 진행하였다. 특히 기획재정부 산업관세과장 박경찬 과장님과 이태훈 사무관님은 협의 진행 과정에서 제도 도입의 필요성에 공감하고 많은 도움을 주었다. 아마 이 두 분의 도움이 없었다면 제도 도입은 가능하지 않았을 것이라 확신한다. 이 지면을 빌어 두 분께 다시 한번 감사의 말씀을 드린다.

관세법 개정 협의 과정에서 무역위원회가 기획재정부와 합의한 후, 2023년 7월 28일부터 8월 4일까지 경미한 변경에 한정한 관세법 개정안이 입법 예고되었다. 입법 예고가 끝나고 9월 1일에는 국회에 정부 입법안으로 제출되었다. 국회에 제출된 후 국회 입법조사처는 제도 도입에 기본적으로 찬성하면서도, 국제 분업 체계를 해치지 않는 범위 내에서 제도가 설계되어야 한다는 의견을 제시하였다. 다시 말해 국회 입법조사처도 한국 내 생산 혹은 제3국 생산을 통한 우회 조사는 신중해야 한다는 취지의 의견을 제시한 것이다.

필자는 관세법이 입법 예고된 시점에 시행령, 시행규칙, 매뉴얼 마련을 위한 연구용역을 2023년 8월에 다시 발주하였다. 연구용역이 진행되던 2023년 11월 27일에는 개정 관세법이 국회 법사위에 상정되었으며, 정부로 이송된 후 2023년 12월 31일 공포되었다. 관세법 개정안이 국회 절차를 거치는 중에 필자는 시행

령, 시행규칙, 매뉴얼 초안을 법무법인 세종과 같이 마련하였다. 이 과정에서 무역위원회 한정선 사무관님, 법무법인 세종의 윤영원 변호사님과 맹조영 변호사님의 많은 도움이 있었다. 주로 EU, 미국, 캐나다 법령을 참고하였으며, 매주 단어 하나하나, 문안 하나하나를 검토하고 작업하는 어려운 과정을 거쳐야 했다.

2023년 12월 초부터는 필자가 마련한 시행령, 시행규칙 안을 가지고 기획재정부와 협의를 거쳤다. 협의 과정에는 기획재정부, 관세청 관계자분들의 많은 협조가 있었고 상당한 진통도 있었다. 우회덤핑을 처음 도입하는 만큼 법제처와의 문구 협의도 쉽지 않았다. 이 과정을 모두 거쳐 우회덤핑의 전반적 핵심 내용이 포함된 관세법 시행령 개정안이 '24.1.25.~2.5 사이에 입법 예고되었고, 차관회의('24.2.22), 국무회의('24.2.27)를 거쳐 시행령이 공포('24.2.29)되었다. 아울러 관세법 시행규칙 개정안도 입법예고('24.2.28~3.13)를 거쳐 2024년 3월 22일에 공포되었다.

2024년 3월부터는 무역위원회 고시, 즉 "덤핑방지관세 부과 신청·조사·판정에 관한 세부 운영 규정"에 우회덤핑을 추가하기 위한 작업에 돌입하였고, 2024년 8월에 이를 완료하였다. 2024년 9월에는 개정 운영 규정안에 대한 국무조정실 사전규제 심사 과정을 거쳐, 규제 없음으로 판정되어 2025년 1월 2일 발효되었다. 이로써 2021년 우회덤핑에 관한 필자의 아이디어에서 시작된 길고 긴 우회덤핑 법제화가 약 4년 만에 완료되어, 2025년 1월 2일부터 한국에서 우회덤핑 제도가 완전히 도입되었다.

한편 필자가 통상법무기획과장으로 자리를 옮긴 이후 트럼프 2기 행정부의 과격한 철강 보호무역주의 정책으로 제3국 우회에 대한 규제 필요성이 높아졌다. 이후 기획재정부와 무역위원회는 제3국 조립 또는 완성을 우회의 유형으로 추가한 시행령 개정안을 마련하여 '25.8.12~9.22까지 입법 예고하였다. 제3국 조립 또는 완성 유형이 추가되면서 마련된 새로운 시행규칙안은 '25.10.17~11.26 동안 입법 예고되었다. 마지막으로 현재의 기획재정부는 조직 개편 후 관세를 담당하는 업무가 2026년 1월 2일부터 재정경제부로 이관될 예정이다. 이에 따라 우리나라 우회 방지 법령 해설에 담긴 기획재정부라는 명칭은 모두 재정경제부로 바뀌게 됨을 알려 드린다.

02 한국의 우회덤핑 방지 제도 - 관세법 제56조의 2

청나라 시대 금 화병, 금 향로, 금 함, 대만 국립고궁박물관 소장

(1) 관세법 제56조의 2 개관

한국 우회덤핑 방지 제도의 법적 근거는 EU와 달리 관세법에 있다. 미국도 우회덤핑 관련 규정을 관세법에 두고 있다. 우리 관세법은 제1장 총칙, 제2장 과세가격과 관세의 부과, 제3장 세율 및 품목분류, 제4장 감면·환급 및 분할 납부, 제5장 납세자의 권리 및 불복절차, 제6장 운송수단, 제7장 보세구역, 제8장 운송, 제9장 통관, 제10장 세무공무원의 자료 제출 요청 등, 제11장 벌칙, 제12장 조사와 처분, 제13장 보칙 등으로 총 13개의 장으로 구성된다.

이 중에서 우회덤핑 관련 조항은 제3장 세율 및 품목분류와 제9장 통관에 규정되어 있다. 우선 환적을 규율하는 규정은 관세법 제9장의 제230조로, 이 조항에 따라 우리 정부는 원산지를 허위로 표시한 물품 등의 통관을 제한한다. 원산지 허위 표시 물품뿐 아니라, 원산지를 오인하도록 하는 물품의 경우도 통관을 제한한다. 제3장 세율 부분에서는 제2절의 제1관 덤핑방지관세(제51조~제56조의 2), 제2관 상계관세(제57조~제62조), 제3관 보복관세(제63조~제64조), 제4관 긴급관세(제65조~제67조의2), 제5관 농림축산물에 대한 긴급관세(제68조), 제6관 조정관세(제69조~제70조), 제7관 할당관세(제71조), 제8관 계절관세(제72조), 제9관 국제 협력 관세(제73조), 제10관 편익관세(제74조~제75조), 제11관 일반특혜관세(제76조~제77조), 제12관 관세양허에 대한 조치(제78조~제80조)로 구성된다.

우회덤핑 방지 규정은 덤핑방지관세의 일종이므로 제1관에 규정되어 있고, 마지막 규정인 제56조의 2로 신설되었다. 신설된 제56조의 2는 다음과 같다.

> 관세법 제56조의 2 ['26.1.2부터 법문의 기획재정부는 재정경제부로 변경]
> **우회덤핑 물품에 대한 덤핑방지관세의 부과**
>
> 본조신설 2023. 12. 31. 시행일 2025.1.1
>
> ① 다음 각호의 어느 하나에 해당하는 경우로서 제51조에 따라 덤핑방지관세가 부과되는 물품의 물리적 특성이나 형태 등을 경미하게 변경하는 행위 등 대통령령으로 정하는 행위를 통하여 해당 덤핑방지관세의 부과를 회피[이하 "우회덤핑"이라 한다]하려는 사실이 조사를 통하여 확인되는 경우에는 기획재정부령으로 그 물품을 지정하여 같은 조에 따른 덤핑방지관세를 부과할 수 있다.
> 1. 제51조에 따른 부과요청을 한 자가 우회덤핑 해당 여부에 대한 조사를 신청한 경우
> 2. 그 밖에 대통령령으로 정하는 경우
> ② 제1항에 따른 물품[이하 이 조에서 "우회덤핑 물품"이라 한다]에 대해서는 제53조 및 제54조를 적용하지 아니한다.
> ③ 제55조에도 불구하고 제1항에 따른 덤핑방지관세의 부과는 해당 우회덤핑에 대한 조사의 개시일 이후 수입되는 물품에 대해서도 적용한다.
> ④ 우회덤핑에 관한 조사, 우회덤핑 물품에 대한 덤핑방지관세의 부과 및 시행 등에 필요한 사항은 대통령령으로 정한다.

(2) 관세법 제56조의 2, 제①항 : 덤핑방지관세가 부과되는 물품?

제①항에 따르면 우회덤핑 조사의 기본적인 전제는 덤핑방지관세가 부과되는 물품이어야 한다. 단순해 보이지만, 그렇지 않다. 우선 덤핑방지관세가 부과되어야 하므로 가격 약속 대상이나 부과 제외 물품은 우회덤핑 조사 대상이 아니다. 관련하여 가격 약속 물품까지 우회 조사 대상에 포함하려면 "덤핑방지 조치(measure)가 적용되는 물품"이라고 규정해야 한다. 하지만 당초 도입 시 사소한 변경에만 우회의 유형

을 한정하였으므로 범위를 넓히지 않았다. 만약 생산 우회가 포함되면 덤핑방지 조치가 적용되는 물품으로 이 문안을 개정하는 것이 바람직하다. 다만 덤핑방지 조치 적용으로 문구를 바꾸더라도 가격 약속 대상은 우회 조사 대상이 되지만, 부과 제외 물품은 여전히 우회 조사 대상이 되지 않는다. 따라서 우회 방지 제도가 도입된 이상 부과 제외는 가급적이면 원심 단계부터 인정하지 않는 것이 바람직하다. 그렇다면 잠정 관세가 부과되는 경우는? 잠정 관세는 확정 관세가 아니므로, 이 경우에도 우회 조사는 개시될 수 없다. 잠정 관세 단계에서 우회 조사를 개시한 다른 나라 사례도 필자는 본 적이 없다. 그렇다면 미소 마진을 받은 조사 대상자는? 이 경우는 조사 대상자가 면제되는 경우가 아니므로, 우회덤핑 조사 대상이 당연히 될 수 있다.

(3) 관세법 제56조의 2, 제①항 : "등"?

제①항은 크게 세 가지로 구분된다. [1] 덤빙방지관세가 부과된 물품의 물리적 특성이나 형태 등을 경미하게 변경하는 행위 "등" 대통령령이 정하는 행위를 우회 행위라 정의하고, [2] "제51조에 따른 부과 요청을 한 자"가 조사를 신청하는 경우 혹은 [3] 그 밖에 대통령령으로 정하는 경우에 조사를 할 수 있고, 덤핑방지관세를 부과할 수 있다.

제①항의 핵심은 물리적 특성이나 형태 등을 경미하게 변경하는 행위를 우회 행위의 유형으로 신설했다는 것이다. 즉, 사소한 변경은 우회 행위에 해당한다. 경미한 변경 혹은 사소한 변경을 판단할 때 고려해야 할 요소는 후술한다. 문제는 그 뒤에 연달아 있는 "등"의 해석이다. 문장 그대로 해석하면 사소한 변경 이외에 대통령령이 별도로 정하는 행위를 추가할 수 있는 것처럼 보인다. 혹자는 경미한 변경이라는 문언 직후에 첨부된 "등"이므로, 경미한 변경을 벗어나는 제3국 생산 우회는 포함되지 않는다고 주장할 수 있다. 즉 물리적 특성이나 형태 등을 경미하게 변경하는 행위와 유사한 행위로만 "등"의 의미를 한정하여 시행령에는 제3국 생산 우회는 포함할 수 없다고 보는 것이다.

두 가지 해석 모두 가능하나, 입법 취지만 놓고 보면 제3국 생산 우회는 법이 아니라 시행령 개정을 통해서 추가할 수도 있다고 해석하는 것이 합리적이다. 즉 무역위원회와 기획재정부는 일단은 사소한 변경에 한정해서 우회를 정의하였지만, 후일 필요에 따라 생산 우회도 삽입할 수 있게 "등"을 삽입하였다. 즉 의도적으로 대통령령으로 정하는 별도의 행위가 가능하도록 법률안을 만들었으므로, 시행령 개정을 통해서 사소한 변경 이외의 제3국 생산 우회 행위도 추가할 수 있다고 본다. 실제로 무역위원회와 기획재정부는 트럼프 2기 행정부의 과격한 보호무역주의 정책에 대한 대응으로 제3국 조립 또는 완성을 우회의 유형으로 추가하는 입법안을 예고('25.8.12~9.22)하였는데, 이때 제3국 조립 또는 완성 유형을 법률 개정이 아니라 시행령 개정으로 추가하였다.

(4) 관세법 제56조의 2, 제①항 : 제51조에 따른 부과 요청을 한 자?

그다음 이슈는 신청 자격이다. 즉, 제56조의 2, 제①항에 규정된 "제51조에 따른 부과 요청을 한 자"만 우회덤핑 방지 조사신청을 할 수 있다. 그렇다면 제51조에 따른 부과 요청을 한 자란 구체적으로 누구를 의미하는가?

우리나라는 중국에 대한 반덤핑 조사가 많은데, 중국 진출 기업이 많은 탓에 덤핑 조사를 신청할 경우 찬성 표시를 하지 않고, 실무적으로 자료 제출만 하는 경우가 많다. 예컨대 A 기업은 열연 ○○ 반덤핑 조사신청을 할 때 중국 기업과 정부의 태도를 고려하여, 찬성 의사를 표시하지 않았다. 하지만 산업 피해 조사 과정에서 무역위원회에는 산업 피해와 관련된 자료를 제출하였다. 이 경우 A 기업은 우회덤핑 조사를 신청할 수 있을까?

필자는 이와 같은 모호한 상황을 고려하여, 조사신청 자격 요건을 명확히 하기 위한 규정을 신설하였다. 즉, 덤핑방지관세 부과 신청·조사·판정에 관한 세부 운영 규정 제32조에는 원심 덤핑 조사를 신청하거나, 이에 명시적으로 찬성 의사를 표시한 자만 우회덤핑 방지 조사를 신청할 수 있게 규정해 두었다. 즉, 앞선

사례에서 찬성 의사를 명시적으로 표시하지 않고 자료 제출에만 협조한 국내 생산자는 우회덤핑 조사신청을 할 수 없다.

(5) 관세법 제56조의 2, 제①항의 2 : 그 밖에 대통령령으로 정하는 경우?

네 번째 이슈는 그 밖에 대통령령으로 정하는 경우이다. 이 조항은 우리 무역구제 제도에서 역사상 최초로 원심 절차에 신설된 직권조사 조항이다.[1] 즉, 우리나라의 덤핑 조사와 상계관세 조사에는 재심 규정을 제외하고는 원심 직권조사 규정이 없고, 유일하게 우회덤핑 방지 조사에만 원심 직권조사 규정이 있다. 필자는 상계관세 조항에서도 원심 직권조사 조항 신설을 위해 기획재정부와 엄청난 시간을 투자하여 협의를 진행하였지만, 결국 삽입하지 못했다.

하여튼 우회덤핑의 경우에는 필자의 강력한 의지가 담긴 무역위원회의 초안을 기획재정부가 수용하여, 직권조사 조항을 이처럼 삽입하였다. 다만 명시적으로 법률에 규정하지 않고 하위 법령에 위임하여 직권조사 근거 조항을 상세히 규정할 수 있는 여지를 만들어 놓았다. 이 조항의 위임을 받아 제정된 규정이 바로 시행령 제71조 제③항이다. 후술하겠지만 이 조항에 따라 무역위원회는 특별한 상황인 경우에는 신청이 없이도 우회덤핑 조사를 직권으로 개시할 수 있다.

(6) 관세법 제56조의 2, 제②항 : 가격 약속과 잠정 조치

우회덤핑 행위에 대해서는 관세법 제53조의 잠정 조치와 동법 제54조의 가격 약속을 적용하지 아니한다. 잠정 조치 적용을 배제한 이유는 우회덤핑 제도를 처음 설계할 때 사소한 변경에만 한정하였고, 이에 따라 조사 기간을 기본적으로 6개월로 매우 짧게 규정해 두었기 때문이다. 하지만 만약 생산 우회를 포

---

1 재심의 경우에는 기획재정부 장관이 필요하다고 인정하는 경우 재심을 개시할 수 있다. 관세법 시행령 70조의 ①항

함하여 제3국에 대한 조사까지 수행할 경우, 필연적으로 조사 기간이 늘어나서 잠정 조치가 필요하게 된다.

따라서 앞서 언급한 대로 시행령 개정만으로 생산 우회를 삽입할 수는 있지만, 조사 기간이 길어지는 만큼 잠정 조치 필요성도 높아진다. 그런데 법률상 잠정 조치 적용을 배제하였기 때문에, 시행령상으로 제3국 우회를 삽입한다 하더라도 법률을 개정하여 잠정 조치를 적용할 수 있도록 개정하는 것이 바람직하다. 다시 말해 제3국 우회를 시행령으로 신설한다 하더라도, 시행령 개정만으로는 부족하고 반드시 법률 개정을 병행해야 한다.

(7) 관세법 제56조의 2, 제③항 : 소급효

우회덤핑 행위에 대한 긍정 판정이 내려질 경우, 당해 물품에 대한 기존 덤핑방지관세는 조사개시 공고일까지 소급한다. 이 소급 규정도 우리나라 무역 구제 제도에서 처음 도입된 것이다. 우회덤핑 제도를 도입한 EU, 미국이나 캐나다도 소급효 규정이 있어서, 우리나라는 EU, 미국, 캐나다를 벤치마킹하여 소급효 규정을 두었다.

법률에서 언급한 조사개시일은 관보에 게재된 날짜를 의미한다. 필자는 소급효가 조사개시 관보 게재일보다 더 앞선 시점까지 적용되는 조항이 있는지에 대한 질의를 받은 적이 있다. 우리나라는 캐나다처럼 조사개시가 공고된 날까지만 소급한다. 중국은 아예 무역구제조치 反 회피 조사규칙^(우회조사 세부 규정) 초안 11조에 조사 개시일 이전으로는 우회 조사 결과를 소급할 수 없다고 규정해 두었다.

다만 전술한 대로 미국은 증거를 첨부한 이해관계인의 신청 혹은 CBP의 조사 대상 품목 참조를 통해 조사개시 이전에 우회 물품의 수입이 확인된 경우에는 조사개시 이전까지도 우회덤핑률을 소급할 수 있도록 하는 규정이 있다. 향후 우리도 미국처럼 조사개시 이전부터 우회 물품의 수입이 공식적으로 확인된 경우에는, 그 시점까지 소급하는 규정 개정을 검토할 필요가 있다고 생각한다.

03 한국의 우회덤핑 방지 제도 - 관세법 시행령 제71조의2~제71조의11

명나라 5대 황제 선덕제가 사용하던 황금 용 그릇, 대만 국립고궁박물관 소장

(1) 관세법 시행령 제71조의 2~제71조의 11 개관

관세법 제56조의 2 신설에 따라 관세법 시행령 제71조의 2부터 제71조의 11이 신설되었다. 시행령은 크게 ① 우회덤핑의 유형(제71조의 2), ② 직권조사(제71조의 3, 6), ③ 조사신청 및 조사개시에 관한 사항(제71조의 4~제71조의 6), ④ 조사 수행(제71조의 7, 9, 11), ⑤ 조사 철회 및 종결(제71조의 8), 그리고 ⑥ 우회덤핑 방지 관세의 부과(제71조의 10) 등 크게 여섯 가지로 구분된다.

< 우회덤핑 관련 관세법 시행령 개관 >

우회덤핑 유형 (71조의2)		① 덤핑방지관세가 부과되는 물품의 공급국 内, ② 본질적 특성을 변경하지 않는 범위에서 ③ 물리적 특성·형태 등을 변경하는 행위
		참고: 입법 예고('25.8.12~9.22) 안 제1호: 사소한 변경, 제2호: ① 덤핑방지관세물품의 공급국에서 생산되거나 공급된 ② 부품 또는 원재료 등을 ③ 상당한 가치로 사용하여 ④ 제3국에서 덤핑방지관세 물품과 동종물품으로 단순 조립 또는 완성하는 행위("제3국 조립 또는 완성 행위")
	고려 요소	생산설비 등 경미한 변경행위 여부를 판단할 때 고려해야 하는 사항은 기획재정부령에 위임
직권조사	직권조사 근거 및 개시 (71조의3, 6)	① 특별한 상황이 인정될 경우 무역위원회가 직권조사 개시 ② 직권조사를 개시할 경우, 기획재정부·공급국 정부·공급자 등에 통보

조사신청 및 개시	조사신청 방법 및 조사개시 요건 등 (71조의 4~71조의6)	① 신청하려는 자는 우회덤핑을 충분히 증명할 수 있는 자료 등을 제출 ② 조사개시 결정기한은 30일 원칙, 15일 연장 가능. 기타 관련된 조사신청 절차는 덤핑조사를 준용
조사수행	조사 기간 (71조의7, 제②항, 제③항)	조사개시 관보게재일로부터 6개월 원칙, 1개월* 연장 가능 *참고: 입법 예고('25.8.12~9.22) 안: 2개월 연장 가능
	관세 부과 시점(71조의7, 제⑤항)	조사개시 관보게재일로부터 8개월 원칙, 1개월* 연장 가능 *참고: 입법 예고('25.8.12~9.22) 안: 2개월 연장 가능
	이해관계인 자료 협조 요청 (71조의9, 11)	① 질의서 답변 기한은 40일 이상 ② 의견진술 및 협의기회 부여하되, 공청회는 미개최
조사 철회 및 종결 (71조의8)		조사 철회는 덤핑규정 준용
우회덤핑 방지 관세 부과 (71조의10)		기존 덤핑방지관세를 부과하되, 자료 미제출 등의 경우에는 기존 관세율 범위에서 단일 관세율 부과 가능

(2) 관세법 시행령 제71조의 2 - 우회덤핑 행위의 유형: 경미한 변경

관세법 시행령 제71조의 2 ['26.1.2부터 법문의 기획재정부는 재정경제부로 변경]
우회덤핑의 행위 유형

본조신설 2024.2.29. 시행일 2025.1.1

> ① 법 제56조의2제1항 각호 외의 부분에서 "제51조에 따라 덤핑방지관세가 부과되는 물품의 물리적 특성이나 형태 등을 경미하게 변경하는 행위 등 대통령령으로 정하는 행위"란 법 제51조에 따라 덤핑방지관세가 부과되는 물품[이하 "덤핑방지관세물품"이라 한다]에 대해 해당 물품의 공급국 안에서 그 물품의 본질적 특성을 변경하지 않는 범위에서 물리적 특성이나 형태, 포장방법 또는 용도 등을 변경하는 행위[그 행위로 법 제84조제3호에 따른 관세·통계통합품목분류표상 품목번호가 변경되는 경우를 포함하며, 이하 "경미한 변경행위"라 한다]를 말한다.
> ② 덤핑방지관세물품과 변경된 물품의 생산설비 등 경미한 변경행위 여부를 판단할 때 고려해야 하는 사항은 기획재정부령으로 정한다.

관세법 제56조의 2에 따라 시행령은 우회덤핑 행위의 유형으로 경미한 변경 행위를 규정한다. 앞서 언급한 대로 시행령 조항 신설을 통해 한국 내 조립이나 제3국 생산 우회도 추가할 수 있다. 물론 덤핑방지관세 부과 물품을 덤핑방지 조치 적용 물품으로 바꾸어야 하고, 잠정 조치도 신설해야 하므로 법률 개정도 병행해야 한다.

시행령 제71조의 2, 제①항이 규정하는 경미한 변경 행위와 관련된 이슈는 다음과 같다. 첫째, 우회덤핑의 대상 물품은 법 제51조에 따라 덤핑방지관세가 부과되는 물품[1] (이하 "덤핑방지관세물품")에 한정된다. 이에 따라 가격 약속 대상 물품 및 부과 제외 물품, 상계관세 물품에 대해서는 우회 방지 조사가 현재로서는 허용되지 않는다.[1] 만약 생산 우회가 새로운 유형으로 포함되면, 덤핑방지 조치가 적용되는 물품으로 용어를 개정해야 한다. 특히 우리나라는 아직 상계관세 조사 건수가 없어서

---

1 일반적으로 조사 대상 물품은 영어로 Product Under Consideration(PUC)이라 부르는데, 우회 조사 물품은 국가마다 용어가 조금씩 다르다. 주요 국가의 용어를 정리하면 다음 표와 같다.

	조사 대상 물품	우회 조사 물품
E U	Product Concerned	Product under Investigation
미 국	Merchandise Subject to an AD order (Subject Merchandise)	Merchandise Subject to the Circumvention Inquiry (Inquiry Merchandise)
캐나다	Subject Goods	Goods that are Allegedly Circumventing the Order or Finding

최초 시행 단계에서는 덤핑 행위에 대해서만 우회 방지 규정을 삽입하였다. 향후 상계관세 조사가 시작되면 제2관 상계관세 부분도 개정하는 것이 바람직하다.

둘째, 경미한 변경의 대상 범위는 "해당 물품의 공급국 안에서"이다. 공급국 안이므로, 한국 내 보세구역은 현재로서는 포함되지 않는다. 보세구역 내에서도 사소한 변경 행위가 적지 않은 것으로 알려져 있어, 향후에는 보세구역 포함 여부를 검토할 필요가 있다고 본다. 나아가 이 조항으로 인해 우리나라는 현재 제3국 생산에 대한 우회 방지 규정도 적용되지 않는다.

다만, 전술한 대로 "해당 물품의 공급국이나 제3국 내에서"로 변경 혹은 "제3국 조립 또는 완성"을 추가하면 생산 우회를 포함하는 것이 가능은 하다. 하지만 이 문구를 변경 혹은 추가하게 되면, 제56조의 2에 규정된 덤핑방지관세 부과 물품이라는 용어와 잠정 조치 불가 규정도 개정해야 한다. 나아가 조사 기간도 늘려야 하고, 제3국 생산 우회 판정을 위한 수입 부품 기준과 부가가치 기준도 새로 정해야 한다. 또한 생산 우회의 경우에는 무역 전환 효과와 우회 효과를 구분하기 위해 무역 패턴의 변화를 반드시 고려해야 한다. 특히 생산 우회를 신설하면 원산지 규정과도 충돌하기 때문에, 원산지 관련 규정도 개정해야 한다. 요컨대 제3국 생산 우회를 신설하려면, 대상 물품의 범위 및 잠정 조치와 관련된 법률 조항과 조사 기간·수입 부품 및 부가가치 기준·원산지 규정 등과 관련된 내용을 담은 시행령·시행규칙도 모두 개정하거나 신설해야 한다. 제3국 생산 우회 도입 시 개정이 필요한 내용은 에필로그에서 다시 간략히 서술할 것이다.

셋째, "해당 물품의 공급국 안에서" 규정에 따라, 덤핑방지관세가 부과되는 물품이 덤핑방지관세가 부과되는 다른 국가에서 사소하게 변경되는 경우도 포함되는지가 문제된다. 예컨대 열연 강판에 대해 A 국가와 B 국가의 a 수출자와 b 수출자에 대해 각 20%, 10%의 덤핑방지관세가 부과되고 있었는데, A 국가의 a 수출자가 B 국가의 덤핑방지관세가 낮은 상황을 이용해서 B 국가로 물품을 수출하거나 생산기지를 이전한 후 사소하게 물품을 변경하여 한국에 수출하는 경우, 동 조항의 우회덤핑 방지 조사 대상인지가 문제된다.

필자가 이 문안을 삽입한 이유는 제3국 생산 우회를 적용 대상에서 배제하기 위한 것이었다. 즉 원래 입법 취지는 이 조항을 통해 제3국 생산 우회는 현행 우리 제도의 적용 대상이 되지 않도록 하기 위한 것이었다. 다만 문안 상으로만 검토하면, 전술한 사례가 적용이 절대 안 된다고 말할 수는 없다고 본다. 다시 말해, 문안으로만 판단하면 덤핑 부과국이 여러 개인 경우 덤핑방지관세가 낮은 국가로 물품을 수출하거나 공장을 이전한 후, 그곳에서 물품을 사소하게 변경하는 경우도 현행 시행령상 우회덤핑 조사의 대상이 된다고 해석하는 것은 충분히 가능하다고 본다. 다만 명확화를 위해 캐나다처럼 공급국 내 혹은 "제3국"으로 문안을 신설하는 것이 바람직하다.

그런데 이 경우에도 회피한 국가에서 창출된 부가가치를 고려할 필요는 없는지가 문제다. 혹자는 회피한 국가는 덤핑 관세가 부과된 국가이므로 사기 행위가 발생했다고 보고, 그 국가에서 창출된 부가가치는 고려할 필요가 없다고 주장할 수 있다. 즉 부가가치 요소를 고려하지 않고, 물리적 특성이나 생산 설비의 변경 비용 등 일반적인 사소한 변경 요소만을 검토해서, 만약 긍정 판정이 나오면 우회 판정을 하면 된다고 주장할 수도 있다. 반대로 회피한 국가에서 창출된 부가가치가 상당한 수준을 넘을 경우에는 사소한 변경의 법률적 정의를 벗어나므로, 당연히 그 국가에서 창출된 부가가치를 고려해야 한다는 주장도 가능하다.

필자는 사소한 변경의 공급국이 덤핑 방지 관세가 부과되는 다른 국가인 경우에는 일종의 "국가 쇼핑"이 일어난 기만적 행위로 간주해야 한다고 생각한다. 즉, 이 경우에는 덤핑 방지 관세율이 낮은 국가에서 발생한 부가가치는 고려할 필요가 없다고 본다. 만약 이런 상황에서도 덤핑 방지 관세율이 낮은 국가에서 창출한 부가가치를 고려하여 우회가 아니라고 판정하면, 사소한 변경에 따른 우회 방지의 실효성이 거의 없어질 가능성이 높다. 다만 이렇게 해석할 경우에 대비해 원산지 규정에 특칙을 신설하고, 어떤 덤핑마진을 사용해야 할지에 대한 시행령 규정도 신설하는 것이 바람직하다.

넷째, "그 물품의 본질적 특성을 변경하지 않는 범위"라 함은 해당 물품이 본질적으로 바뀌지 않았음을 의미한다. 본질적인 특성^(essential characteristics)이라는 용어는 EU 규정을 그대로 차용한 것이다. 본질적인 특성이 무엇인지에 대한 논의는 향후 우회덤핑 사례가 축적되면 자연스럽게 정리될 것이라고 본다. 예컨대 전술한 침엽수 합판이나 H형강의 경우에는 원심의 조사 대상 물품과 본질적인 특성이 변경되지 않았다고 하는데 큰 이견이 없을 것이다. 하지만 본질적인 특성이 무엇인지에 대한 문제는 경우에 따라서는 논란의 여지가 매우 클 가능성도 있다. 예컨대 열연 후판에 대해 반덤핑 관세를 부과했더니, 이음새가 없는 관 모양의 "무계목 강관^(Seamless Steel Pipe)" 수입이 급증했다고 하자. 나아가 무계목 강관을 평면으로 펴고 여러 개를 붙이면 실질적으로 열연 후판처럼 쓸 수 있다고 가정하자. 이런 경우 열연 후판과 무계목 강관은 본질적인 특성이 같은 것인가, 다른 것인가?

다섯째, "물리적 특성이나 형태, 포장방법 또는 용도 등을 변경하는 행위 ^(HS 코드 변경되는 경우 포함)"라 함은 외관상 모양을 바꾸거나, 포장을 다르게 하거나, 혹은 제품의 사용처를 다르게 바꾸는 것을 의미한다. HS 코드가 바뀌는 경우는 포함된다고 규정되어 있는데, 이는 HS 코드가 바뀐다 하더라도 사소한 변경이 될 수도 있다는 것을 의미한다. 즉 HS 코드는 사소한 변경 여부를 판단할 때 결정적인 요소가 아니다.

시행령 제71조의 2, 제②항은 생산설비 등 경미한 변경 행위 여부를 판단할 때 고려해야 하는 사항을 시행규칙에 위임한다는 조항이다. 동 조항에 따라 관세법 시행규칙 제20조의 2, 제①항이 신설되었다. 시행규칙 제20조의 2, 제①항은 경미한 변경행위 여부를 판단할 때 고려해야 하는 사항으로 물품의 물리적 특성 및 화학성분 차이, HS 코드 차이, 대체 가능한 범위 및 우회덤핑 조사 대상 물품의 용도, 우회덤핑 조사 대상 물품과 덤핑방지관세 물품의 생산설비 차이, 해당 변경 행위에 소요되는 비용, 기타 무역위원회가 필요하다고 인정하는 요소 등 6가지를 규정한다. 다만 모든 요소가 우회 행위를 충족할 필요는 없고, 6가지 요소 전체를 기준으로 종합적으로 판단한다. 상세 내용은 시행규칙 편에서 후술한다.

참고로 공급국 내 경미한 변경과 관련하여 무역위원회와 기획재정부는 변경 행위가 일어나는 장소를 공급국 내로 한정한 문구를 삭제한 문안을 마련하여 입법 예고('25.8.12~9.22)하였다. 나아가 덤핑방지관세가 부과되는 국가에서 생산되거나 공급된 부품 또는 원재료 등을 상당한 가치로 사용하여 제3국에서 조립 또는 완성하는 행위도 우회 유형에 새로이 포함하였다. 아울러 제3국 조립 또는 완성 유형이 추가되면서, 이에 대한 고려 요소가 시행규칙 제20조의 2, 제②항으로 신설되어 입법 예고('25.10.17~11.26) 되었음을 알려 드린다.

(3) 관세법 시행령 제71조의 3 - 우회덤핑 직권조사 사유

관세법 시행령 제71조의 3

우회덤핑 직권조사 사유

본조신설 2024.2.29. 시행일 2025.1.1

법 제56조의2제1항제2호에서 "대통령령으로 정하는 경우"란 무역위원회가 덤핑방지관세물품에 대한 경미한 변경행위를 통해 해당 덤핑방지관세의 부과를 회피[이하 "우회덤핑"이라 한다]하려는 사실에 관한 충분한 증거를 확보하는 등 직권으로 조사를 개시할 수 있는 특별한 상황이 인정되는 경우를 말한다.

관세법 **시행령 제71조의 3**은 직권조사 근거 규정이다. 전술한 대로 직권조사는 우리 무역구제 제도에서 원심 절차에 처음으로 도입한 조항이다. 필자는 처음부터 우리 무역구제 제도에 원심 직권조사 규정이 없다는 문제점을 인식하고 있었고, 최소한 우회덤핑 방지 규정에는 원심 직권조사 도입이 반드시 필요하다고 판단하였다. 이에 따라 원심 직권조사 규정을 우회덤핑 규정 도입 과정에서 처음 초안부터 명시적으로 삽입하고, 동 조항의 필요성을 강력히 주장하면서 기획재정부와 협의를 진행하였다. 시행령 개정 과정에서 지면으로 밝힐 수 없는 수많은 논의가 있었지만, 결국 최종 문안이 현행 시행령 규정으로 확정되었다.

개인적으로 필자는 우회덤핑 방지 규정 전체를 통틀어서 이 조항의 삽입에 가장 애착이 크다. 이 조항과 관련하여, 우리 반덤핑 및 상계관세 조사신청 관세

법령에 규정되어 있는 주무부 장관의 신청이 직권조사라고 주장하는 분들이 있는 것으로 알고 있다. 하지만 필자가 신설을 주도한 이 조항으로 주무부 장관의 신청은 직권조사가 될 수 없다는 것이 명확해졌다. 예컨대 주무부 장관의 신청이 직권조사라고 해석하면, 우회덤핑의 경우에도 직권으로 조사 개시하는 문구가 아니라 주무부 장관이 신청하는 조항이 들어가야 한다.

참고로 현행 제도상 반덤핑 조사와 상계관세 조사는 주무부 장관의 신청에 따른 조사개시가 삽입되어 있다. 하지만 주무부 장관의 신청으로 조사가 개시된 건은 단 한 건도 없는 실정이다. 특히 반덤핑 조사는 업계 신청이 절대 다수인 반면, 상계관세 조사는 업계 신청이 전혀 없다는 점을 감안할 때 주무부 장관의 신청 제도와 별개의 직권조사 조항이 반드시 필요하다는 것이 필자의 생각이다. 따라서 필자는 반덤핑 조사는 현행 제도를 유지한다 하더라도, 최소한 상계관세 관련 규정에서는 원심 직권조사 조항 신설이 반드시 필요하다고 생각한다. 필자는 우회덤핑 직권조사 규정 초안을 마련할 때, 이와 병행해서 상계관세 조항에서도 원심 직권조사 신설이 필요하다고 기획재정부에 강력히 요구한 바 있다. 하지만 지면으로 밝힐 수 없는 이유로 상계관세 분야의 원심 직권조사 규정 합의안 도출은 하지 못했다. 향후 관계 부처의 전향적인 견해 변화를 기대해 본다.

제71조의 3 규정은 직권조사에 관한 WTO 반덤핑 협정 제5.6조, 상계관세 규정 제11.6조를 사실상 그대로 가져왔다.[2] 직권조사 발동의 우선 요건은 경미한 변경을 통한 관세 회피라는 사실 행위가 있어야 한다는 점이다. 만약 제3국 조립 또는 완성을 우회의 유형으로 추가한다면, 이 조항도 개정해야 한다. 즉, 경미한 변경 행위 뒤에 제3국 조립 또는 완성 행위라는 문구를 추가하는 것이 바람직하다. 실제로 기획재정부가 '25년 8월 12일에 입법 예고한 시행령 개정안에는 이 문구가 추가되어 있다.

아울러 직권조사 발동의 핵심은 "증거의 충분성"과 "특별한 상황"이다. 우선

---

2 (WTO SCM) 11.6: If, in special circumstances, the authorities concerned decide to initiate an investigation without having received a written application by or on behalf of a domestic industry...

증거의 정확성^(accuracy), 적절성^(adequacy), 충분성^(sufficiency)을 요구하는 이해관계인의 신청과 달리 직권조사의 경우는 "증거의 충분성" 요건만 있다. 풀어서 이야기하면 조사 당국 직권조사 행위의 전제는 이해관계인의 신청과 달리 관련 정보가 정확하고 적절하다고 가정한다. 따라서 조사 당국의 직권조사는 정확성과 적절성 요건이 없다. 이는 WTO 규정에도 마찬가지다.

세 번째 핵심인 "특별한 상황"은 신청이 적절하지 않은 이례적인 상황을 의미한다. 신청이 적절하지 않은 상황이기만 하면 되므로, 이 요건을 아주 엄격하게 해석해서는 안 된다. 예를 들어 EU는 자국의 중국산 전기차 보조금 직권조사 사례에서 EU의 적극적인 친환경 정책과 전기차 산업의 정책적 중요성을 직권조사 발동 근거의 하나로 들었다. 중국측에서는 반발할지 모르겠지만, 필자가 보기에는 이런 EU만의 특별한 여건도 WTO 규정이 부여한 "특별한 상황"에 충분히 해당할 수도 있다고 본다. 즉 직권조사 발동의 특별한 여건은 사례별로 판단하되, 신청이 적절하지 않은 특수한 상황이기만 하면 크게 문제가 없다고 본다.

(4) 관세법 시행령 제71조의 6 – 우회덤핑 직권조사의 개시

관세법 시행령 제71조의 6 ['26.1.2부터 법문의 기획재정부는 재정경제부로 변경]
우회덤핑 직권조사의 개시

본조신설 2024.2.29. 시행일 2025.1.1

① 무역위원회는 법 제56조의2제1항제2호 및 이 영 제71조의3에 따라 우회덤핑에 대한 직권조사[이하 이 조에서 "직권조사"라 한다]의 개시 여부를 결정하기 위해 필요하면 관세청장에게 우회덤핑 여부에 관한 검토를 요청할 수 있다.

② 관세청장은 제1항에 따른 검토 요청이 없는 경우에도 우회덤핑 우려가 있다고 판단되는 경우에는 해당 수입물품에 대해 우회덤핑 여부를 검토하고 그 결과를 무역위원회에 통지할 수 있다.

> ③ 무역위원회는 직권조사를 개시하기로 결정한 경우에는 즉시 그 결정 내용과 제71 조의5제1항 각호의 사항을 기획재정부 장관에게 통보해야 한다.
> ④ 무역위원회는 직권조사의 개시를 결정한 경우에는 결정일부터 10일이내에 조사 개시의 결정에 관한 사항을 해당 물품의 공급국 정부 및 공급자와 그 밖의 이해관계인 에게 통보하고, 관보에 게재해야 한다.
> ⑤ 무역위원회는 직권조사 대상 물품의 품목분류 등에 대해서는 관세청장과 협의하여 선정할 수 있다.

시행령 제71조의 6에서는 직권조사과 관련된 절차를 규정한다. 시행령 제71조의 6은 관계부처의 이견이 가장 많았던 조항이다. 개정 과정에서 치열한 공방이 있었고, 우여곡절 끝에 현행 시행령 문안으로 확정되었다. 이 자리를 빌어 개정 과정에 적극적으로 참여해 주신 기획재정부, 관세청, 법제처 관계자 여러분들께 진심으로 감사의 말씀을 드린다.

시행령 제71조의 6, 제①항과 제③항은 직권조사 결정의 개시 주체를 무역위원회로 규정한다. 무역위원회의 직권조사 발동 권한은 시행령 제71조의 3에 따라 충분한 증거와 특별한 상황이면 족하다. 다만 직권조사 개시 여부를 결정하기 전에 무역위원회는 필요한 경우 관세청에게 우회덤핑 여부에 관한 검토를 요청할 수 있다. 관세청이 통관 절차를 담당하고 있기 때문에, 무역위원회는 충분한 증거 수집 차원에서 관세청에 검토를 요청할 수 있도록 규정한 것이다. 시행령 문안 상으로는 재량 행위이지만, 직권조사의 경우에는 관세청의 사전 검토를 거치는 것이 증거의 충분성을 만족시킬 수 있다는 점에서 가급적이면 관세청과의 사전 협의는 거치는 것이 필요하다고 본다.

참고로 미국은 "조사 대상 물품 참조 (covered merchandise referral)" 제도를 운영하는데, 조사가 개시된 후 미국의 관세청(CBP)이 조사 대상과 관련하여 우회가 의심되는 물품의 범위와 수입 현황 통계를 참조하도록 상무부에 통보하는 제도이다. 미국의 조사 대상 물품 참조 제도는 우리 시행령 제71조의 6, 제①항과 유사한 제

도로 보면 된다. 다만 미국의 조사 대상 물품 참조 제도는 우회 덤핑률을 조사개시 이전까지 소급 적용할 수 있도록 하는 중요한 제도적 수단이라는 점에서 우리 제도와는 차원이 조금 다르다. 즉, 상무부는 CBP의 조사 대상 물품 참조 제도를 통해 조사 대상 물품의 수입이 공식적인 우회 조사개시 이전부터 수입되었음을 확인한 경우에는, 직권으로 혹은 신청을 통해 조사개시 이전부터 수입된 우회 물품에 대해서도 우회덤핑률을 소급 적용할 수 있다. 우리도 향후에는 미국의 이 제도를 참조하여 우회 물품의 소급효를 조사 개시 이전까지 적용할 수 있도록 검토할 필요가 있다고 본다.

시행령 제71조의 6, 제②항은 무역위원회의 요청이 없더라도 관세청이 자체적으로 우회덤핑 우려가 있는 경우에 이를 검토하고, 그 결과를 무역위원회에 통지한다는 내용이다. 공식적인 개시 결정은 무역위원회에 있지만, 관세청이 우회덤핑 우려가 있다고 판단하고 이를 무역위원회에 통지한 경우에 무역위원회가 이를 검토 없이 무시하기는 어려울 것으로 본다. 나아가 제②항은 관세청이 무역위원회의 요청이 없어도 우회덤핑이 의심되는 사례가 있으면 자체 검토를 할 수 있다는 조항으로, 관세청에 상당한 권한을 부여한 조항이다. 다만 관세청이 자체 검토는 할 수 있지만, 공식적인 조사개시 권한은 무역위원회에 있음을 유의하자. 아울러 관세청은 해외 수출자나 해외 공급자에 대해서는 조사나 검토를 할 수 없다. 관세청의 검토 대상은 국내 수입자 등 국내에 있는 이해관계자들에 한정된다.

시행령 제71조의 6, 제③항은 무역위원회가 직권조사 개시를 결정한 경우에는 즉시 결정 내용과 우회덤핑 조사 대상 물품, 우회덤핑 조사 대상 기간, 우회덤핑 조사 대상 공급자(시행령 71조의 5, 제①항) 등을 기획재정부에 통보해야 한다고 규정한다. 문구에는 사후 통보로 규정되어 있지만, 직권조사의 경우에는 사전에 기획재정부와 무역위원회 상호 간에 긴밀한 협의는 있어야 할 것으로 본다. 다만 무역위원회가 어떤 결정을 내릴지 사전에 예단하기는 어렵기 때문에, 그 결정 내용을 사전에 기획재정부에 통보하는 것은 물리적으로도, 법리적으로도 불가능하다.

그렇다면 직권조사에 대한 무역위원회의 결정에 필요한 정족수 요건은 어떻

게 될까? 필자는 직권조사의 경우에도 과반 출석, 과반 찬성이라는 일반적인 무역위원회의 결정 요건이 적용되어야 한다는 생각으로, 특별한 결정 요건을 명시적으로 규정하지 않았다. 즉, 무역위원회는 과반 출석, 과반 찬성으로 직권조사 개시 여부를 결정한다. 아울러 위임 및 전결 규정에 직권조사 규정이 별도로 없으므로, 무역위원회 조사실장은 단독으로 직권조사 개시를 결정할 수 없다.

시행령 제71조의 6, 제④항에 따르면 직권조사 개시 결정의 경우에는 10일 이내에 해당 물품의 공급국 정부, 공급자, 이해관계인에게 통보하고 결정 내용도 관보에 게재해야 한다. 유의해야 할 점은 직권조사 개시 전에 상대국 정부와 협의를 거쳐야 하는 상계관세 직권조사 규정과 달리, 우회덤핑의 직권조사는 개시 전에 상대국 정부와 협의해야 한다는 의무를 우리 국내 법령에 규정하지 않았다는 점이다. 즉 상계관세의 경우에는 필자가 신설한 상계관세 부과 신청·조사·판정에 관한 세부 운영 규정 제3조에 따라, 비록 신청에 따른 것이지만 상대국 정부와 조사신청 후 14일 이내에 사전에 협의를 거쳐야 한다.

필자가 이 규정을 신설할 때에는 상계관세 직권조사에 대한 규정이 없어 상계관세 조사신청 시에만 협의가 필요하다고 규정하였는데, 상계관세 직권조사 조항을 신설할 경우에도 이 규정은 준용되어야 한다. 하지만, 우회덤핑의 경우에는 직권조사라 하더라도 상대국 정부와 협의 의무가 없다. 이는 WTO 규정에 우회덤핑 규정이 없기 때문이기도 하고, 조사 대상이 민간 기업이기 때문에 상대국 정부와 사전 협의가 의무적으로 필요 없기 때문이기도 하다.

시행령 제71조의 6, 제⑤항은 무역위원회가 직권조사를 결정한 후에 조사 대상 품목의 품목분류에 대해 관세청과 협의가 가능하다는 조항이다. 특히 사소한 변경의 경우에는 세번 분류와도 밀접한 관련성이 있으므로, 물리적 특성의 변경과 같은 기술적인 분야에서 관세청과의 협의는 가급적이면 거치는 것이 좋을 것으로 본다. 직권 조사에 따른 신청 절차를 도식화하면 다음과 같다.

```
┌─────────────────────────┐
│ 우회덤핑 방지관세 부과에      │
│ 필요한 충분한 증거수집       │    시행령 제71조의 3, 시행령 제71조의 6, 제①항
│ (무역위원회 덤핑조사지원과)   │
└─────────────────────────┘
              ↓
┌─────────────────────────┐
│ 직권조사개시 여부 결정        │
│ (무역위원회/                │    시행령 제71조의 6, 제①항, 제③항
│ 과반 출석, 과반 찬성)        │
└─────────────────────────┘
              ↓
┌─────────────────────────┐
│ 조사개시 결정 내용 통보       │
│ (덤핑조사지원과 →           │    시행령 제71조의 6, 제③항
│ 기획재정부)                 │
└─────────────────────────┘
              ↓
┌─────────────────────────┐
│ 조사개시 결정내용 관보게재    │
│ (덤핑조사지원과:            │    시행령 제71조의 6, 제④항:
│ 공급국정부, 공급자, 신청인통보,│    조사개시결정일부터 10일 이내
│ 질의서 발송)                │
└─────────────────────────┘
              ↓
┌─────────────────────────┐
│ 우회덤핑 조사               │
│ - 공급자 답변서분석          │    시행령 제71조의 7 (조사개시 관보 게재일로부터
│ - 현지실사                 │    6개월 이내, 1개월 연장 가능: '25.8 입법예고안 –
│ - 조사보고서 작성            │    2개월 연장 가능)
│ - 이해관계인 회의            │
└─────────────────────────┘
              ↓
┌─────────────────────────┐
│ 우회덤핑 조사 결과 판정을     │
│ 위한 무역위원회 개최          │    불공법 제28조 제8호(향후 개정 필요)
└─────────────────────────┘
              ↓
┌─────────────────────────┐
│ 우회덤핑 판정 결과 제출       │
│ (덤핑조사지원과→기획재정부)   │    시행령 제71조의 7, 제②항
└─────────────────────────┘
              ↓
┌─────────────────────────┐
│ 우회덤핑 방지관세            │    시행령 제71조의 7, 제⑤항
│ 부과 조치(기획재정부령)       │    - 조사개시결정 관보 게재일부터 8개월 이내
└─────────────────────────┘    - ('25.8 입법예고안 – 9개월 이내)
                                - 특별한 사유 있을 시 관보 게재일부터 9개월 이내
                                  ('25.8 입법예고안 – 10개월 이내)
```

(5) 관세법 시행령 제71조의 4 – 우회덤핑 조사의 신청

관세법 시행령 제71조의 4 ['26.1.2부터 법문의 기획재정부는 재정경제부로 변경]
우회덤핑 조사의 신청

본조신설 2024.2.29. 시행일 2025.1.1

① 법 제56조의2제1항제1호에 따른 우회덤핑 해당 여부에 대한 조사를 신청하려는 자는 무역위원회에 다음 각호의 자료를 제출해야 한다.

1. 다음 각 목의 사항을 적은 신청서 3부

  가. 덤핑방지관세물품에 대한 덤핑방지관세 부과 내용

  나. 덤핑방지관세물품과 관련된 무역위원회의 의결서 공개본 내용

  다. 신청인이 덤핑방지관세물품의 덤핑방지관세 부과요청을 한 자인지 여부

  라. 우회덤핑 조사 대상 물품의 사진·도면·사양·표준 등 시각적 요소를 제공하는 자료 및 품명·규격·특성·용도·생산자·생산량

  마. 우회덤핑 조사 대상 물품의 공급국·공급자·수출실적 및 수출가능성과 우리나라의 수입자·수입실적 및 수입가능성

  바. 우회덤핑 조사 대상 물품과 같은 종류의 국내 물품의 품명·규격·특성·용도·생산자·생산량

  사. 신청서의 기재사항 및 첨부자료를 비밀로 취급할 필요가 있는 경우에는 그 사유

  아. 그 밖에 무역위원회가 우회덤핑의 조사에 필요하다고 인정하는 사항

2. 우회덤핑 조사 대상 물품이 수입된 사실과 해당 물품이 우회덤핑에 해당함을 충분히 증명할 수 있는 자료 3부

3. 신청인이 우회덤핑이라고 판단한 이유를 적은 사유서 3부

② 무역위원회는 제1항에 따른 신청을 받은 경우에는 그 사실을 기획재정부 장관 및 관계 행정기관의 장과 해당 물품의 공급국 정부에 통보해야 한다. 이 경우 제1항 각호에 따른 자료는 제71조의5제1항에 따른 조사개시 결정을 한 후에 통보해야 한다.

시행령 제71조의 4에서는 직권조사가 아닌 신청에 따른 우회덤핑 조사 절차를 규정한다. 직권조사 규정과 달리 동 조항에 대해서는 관계부처 이견이 거의 없었던 조항이다. 동 조항은 주로 덤핑 조사 규정을 준용하여 참조하였지만, 우회덤핑의 특징에 따라 신설된 조항도 있음을 유의하자.

시행령 제71조의 4, 제①항은 우회덤핑 조사를 신청할 경우 필요한 서류를 나열한다. 필요 서류는 기본적으로 신청서^(제1호), 증빙서^(제2호), 사유서^(제3호) 등 세 가지이다. 제①항 제1호 각목에 규정된 내용과 증빙서, 사유서 등은 덤핑방지관세 부과 신청·조사·판정에 관한 세부 운영 규정에 첨부된 별지 서식인 조사 신청서에 모두 담겨져 있으므로, 이를 항목별로 별도로 작성할 필요는 없다. 즉, 우회 조사 신청서만 작성하면 된다. 조사 신청서는 참고로 이 책의 말미에 첨부해 두었다.

신청서 작성 요령은 덤핑방지관세 부과 신청·조사·판정에 관한 세부 운영 규정에서 상세히 설명하기로 한다. 다만 **시행령 제71조의 4, 제①항 제1호 가목**의 덤핑방지관세 부과 내용은 유의해서 보아야 한다. 덤핑방지관세 부과 내용은 덤핑 방지 관세가 부과되는 품목과 대상 국가, 덤핑률을 기재한 기획재정부의 부과 규칙을 반드시 참조해야 한다. 이 규칙은 기획재정부 홈페이지나 국가법령 정보센터에서 쉽게 구할 수 있다.

이 규칙에 담겨진 정보는 보통 크게 3가지로 구분된다. 첫째 이 규칙은 부과 대상 물품을 상세히 정의하고, HS 코드와 함께 대상 물품의 상세한 물리적 특성이 기재된다. 부과가 제외되는 물품도 기재되어 있는데, 부과가 제외되는 물품은 관세법 제56조의 2에 따라 우회덤핑 조사의 대상이 아니므로 유의해야 한다. 둘째는 부과 대상 공급자이다. 부과 대상 공급자는 특정 국가와 특정 수출업자 혹은 생산업자가 나열되어 있고, 이들 수출업자나 생산업자의 특수 관계인, 그리고 이들의 위탁을 받은 수출업자^(예컨대 상사)가 기재된다. 이 부분에서 미소마진을 받은 공급자는 이름이 명시되는데, 이 공급자는 관세법 제56조의 2에 따르더라도 사소한 변경 등의 우회 행위에 관여한 경우라면 우회덤핑 조사 대상이 될 수도 있다. 마지막이 덤핑 방지 관세율이다. 덤핑 방지 관세율은 우회덤핑 판정 시

부과되는 우회덤핑률 대상 풀과 같으므로, 유의해서 보는 것이 좋다. 이 세 가지 정보를 찾았으면, 별지 서식으로 제공된 조사 신청서에 기재된 피신청인과 조사 신청 물품 항목에 기재한다.

참고로 **시행령 제71조의 4, 제①항 제1호 나목**에 열거된 무역위원회의 의결서 공개본은 조사 대상 물품의 상세한 물리적, 화학적 특징을 중복적으로 확인하기 위해서 삽입하였다. 즉 기획재정부 규칙에도 물리적, 화학적 특징이 기재되는 것이 보통이나, 어떤 경우에는 기획재정부 규칙에 상세히 기재되어 있지 않는 사례가 있을 수 있다. 이 때문에 조사 대상 물품의 물리적, 화학적 특징을 의무적으로 상세하게 기재한 무역위원회 의결서 공개본을 첨부하게 규정해 둔 것이다. 조사 대상 물품의 상세한 물리적, 화학적 특징은 사소한 변경 여부를 판단할 때 가장 핵심적인 정보이다. 이런 이유 때문에 기획재정부 규칙 외에 무역위원회 의결서 공개본까지 같이 첨부하게 한 것이다.

시행령 제71조의 4, 제①항 제1호 다목은 신청 자격에 관한 정보이므로, 매우 중요한 조항이다. 관세법 제56조의 2에서는 관세법 제51조에 따라 "부과 요청을 한 자"가 신청을 할 수 있도록 규정해 두었는데, 이 규정이 의미하는 바는 운영 규정에 신설하였다. 즉, 덤핑방지관세 부과 신청·조사·판정에 관한 세부 운영 규정 제32조에서 부과 요청을 한 자란 기획재정부 장관에게 덤핑방지관세의 부과를 요청한 자[당해 덤핑방지관세의 부과에 필요한 조사를 위원회에게 신청한 자를 포함한다] 또는 조사신청에 찬성 의사를 표시한 자를 의미한다. 따라서 신청서에 반대 의사를 표시하거나, 찬성이든 반대 의사를 아예 표시하지 않은 기업은 우회덤핑 조사를 신청할 수 없다.

시행령 제71조의 4, 제①항 제1호 라목은 사소한 변경 여부를 시각적으로 확인하기 위해 신청인에게 요구되는 자료이다. 이 조항은 미국의 사례를 참조하여 삽입한 것이다. 다만 시각적 자료와 세부 기술적 사양을 적시한 자료이면 충분하며, 이를 치밀하게 증명하는 등의 엄격한 요건은 아니라는 점을 밝혀 둔다. 동 조항은 제3호의 사유서와 관련이 있다. 사유서는 신청서 내용 중 증빙에 관한 사항에 포함되어 있으므로, 신청서 양식에 따라 이 부분에서 시각적 자료나 기술적 사양을 첨부하면 된다. 신청서 요건은 사소한 변경이 일어났다는 사실이 확률적으로 50%를 초과하여 보여주기만 하면 되므로, 시각적 자료나 기술적 사양을 통해 아주 엄격하게 이를 증명해 보일 필요는 없다. 단지 처음 보았을 때 사소한 변경으로 보인다는 정도 ^(이른바 prima facie)의 시각적 자료나 기술적 사양이면 충분하다.

시행령 제71조의 4, 제①항 제1호 마, 바, 사목은 일반 반덤핑 신청에서도 기재하는 요건이다. 다만 일반 반덤핑 신청 요건보다 간략한 내용을 기재하도록 신청서를 구성하였으니, 참조하면 된다. 참고로 우회덤핑 신청이 일반 반덤핑 신청과 다른 점은 ① 조사 대상 물품의 상세한 내용과 부과 제외 범위 등 원심 내용을 확인하기 위해 기획재정부 부령 및 무역위 의결서 공개본 내용을 제출한다는 점, ② 사소한 변경 여부를 확인하기 위해 사진·사양 등 시각적 요소를 제공한다는 점, ③ 물리적 특성이 거의 유사하거나 변경 비용이 적다는 점 등에 따라 우회덤핑이라고 판단한 사유서를 제출한다는 점 등이다.

시행령 제71조의 4, 제②항은 조사신청을 받은 경우, 무역위원회는 기획재정부 장관, 관계 행정기관의 장 및 해당 물품의 공급국 정부에 통보해야 한다는 조항이다. 통보 기한은 운영 규정 제33조 제④항에 따라 우회덤핑 신청일로부터 14일 이내이다. 나아가 WTO 반덤핑 협정 제5.5조는 반덤핑 조사신청 사실의 공표를 회피하라고 규정되어 있는데, 이는 우회덤핑 신청에도 그대로 적용하는 것이 좋다고 본다. 즉, 우회덤핑 신청 사실은 공표해서는 안 된다.

마지막으로 우회덤핑 신청에 따른 조사개시 결정은 신속한 조사개시와 조사완결이라는 우회덤핑 조사 전체의 취지를 고려하여, 무역위원회가 아니라 무역조사실장이 담당하는 것이 바람직하다. 일반 반덤핑 조사개시 또한 무역조사실장이 결정하기 때문에, 우회덤핑 조사신청에 따른 조사개시를 다르게 할 이유도 없다. 현재 위임 및 전결 규정이 개정 중인데, 이에 따르면 무역위원회 무역조사실장이 우회덤핑 신청에 따른 조사개시를 결정하도록 되어 있다. 신청에 따른 우회조사 절차를 도식화하면 다음과 같다.

II. 텍스투스 - 한국의 우회덤핑 방지 제도 해설

절차	근거
우회덤핑 방지관세 부과에 필요한 조사신청 (신청인 → 무역위원회 덤핑조사지원과)	시행령 제71조의 4, 제①항
↓	
신청사실 공급국 정부통보 (덤핑조사지원과)	시행령 제71조의 4, 제②항 및 운영 규정 제34조 제④항 - 신청일부터 14일 이내
↓	
조사개시 여부 결정 (조사실장 전결 후 위원회 보고)	시행령 제71조의 5, 제①항 (조사실장 전결을 위해서는 위임 전결 규정 개정 필요) 불공법 제28조 제8호(향후 개정 필요) * 신청일부터 30일 이내, 15일 연장 가능
↓	
조사개시 결정내용 통보 (덤핑조사지원과 → 기획재정부)	시행령 제71조의 5, 제①항
↓	
조사개시 결정내용 관보 게재 (덤핑조사지원과: 공급국정부, 공급자, 신청인통보, 질의서 발송)	시행령 제71조의 5, 제③항: 조사개시 결정일부터 10일 이내
↓	
우회덤핑 조사 - 공급자답변서분석 - 현지실사 - 조사보고서 작성 - 이해관계인 회의	시행령 제71조의 7 (조사개시 관보 게재일로부터 6개월 이내, 1개월 연장 가능 : '25.8 입법예고안 – 2개월 연장 가능)
↓	
우회덤핑 조사 결과 판정을 위한 무역위원회 개최	불공법 제28조 제8호(향후 개정 필요)
↓	
우회덤핑 조사 결과 제출 (덤핑조사지원과→기획재정부)	시행령 제71조의 7, 제②항
↓	
우회덤핑 방지관세 부과 조치(기획재정부령)	시행령 제71조의 7, 제⑤항 - 조사개시결정 관보 게재일부터 8개월 이내('25.8 입법예고안 – 9개월 이내) - 특별한 사유 있을 시 관보 게재일부터 9개월 이내 ('25.8 입법예고안 – 10개월 이내)

(6) 관세법 시행령 제71조의 5 – 우회덤핑 조사의 개시

> 관세법 시행령 제71조의 5 ['26.1.2부터 법문의 기획재정부는 재정경제부로 변경]
> **우회덤핑 조사의 개시**
>
> 본조신설 2024.2.29. 시행일 2025.1.1
>
> ① 무역위원회는 제71조의4제1항에 따른 신청을 받은 경우 신청인이 제출한 자료의 정확성 및 적정성을 검토하여 우회덤핑 조사의 개시 여부를 결정한 후 신청일부터 30일 이내에 그 결과와 다음 각호의 사항을 기획재정부 장관에게 통보해야 한다. 다만, 무역위원회가 필요하다고 인정하는 경우에는 15일의 범위에서 그 기간을 연장할 수 있다.
> 1. 우회덤핑 조사 대상 물품
> 2. 우회덤핑 조사 대상 기간
> 3. 우회덤핑 조사 대상 공급자
>
> ② 무역위원회는 제1항에 따라 우회덤핑 조사의 개시 여부를 결정할 때 그 신청인이 다음 각호의 어느 하나에 해당하는 경우에는 그 조사신청을 기각해야 한다.
> 1. 신청인이 법 제56조의2제1항제1호에 따른 우회덤핑 해당 여부에 대한 조사를 신청할 수 있는 자가 아닌 경우
> 2. 우회덤핑 사실에 관한 충분한 증명자료를 제출하지 않은 경우
>
> ③ 무역위원회는 우회덤핑 조사의 개시를 결정한 경우에는 결정일부터 10일이내에 조사개시의 결정에 관한 사항을 조사 신청인, 해당 물품의 공급국 정부 및 공급자와 그 밖의 이해관계인에게 통보하고, 관보에 게재해야 한다. 이 경우 해당 물품의 공급자에게는 제71조의4제1항 각호의 자료를 함께 제공해야 한다.
>
> ④ 무역위원회는 우회덤핑 조사 대상 물품의 품목분류 등에 대해서는 관세청장과 협의하여 선정할 수 있다.

시행령 제71조의 5에서는 무역위원회가 신청을 받은 경우의 절차를 규정한다. 우선 **시행령 제71조의 5, 제①항**은 우회덤핑 신청 후 원칙적으로 30일 이내

에 조사개시 여부를 결정한다고 규정한다. 일반 덤핑의 경우가 2개월 이내인 점을 감안하면, 우회덤핑의 경우는 신속한 절차 진행을 위해서 조사개시 결정일을 대폭 단축했다. 다만 필요할 경우에는 15일 연장이 가능한데, 이는 미국의 우회덤핑 규정을 참조한 것이다. 30일 혹은 15일 규정은 영업일 기준이 아니라 달력일 기준이다. 무역위원회가 조사개시를 결정한 경우에는 조사개시 결정일부터 10일 이내에 관보에 게재해야 하고[동조 제③항], 조사 대상 물품, 조사 대상 기간, 조사 대상 공급자를 적시하여 기획재정부 장관에게 통보해야 한다. 후술하겠지만 이때에는 조사 신청인, 공급국 정부 및 공급자 등에게도 통보해야 한다. 이는 관세법 시행령 제60조에 규정된 반덤핑 조사의 절차와 동일하다.

우회덤핑 조사 대상 물품은 보통 조사개시를 하게 되면 그 범위에 대해 의견을 수렴하게 된다. 우회덤핑 조사 대상 물품의 범위에 대하여 이견이 있는 이해관계인은 조사개시 결정이 관보에 게재된 날로부터 3주 이내에 무역위원회에 서면으로 의견을 제출할 수 있다. 이 경우 무역위원회는 이해관계인의 의견을 반영하여 우회덤핑 조사 대상 물품의 범위를 조정할 수 있다. 다만, 실무적으로는 조사 대상 물품의 범위를 조정하는 것은 매우 이례적인 일이다. 하여튼 무역위원회는 우회덤핑 조사대상물품의 범위가 변경된 경우 이를 이해관계인에게 통보하여야 한다. 물품 통제 코드(CCN)는 덤핑률 산정에 필요한 것이므로, 우회덤핑 절차에서 의견 제출을 받을 필요성은 없다고 본다.

한편 실무적으로 무역위원회는 신청서를 바로 접수하는 경우는 거의 없고, 일반적으로 사전에 상담을 통해 신청서 초안을 받은 후 1차 검토를 하게 된다. 상담과 관련된 별도의 절차적 규정은 없다. 보통 전화 상담을 먼저 하고, 방문 상담을 하게 된다. 상담 내용은 주로 우회덤핑 요건, 신청서 작성 방법, 신청서 초안에 대한 설명 등이 주요 내용이 될 것이다. 무역위원회는 조사개시가 가능하도록 우회덤핑 사실과 이를 입증할 증거자료의 정확성, 적절성, 충분성 요건을 충족하도록 신청인에게 안내한다.

일반적으로 신청서나 입증자료의 보완이 필요한 경우에 무역위원회는 신청인

에게 구두로 먼저 보완 요청을 하고, 필요할 경우에만 서면으로 보완을 요청한다.^(운영 규정 제33조 제②항) 서면 보완 요청이 있을 때에는 보완 요청 문서에 기재된 기일 이내에 보완 자료를 제출한다. 이 경우 기존 신청서 제출일이 아니라, 보완 자료 제출일을 조사 신청서 접수일로 간주한다.^(운영 규정 제33조 제③항) 서면 보완 요청은 매우 제한적으로 활용해야 하며, 가급적 신청 전에 충분한 우회 사실 입증과 증빙 자료 구비를 구두로 안내하는 것이 바람직하다.

전술한 대로 법 제56조의 2에 따르면, 신청은 관세법 제51조에 따라 부과 요청을 한 자가 서면으로 하여야 한다. 신청 자격은 운영 규정 제32조에 명확히 규정되어 있는데, 이에 따르면 기획재정부 장관에게 덤핑방지관세의 부과를 요청한 자 또는 조사신청에 찬성 의사를 표시한 자가 우회덤핑 조사를 신청할 수 있다. 따라서 원심 조사에서 찬반 의사 표시를 아예 하지 않거나 반대 의사를 표시한 이는 우회덤핑 조사신청을 할 수 없다. 우회덤핑 조사신청의 접수기관은 무역위원회 덤핑조사지원과이다. 참고로 일반적인 반덤핑 조사의 경우에는 산업피해조사과에서 접수증을 발행하는데, 우회덤핑 조사의 경우에는 덤핑조사지원과에서 접수증을 발행해야 한다. 따라서, 무역위원회 덤핑조사지원과는 접수증 발행과 관련된 내부 절차를 마련해 두어야 한다. 접수증은 신청서가 접수되었다는 정부의 공식 문서이므로, 일반적인 반덤핑 조사 절차를 참고하여 면밀히 준비하는 것이 필요하다.

신청서가 접수되면 전술한 대로 14일 이내에 신청서 접수 사실을 공급국 정부^(EU의 경우에는 EU 집행위를 포함한 駐韓 공급국 대사관), 공급국 내 한국 대사관^(상무관), 기획재정부 장관, 관계행정기관의 장 등에게 통지하여야 한다.^(협정 제5.5조, 시행령 제71조의 4 제②항, 운영 규정 제33조 제④항) 참고로 WTO 반덤핑 협정 제5.5조에는 조사개시 결정 전에는 신청서의 공표를 회피^(avoid)해야 한다고 규정하는데, 명시적 규정은 없지만 이 조항은 우회덤핑 조사에도 그대로 적용된다고 생각한다.[3] 따라서 조사 당국인 무역위원회는

---

3 반덤핑 협정 제5.5조: The authorities shall avoid, unless a decision has been made to initiate an investigation, any publicizing of the application for the initiation of an investigation. However, after receipt of a properly

우회덤핑 조사신청이 접수되었다는 사실을 공표하지 않는 것이 바람직하다.

시행령 제71조의 5, 제②항은 조사 기각 요건으로 관세법 시행령 제60조의 제②항이 규정하는 다섯 가지 요건보다 간소화되어 있다.[4] 간소화는 되어 있지만, 조사신청 자격 요건이 없거나 충분한 증명자료 제출을 하지 않으면, 우회 조사신청은 기각된다. 조사신청 자격은 원심 반덤핑 조사를 신청한 자 혹은 찬성 의사를 표시한 자에게 부여되므로, 이외의 신청인이 우회 조사를 신청하면 무역위원회는 조사를 반드시 기각해야 한다. 현재 문안에는 자료의 충분성만 규정되어 있으나, 원래 초안에는 자료의 정확성(accuracy) 및 적절성(adequacy)과 함께 충분성이 고려되어야 한다고 되어 있었다. 하지만, 법제처 심사 과정에서 충분성만 남았다. 정확성과 적절성은 WTO 반덤핑 협정에 있는 내용이므로, 우회덤핑 조사에도 준용된다고 해석하는 것이 합리적이다. 즉 증거의 충분성만으로는 조사 개시가 정당화될 수 없고, 해당 자료가 정확해야 하고 적절해야 한다.

이에 따라 조사 당국인 무역위원회는 우회 조사개시를 정당화할 수 있는 충분한 소명이 되었는지 여부를 결정하기 위하여, 신청서에 제시된 증거의 정확성과 적정성에 대하여 검토하여야 한다. 증거의 정확성과 적절성을 검토하기 위하여 신청서나 2차 출처(secondary sources) 자료에 대해 독립된 출처(independent source)로부터 취득한 자료인지, 증거가 합리적으로 입수가 가능한지가 주요 검토 기준이 된다. WTO 반덤핑 협정 제5.2조에는 '신청인이 합리적으로 입수 가능한 자료(reasonably available information)'의 정의가 나와 있는데, 이는 조사신청 당시에 반박이 불

---

documented application and before proceeding to initiate an investigation, the authorities shall notify the government of the exporting Member concerned.

4 관세법 시행령 제60조 제②항 : 무역위원회는 제①항에 따라 조사의 개시 여부를 결정할 때에 조사신청이 다음 각호의 어느 하나에 해당하면 그 조사신청을 기각하여야 한다. 〈개정 2008. 2. 22., 2008. 2. 29.〉
  1. 신청서를 제출한 자가 제59조제1항의 규정에 의하여 부과요청을 할 수 있는 자가 아닌 경우
  2. 덤핑사실과 실질적인 피해 등의 사실에 관한 충분한 증빙자료를 제출하지 아니한 경우
  3. 덤핑차액 또는 덤핑물품의 수입량이 기획재정부령이 정하는 기준에 미달되거나 실질적 피해등이 경미하다고 인정되는 경우
  4. 당해 조사신청에 찬성 의사를 표시한 국내 생산자들의 생산량 합계가 기획재정부령이 정하는 기준에 미달된다고 인정되는 경우
  5. 조사개시 전에 국내 산업에 미치는 나쁜 영향을 제거하기 위한 조치가 취하여지는 등 조사개시가 필요없게 된 경우

가할 정도로 확고한 정보를 의미하는 것이 아니라, 개연성을 입증만 하면 충분하다고 규정한다. 쉽게 말해 50%를 초과하는 정도의 확신을 주는 증거이면 충분하다. 요컨대, 우회 사실에 대한 소명의 충분성, 이를 증명하는 자료 출처에 대한 설명 및 출처 등을 포함한 증거의 정확성과 적정성에 대해 무역위원회는 검토를 진행해야 한다.

시행령 제71조의 5, 제③항은 조사개시 결정 이후에 무역위원회가 10일 이내에 이해관계자에게 통보해야 하는 의무를 규정한다. 이 조항은 신청서 접수 사실 통보와 다르므로, 무역위원회는 이를 잘 구분해서 대응해야 한다. 조사 신청서 접수와 관련된 통보 대상과 달리, 조사개시 결정 통보 대상은 이해관계인으로 훨씬 광범위하다. 이해관계인이란 크게 공급국의 이해관계인과 국내 이해관계인으로 구분된다. 공급국의 이해관계인이란 조사 대상 물품의 공급자, 또는 동업자·사업자협회, 수출국 정부 등을, 국내 이해관계인이란 신청인, 국내 동종 물품 생산자 또는 동업자·사업자협회, 수입자, 소비자 단체 등을 의미한다. 참고로 우회덤핑이 WTO 규정에 없기 때문에, 미국은 우회 조사개시를 결정할 때 신청에 따른 것이든, 직권에 따른 것이든 이해관계인 통보 의무 규정이 없다. 이 때문에 우회덤핑 조사의 경우에 미국 상무부는 인터넷망인 ACCESS에만 조사개시 결정을 올리고, 이해관계인에 대한 통보 없이 진행하는 경우가 있으므로 주의해야 한다.

하여튼 이해관계인 통보 의무는 반덤핑 조사의 개시 때 통지 의무를 규정한 관세법 시행령 제60조 제③항과 동일하다. 앞서 설명한 직권조사의 경우에도 이 조항이 있는데, 직권조사와 신청에 따른 조사 모두 조사개시가 결정되면 공급국 정부 및 해당 공급자 등에게 10일 이내에 통보해야 한다는 점을 유의하자.

한편 조사개시가 결정되면 개시 결정 관보 게재와 동시에 조사 대상 공급자도 선정하여 공포하게 된다. 무역위원회는 의무 답변 조사 대상 공급자를 조사개시와 동시에 발표하면서, 조사 참여 신청서를 접수한다. 조사 참여 신청서는 의무 대상자의 조사 참여 의사를 확인하는 단순한 행정 절차인데, 유의할 점은 이 신청서를 내지 않았다고 하여 의무 답변 조사 대상 공급자로서 누리는 절차적 권리가 없어지는 것이 아니다. 즉, 조사 참여 신청서를 내지 않아도, 무역위원회는 의무 답변자에 대해 조사와 관련된 모든 절차적 권리를 보장해야 한다.

우회 물품 조사 대상 공급자 선정은 실무적으로 관세청 통관자료를 기초로 통계적으로 유효한 표본 추출 방법 또는 우회덤핑 조사 대상 물품의 對 한국 수출 물량을 기준으로 대략 50% 내외 이상을 차지하는 범위 내에서 선정하는 방식을 취한다.(WTO 반덤핑 협정 제6.10조, 시행규칙 제12조 제①항) 통상 반덤핑 조사 대상 공급자 선정은 對 한국 수출 물량의 비중이 큰 순서로 정하는 방법을 사용하며, 우회덤핑의 경우에도 비슷한 방식을 사용하여 조사 대상 업체를 선정한다. 다만 조사건별로 상황이 다르므로, 항상 일률적인 방법이 사용되는 것은 아니다. 조사 대상 공급자 수가 많을 경우에는 공급국 정부 혹은 관련 업종단체(trade association)에만 신청서를 제공할 수도 있다.(WTO 반덤핑 협정 주석 16)

무역위원회는 조사 대상 공급업자를 선정할 때, 생산업체뿐만 아니라 필요하다고 판단하는 경우 상사와 같은 수출업체도 선정할 수 있다. 상사와 같은 수출업체를 조사 대상으로 선정하는 경우, 무역위원회는 통상적으로 생산업체에 질의서를 전달하라는 지침을 준다. 이 경우 상사와 같은 수출업체는 질의서를 생산업체에 전달하게 되는데, 특수관계가 아닌 이상 제3의 생산업체가 관련 자료를 아무런 특수관계가 없는 상사를 통해 무역위원회에 제출하기는 쉽지 않을 것으로 본다.

참고로 우회덤핑 질의서에는 조사 대상 기업의 경영, 법적 구조 및 특수 관계인에 대한 자료 제출 내용이 포함되어 있다. 특수 관계인에 대한 질문이 포함된 이유는 무역위원회가 우회덤핑 조사 대상 물품과 우회 물품의 생산, 판매 및 유통과 관련하여 특수관계에 있는 관계사로부터 관련 정보를 확보하기 위해서이다. 모두에서 설명하였듯이 EU는 당초 생산 우회 판정을 하기 위해서, EEC 역내의 생산 기업이 원심 덤핑 판정을 받은 기업과 특수관계에 있는지 등을 검토하였다. 미국은 지금도 생산 우회의 경우에는 부품 생산자 혹은 요소 수출자와 부품·요소의 사용자·판매자 간에 특수관계가 있는지를 고려한다. 즉 특수관계

는 우회덤핑 조사에서 반드시 필요한 검토 요소이다.

현행 관세법 시행령 제23조는 조사 대상 공급자가 직접 또는 간접으로 5% 이상 주식을 소유한 경우, 특정인이 양 회사의 임원 또는 관리자로 등록되어 있거나 동업자인 경우 등 8가지를 특수관계로 정의한다.[5] 이를 바탕으로 우회덤핑 조사 과정에서 무역위원회는 특수관계자가 조사 대상 물품이나 우회 물품의 원료 제공, 판매, 생산, 운송 및 연구개발 등과 어떤 관계에 있는지 반드시 분석해야 한다.

그런데 만약 상사가 특수관계에 있지 아니한 생산업체로부터 자료를 받지 못해 제출할 자료가 거의 없는 경우라면, 무역위원회는 상사에 대해 AFA를 적용하여 최고 우회 덤핑률을 부과할 수 있을까? 아니면 우회 물품의 해당 생산자가 아니므로, 개별율을 받지 않는 그 밖의 공급자 덤핑률을 우회 덤핑률로 부과해야 할까?

필자는 사소한 변경에 따른 우회덤핑 케이스에서 이런 상황이 발생했다면, 경우에 따라서는 최고 덤핑률 부과가 가능하다고 생각한다. 예컨대 우회 물품이 특정 상사를 통해서 50% 이상이 수입되고 있다고 가정할 때, 이 상사가 직접 생산자가 아니라는 이유로 그 밖의 공급자 덤핑률을 우회 덤핑률로 부과하는 것은 바람직하지 않다. 비록 상사 처지에서는 최선의 답변 자료를 제출하였다 하더라도, 사소한 변경이 기만적 행위임을 감안할 때 자료 제출이 곤란하다고 하여 우회 물품의 절반 이상을 수출하는 상사에게 그 밖의 공급자와 같은 저율 관세를 부과하면 상사를 우회 통로로 활용할 가능성이 매우 높기 때문이다. 나아가 사

---

5 관세법 시행령 제23조(특수관계의 범위 등) ①법 제30조제3항제4호에서 "대통령령으로 정하는 특수관계"란 다음 각호의 어느 하나에 해당하는 경우를 말한다. 〈개정 2006. 5. 22., 2011. 4. 1., 2013. 2. 15.〉
  1. 구매자와 판매자가 상호 사업상의 임원 또는 관리자인 경우
  2. 구매자와 판매자가 상호 법률상의 동업자인 경우
  3. 구매자와 판매자가 고용관계에 있는 경우
  4. 특정인이 구매자 및 판매자의 의결권 있는 주식을 직접 또는 간접으로 5퍼센트 이상 소유하거나 관리하는 경우
  5. 구매자 및 판매자 중 일방이 상대방에 대하여 법적으로 또는 사실상으로 지시나 통제를 할 수 있는 위치에 있는 등 일방이 상대방을 직접 또는 간접으로 지배하는 경우
  6. 구매자 및 판매자가 동일한 제3자에 의하여 직접 또는 간접으로 지배를 받는 경우
  7. 구매자 및 판매자가 동일한 제3자를 직접 또는 간접으로 공동지배하는 경우
  8. 구매자와 판매자가 「국세기본법 시행령」 제1조의2 제1항 각호의 어느 하나에 해당하는 친족관계에 있는 경우

소한 변경이 가해진 우회 물품을 판매하는 상사에 대해서는 사소한 변경인지를 인식했는지와는 무관하게, 정책적 관점에서 패널티 성격의 최고 덤핑률 부과는 불가피한 조치라고 본다. 다만 이를 명확하게 하기 위해서는 우회덤핑 마진을 규정하고 있는 시행령 제71조의 10에 이런 내용을 추가하는 것이 바람직하다.

한편 우회덤핑의 경우에도 무역위원회가 선정한 조사 대상 공급자가 아닌 자가 자발적으로 「조사 참여 신청서」를 제출할 수 있을까? 운영 규정 제37조에는 우회덤핑 조사의 경우에도 조사 참여 신청서 제출이 가능하다고는 되어 있다. 하지만 필자는 이 조항이 현행 제도상으로 크게 실익은 없을 것으로 본다. 이는 우리 법령에는 EU나 미국과 같은 국가 단위 조사나 면제 제도가 없으므로, 우회덤핑 조사 대상 공급자로 선정된 자가 아니라면 우회덤핑 조사를 받을 실익이 크지 않기 때문이다. 다만 향후 국가 단위 조사나 면제 제도가 도입되면, 조사 참여 신청서는 반드시 필요할 것으로 본다. 이 때문에 운영 규정에는 일단 조사 참여 신청서 조항을 삽입은 해 두었다.

참고로 조사개시 결정일과 조사개시일은 구분되는 개념이라는 점에 유의해야 한다. 즉, 조사개시 결정일은 조사개시를 내부적으로 결정한 날이고, 조사개시일은 조사개시 결정 사실을 관보에 게재한 날이다. 조사개시를 내부적으로 결정한 후 관보에 게재하려면, 영업일 기준으로 최소 5일이 필요하다. 즉, 관보게재 목표일로부터 늦어도 영업일 5일 전에는 조사개시 여부를 무역위원회 내부적으로 결정해야 한다. 보통 관보게재일에 기획재정부, 이해관계인, 조사 대상 공급자 등에게 통보하므로, 신청일 후 30일 기준으로 최소 5영업일 전에는 내부 결정을 마쳐야 한다. 예컨대 우회 조사 신청서가 3월 2일에 접수된 경우, 내부 결정은 늦어도 3월 26일에 완료해야만 영업일 기준으로 5일 이후인 31일에 관보 게재를 할 수 있다.

보통의 조사 절차는 관보에 게재하는 조사개시일을 기준으로 판단하지만, 이해관계자에게 통지하고 관보에 게재해야 하는 날의 기준은 조사개시 결정일이다. 즉, 조사개시 결정일로부터 10일 이내에 이해관계자에게 통지하고 관보에 게

재해야 한다. 실무적으로는 조사개시 결정일로부터 10일이 아니라 5영업일 내외의 기간에 관보게재와 이해관계인 통지를 마친다. 조사개시 결정 통지 대상자는 조사를 신청한 인, 공급국 정부, 공급자, 수입자 등 기타 이해관계인이다.

덤핑조사지원과는 공급자에게 조사개시를 통지하면서 동시에 질의서도 송부하게 된다. 통지 시 포함할 내용은 공급국 정부에 대해서는 조사개시 내용을 포함한 서한, 신청서 공개본, 조사개시 공고문, 조사개시 보고서 공개본, 알려진 공급자 리스트, 조사 참여 신청서 등이다. 조사 대상 공급자에 대해서는 조사개시 공고문, 신청서·증빙자료·사유서 공개본, 조사개시 보고서 공개본, 조사 참여 신청서, 질의서 등을 포함해서 통지해야 한다. 증빙자료 및 사유서가 비공개본일 경우에는 통지할 필요가 없다. 전술한 대로 이해관계인에 대해서는 조사개시 결정일부터 10일 이내에 우회덤핑 조사 대상 물품, 조사개시일 및 조사 대상 기간, 우회덤핑 조사 대상 공급자 등을 통보한다. 조사개시 결정 후에는 신청일로부터 30일^(추가 15일 연장 가능) 이내 기획재정부에게도 우회덤핑 조사 대상 물품, 우회덤핑 조사 대상 기간, 우회덤핑 조사 대상 공급자 정보를 포함함 조사개시 보고서를 송부해야 한다.^(시행령 제71조의 5, 제①항)

아울러 우회덤핑 조사개시를 관보에 게재할 때, 무역위원회는 보통 관보 게재 후 2주 이내 이해관계인임을 증명하는 서류를 첨부하여 이해관계인으로 등록하도록 명시한다. 무역위원회는 2주의 제출 시한을 경과하여 제출이 이뤄지더라도 조사에 방해되지 않는 한 가급적이면 이를 수용해야 한다.

시행령 제71조의 5, 제④항은 조사 대상 물품 선정 시 품목분류 등에 대해 관세청장과 협의할 수 있다는 조항이다. 사소한 변경이 품목분류와 밀접한 관련이 있다는 점을 고려할 때, 무역위원회 재량 사항이긴 하지만 실무적으로는 관세청과 협의를 진행하는 것이 바람직하다고 본다.

마지막으로 시행령에 규정되어 있지는 않지만, 조사 전 과정에서 적용되어야 할 몇 가지 원칙이 있다. 가장 핵심적인 원칙은 충분한 절차적 기회 보장이다. WTO 반덤핑 협정 제6.1조에는 이해당사자가 조사와 관련 있다고 간주하는 모

든 증거를 서면으로 제출할 수 있도록 충분한 기회를 보장해야 한다고 규정하고 있고, 제6.2조는 모든 이해당사자에게 조사의 전 과정에서 자신의 이익을 방어할 충분한 기회를 부여해야 한다고 규정하고 있다. 이 원칙은 우회덤핑 조사에도 그대로 적용된다고 본다.

무역위원회는 이에 따라 이해관계인에게 우회덤핑 조사 방식과 결정 등에 대한 의견 진술 기회를 부여하기 위하여 이해관계인 회의를 개최한다. 담당 조사관은 이해관계인 회의 개최 공문을 개최 최소 일주일 전에 송부한다. 이해관계인 회의는 신청인과 조사 대상 공급자를 별도로 개최할 수도 있고, 같이 개최할 수도 있다. 필자가 덤핑조사과장으로 있을 때에는, 상호 간 공방의 공정한 기회 보장을 위하여 보통 같이 개최하였다. 회의 참석 대상자는 이해관계인 회의에서 발언할 사항이나 제시할 의견을 회의 개최 2~3일 전까지 무역위원회에 서면 공개본·비공개본으로 제출하도록 요청한다. 조사 일정상 불가피한 경우는 하루 전까지 제출하도록 무역위원회가 안내한다. 이해관계인 회의 후 7일 이내에 서면 의견을 다시 제출할 수도 있다.

이해관계인 회의 참석 대상자는 원칙적으로 조사에 협조한 자이다. 조사에 협조하지 않은 자가 회의 참석을 요청하는 경우는 거의 없지만, 그럴 경우에는 회의 참석의 적절성을 검토하여 회의 참석 허용 여부를 결정한다. 다만 조사에 협조하지 않았다고 하더라도, 이해관계인이 회의 참석을 요청하는 경우에는 원칙적으로 무역위원회가 이를 거절하는 것은 바람직하지 않다.

두 번째 원칙은 증거와 의견의 서면 제출 원칙이다. WTO 반덤핑 협정 제6.3조에는 이해관계인이 조사 과정에서 구두로 제공한 정보가 조사에 고려되기 위해서는 서면으로 재작성 제출되어야 한다고 규정한다. 즉 조사 과정에 반영되기 위해서는 서면 자료 제출이 원칙이다. 셋째, 소규모 기업에 대한 배려이다. WTO 반덤핑 협정 제6.13조에는 조사 대상 기업이 특히 소규모 기업인 경우에는 요청받은 정보를 제출할 때 겪는 애로 사항을 적절히 고려하고, 가능한 모든 지원을 제공해야 한다. 넷째, 한글사용이 원칙이다. 즉, 구두나 서면으로 진행되

는 조사 전 과정에서 한글사용이 원칙이다.^(운영 규정 제14조 제①항) 다만 이해관계인 회의, 현지실사에서 외국인은 통역을 통해 진술할 수 있다.

참고로 덤핑방지관세 부과 신청·조사·판정에 관한 세부 운영 규정 제5조에는 기간의 계산 및 송달에 관한 규정이 있는데, 우회덤핑 조사에도 그대로 준용된다. 우선 기간의 계산은 민법 제157조, 제161조의 규정에 따른다. 민법 제157조에는 기간을 일, 주, 월 또는 년으로 정한 때에는 기간의 초일은 산입하지 아니한다. 그러나 그 기간이 오전 영시로부터 시작하는 때에는 그러하지 아니하다. 나아가 제161조에는 기간의 말일이 토요일 또는 공휴일에 해당한 때에는 기간은 그 익일로 만료한다고 규정한다. 문서 송달과 관련해서는 행정절차법 제14조^(송달), 제15조^(송달의 효력), 제16조^(기간·기한의 특례) 규정을 준용한다. 제14조에 따르면 송달은 우편, 교부 또는 이메일로도 가능하며, 제15조에 따르면 다른 규정이 있는 경우를 제외하고는 상대방에게 도달하면서 효력을 발생한다. 제16조는 천재지변이 발생한 경우에는 천재지변이 종료되는 날까지 기간의 도과가 정지된다.

(7) 관세법 시행령 제71조의 7 – 우회덤핑의 조사 절차

관세법 시행령 제71조의 7 ['26.1.2부터 법문의 기획재정부는 재정경제부로 변경]
우회덤핑의 조사 절차
본조신설 2024.2.29. 시행일 2025.1.1
① 법 제56조의2에 따른 우회덤핑의 사실에 관한 조사는 무역위원회가 담당한다. 이 경우 무역위원회는 필요하다고 인정되면 관계 행정기관의 공무원 또는 관계 전문가를 조사활동에 참여하게 할 수 있다.
② 무역위원회는 제71조의5제3항 전단 및 제71조의6제4항에 따른 관보게재일부터 6개월이내에 우회덤핑 여부에 관한 조사를 하여 그 결과를 기획재정부 장관에게 제출해야 한다.

> ③ 무역위원회는 제2항에 따른 조사 기간을 연장할 필요가 있거나 이해관계인이 정당한 사유를 제시하여 조사 기간의 연장을 요청하는 경우에는 1개월의범위에서 그 조사 기간을 연장할 수 있다.
> ④ 무역위원회는 제2항에 따라 조사 결과를 제출할 때 필요하다고 인정되면 기획재정부 장관에게 우회덤핑 사실이 확인된 물품에 대해 법 제56조의2에 따른 덤핑방지관세의 부과를 건의할 수 있다.
> ⑤ 기획재정부 장관은 제2항에 따라 조사 결과를 받은 경우에는 제71조의5제3항 전단 및 제71조의6제4항에 따른 관보게재일부터 8개월이내에 덤핑방지관세의 부과 여부 및 내용을 결정하여 법 제56조의2에 따른 덤핑방지관세를 부과해야 한다. 다만, 특별한 사유가 있다고 인정되는 경우에는 관보게재일부터 9개월이내에 덤핑방지관세를 부과할 수 있다.
> ⑥ 제1항부터 제5항까지에서 규정한 사항 외에 우회덤핑 조사 및 판정 절차와 우회덤핑 물품에 대한 덤핑방지관세의 부과에 필요한 사항은 무역위원회가 기획재정부 장관과 협의하여 고시한다.

시행령 제71조의 7은 우회덤핑 조사 절차에 대한 일반적 규정이다. **시행령 제71조의 7, 제①항**은 무역위원회가 우회덤핑 조사 권한을 보유하며, 조사 과정에서 관계 행정기관 공무원 혹은 전문가 참여가 가능하다는 조항으로 일반 반덤핑 조사 제도와 동일하다.[6] 간단한 조항처럼 보이지만 무역위원회가 우회덤핑 조사 권한을 보유한다는 문구 삽입에는 고통스러운 과정이 있었음을 밝힌다.

조사 절차상 가장 먼저 하는 행위는 질의서 발송이다. 우회덤핑의 표준질의서는 필자가 이미 완성해 두었으므로, 이를 활용해서 보내면 된다. 표준질의서는 조사 대상 국가·조사 대상 물품·조사 대상 기간·조사관 이름 등을 명기하여 공급국 정부 및 선정된 조사 대상 공급자에게 송부한다. 일반적으로 조사개시일

---

6 여담이지만 무역위원회가 우회덤핑 조사 권한을 보유한다는 조항은 제정 과정에서 관계부처와 심각할 실무적 갈등이 있었다.

시점인 관보 게재일에 질의서를 송부한다. 질의서에는 우회덤핑 조사의 취지를 설명하는 영문 표지 서한도 같이 작성하여 함께 송부한다. 질의서 송달은 외국 공급자에게 신속하고 정확하게 도달될 수 있도록 수신 여부를 확인할 수 있는 방법을 이용한다. 무역위원회의 해외 우편 송부는 DHL이나 FedEx보다는 우정사업본부의 EMS(국제특급우편) 서비스를 주로 사용하는데, 우편물 번호가 인쇄된 우편 신청서 사본을 증빙으로 보관하는 것이 좋다.

질의서에 대한 답변은 질의서 발송일로부터 40일 이상을 부여해야 한다.[7] 무역위원회는 조사 대상 공급자가 사유를 제시하여 답변서 제출 기한 연장을 요청할 경우, 일반적으로 3일 이내에서 답변 기한을 연장할 수 있다. 천재지변이나 이에 준하는 특별한 사유 외에 총연장 기한은 7일을 초과할 수 없다. 여기서 3일과 7일은 영업일 기준이 아니라, 달력일 기준이다. 미국의 경우에는 답변 기한을 넘겨 제출된 답변은 제출자에게 반환하고, 조사 대상 공급자가 답변하지 않은 것으로 취급되어[8] 이용가능한 자료(Facts Available; FA)를 적용할 수 있다. 무역위원회도 이와 같은 규정 도입을 검토할 필요가 있다고 본다.

정식 질의서 외에 답변 내용의 정보가 부족하거나 명확하지 않은 사항 등에 대해서는 보충 질의서(Supplementary Questionnaire)를 작성하여 발송한다. 보충질의에 대한 답변 기한은 조사 일정을 고려하되 통상 3일 내외를 부여한다. 보충질의는 답변서 제출 기회를 추가로 부여하는 것이 아니라 기존 제출된 답변서를 확인하는 절차이다. 무역위원회는 이와 같은 점을 명확히 공문에 적시하게 되는데, 이에 따라 보충 질의서에 따른 답변은 기존 답변을 교체하거나 수정하는 기회가 아님을 유의하자.

시행령 제71조의 7, 제②항은 우회덤핑 조사 기간인데, 조사개시 관보게재일

7　① 반덤핑 협정 제6.1.1조: 응답을 위해 질의서 접수일로부터 최소한 30일을 부여한다. ② 주석 15: 질의서는 응답자에게 발송되거나 또는 공급국의 적절한 외교 대표에게 전달된 날로부터 1주일 후에는 접수된 것으로 간주한다. 따라서 답변서 제출 기한은 최소 37일이다.

8　19 C.F.R. 351.302(d)(1)

로부터 6개월 이내에 우회덤핑 여부에 관한 조사를 마쳐야 한다는 조항이다. 일반적인 반덤핑 조사가 예비조사 5$^{(3+2)}$개월, 본조사 5$^{(3+2, 필요한 경우 2개월 추가 연장 가능)}$개월로 통상 10개월인 점을 감안하면 매우 짧은 시간에 조사를 마쳐야 함을 알 수 있다. WTO 반덤핑 협정 제5.10조에 따르더라도 반덤핑 조사는 특별한 상황을 제외하고는 1년 이내[9]에 종결되며, 어떠한 경우에도 개시 후 18개월을 초과해서는 안 된다. 앞에서 언급한 대로 EU는 우회덤핑 조사 기간이 반덤핑 조사 기간의 예비조사 기간인 9개월로 원심인 12개월보다 짧다. 원칙적으로 캐나다도 180일로 반덤핑 원심 조사 기간인 210일보다 짧다. 미국의 경우에만 반덤핑 원심 조사 기간인 280일보다 긴 300일이 원칙적인 우회덤핑 조사 기간이다. 우리나라 우회덤핑 조사 기간 6개월은 캐나다 모델을 그대로 따른 것이다.

다만, **시행령 제71조의 7, 제③항**에 따르면 우회덤핑 조사는 필요한 경우에는 1개월$^{('25.8 시행령 개정안에 따르면 2개월)}$ 내에서 조사 기간을 연장할 수 있다. 즉 무역조사실이 조사 기간을 연장할 필요가 있다고 판단하거나, 이해관계인이 정당한 사유를 제시하여 조사 기간의 연장을 요청하는 때에는 1개월$^{('25.8 시행령 개정안에 따르면 2개월)}$의 범위 내에서 연장할 수 있다. 조사 기간을 연장할 필요가 있을 때, 무역위원회는 기획재정부에 사전 통지해야 한다. 보통 원심 조사의 경우에도 기획재정부에 최소 1주일 전에 공문으로 통지하는데, 우회덤핑 조사도 마찬가지이다.

조사 기간을 연장하면 이해관계인으로 등록된 공급국 정부, 해외 생산자, 수입자, 수요자 등 이해관계인에게 서면으로 통지해야 한다.$^{(시행령 제71조의 11, 제②항 제2호 다목)}$ 다만 주의할 것은 시행령 제71조의 7, 제⑤항에 따르면 무역위원회가 7개월을 조사 기간으로 사용하면, 기획재정부 검토 기간은 2개월에서 1개월로 줄어든다는 점이다. 기획재정부는 무역위원회 결정에 따라 부과 규칙에 대한 법제처 협의, 입법예고 등을 거쳐야 하는데, 보통 1개월을 넘는 기간이 필요하다. 이에 따라 무역위원회가 7개월을 사용하면, 기획재정부는 9개월까지도 기간 연장이 가

---

[9] 재심사의 경우 '일반적(normally)으로 검토 개시일로부터 12개월 이내에 종결된다'로 규정되어 있어 재심사 기간도 1년을 초과할 수 있다. (협정 제11.4조)

능하므로 9개월까지 사용할 가능성이 높다.

　이렇게 되면 사소한 변경에만 한정하여 신속한 조사와 판정을 진행한다는 우회덤핑 방지 제도 도입 본래의 취지를 훼손할 여지가 크다. 이에 따라 무역위원회는 사소한 변경의 경우에는 원칙적으로 6개월 이내에 우회덤핑 조사를 완료하는 것이 바람직하다. 이 때문에 원래 필자는 연장 기간 1개월을 처음에는 삽입하지 않으려고 하였다. 하지만 조사 실무에서 어려움이 있을 가능성이 크고 다른 나라 사례에도 연장 가능 조항이 있다는 의견을 받아들여, 1개월 연장 조항을 삽입한 것이다. 참고로 EU는 우회덤핑 조사 연장 가능 조항이 없고, 미국은 65일^(본조사), 캐나다는 60일 연장이 가능하다. 우리나라는 사소한 변경에만 우회덤핑 적용 범위를 한정하였으므로, 연장 기간도 미국이나 캐나다보다 짧은 1개월로 설정해 두었다. 참고로 관세법 시행령 개정안^('25.8.12~9.22 입법 예고)에는 제3국 조립 또는 완성이 추가되면서 기존의 무역위원회와 기획재정부 연장 기간 1개월을 모두 2개월로 변경하였다. **시행령 제71조의 7, 제④항**은 우회덤핑 조사 결과 기획재정부 장관에게 덤핑방지관세 부과를 건의할 수 있는 권한을 규정한 것이다. 이는 반덤핑 조사 결과 무역위원회가 기획재정부에 관세 부과를 건의할 수 있는 관세법 시행령 제61조 제⑨항과 유사하다.

　시행령 제71조의 7, 제⑤항은 무역위원회의 건의를 받은 기획재정부가 조사 개시 관보 게재 후 8개월 이내에 부과 여부 및 내용을 결정해야 한다는 조항이다. 즉, 무역위원회가 조사를 6개월 이내에 마치고 조사 결과를 기획재정부에 보냈다면, 기획재정부는 2개월 이내에 부과 여부 및 내용을 결정해야 한다. 전술한 대로 만약 무역위원회가 7개월 이내에 조사를 마쳤다면 기획재정부가 1개월 이내에 부과 규칙을 위한 입법 예고, 관계 부처 협의 등을 모두 마치는 것은 사실상 어렵다. 이에 따라 시행령에 기획재정부가 추가로 1개월을 더 연장해서 결정할 수 있도록 규정해 둔 것이다. 참고로 관세법 시행령 개정안^('25.8.12~9.22 입법 예고)에는 추가로 2개월 연장이 가능^(8개월→9개월, 9개월→10개월)한 것으로 변경되었다.

　시행령 제71조의 7, 제⑥항은 조사 및 판정과 관련된 절차 등 세부 사항은 운영 규정으로 정할 수 있도록 규정한 내용이다. 운영 규정에 대한 상세 내용은 후술한다.

(8) 관세법 시행령 제71조의 8 – 우회덤핑 조사신청의 철회 및 종결

> **관세법 시행령 제71조의 8** ['26.1.2부터 법문의 기획재정부는 재정경제부로 변경]
> **우회덤핑 조사신청의 철회 및 종결**
>
> 본조신설 2024.2.29. 시행일 2025.1.1
>
> ① 제71조의4제1항에 따라 우회덤핑 해당 여부의 조사를 신청한 자는 그 신청을 철회하려는 경우에는 제71조의7제2항에 따라 무역위원회가 조사 결과를 제출하기 전까지 그 뜻을 적은 서면을 무역위원회에 제출해야 한다. 이 경우 무역위원회는 기획재정부 장관 및 관계 행정기관의 장과 협의하여 제71조의5제1항에 따른 조사개시 여부의 결정을 중지하거나 제71조의7제2항에 따른 조사를 종결할 수 있다.
> ② 무역위원회는 제71조의6에 따라 개시된 조사를 더 이상 진행할 필요가 없는 경우에는 기획재정부 장관 및 관계 행정기관의 장과 협의하여 그 조사를 종결할 수 있다.

시행령 제71조의 8에서는 우회덤핑 조사신청의 철회 및 종결에 대한 조항이다. 원심 반덤핑 조사에서는 신청 철회 요건이 두 가지로 구분된다. 즉 예비조사 결과 제출 전에는 무역위원회가 기획재정부 장관 및 관계 행정기관장과 협의하여 개시 결정 중지 또는 예비조사를 종결한다.(시행령 제62조 제①항) 예비조사 결과 제출 후에는 기획재정부 장관이 무역위원회 및 관계 행정기관장과 협의하여 조사를 종결한다.(시행령 제62조 제①항 및 제②항) 다만, 철회 사유가 부당하다고 판단되는 경우에는 예비·본조사 종료 시까지 조사 종결 여부 결정을 유보하는 것이 가능하다.(시행규칙 제14조 제②항)

우회덤핑의 경우에는 예비조사와 본조사의 구분이 없기 때문에, 예비조사 후와 본 조사 후로 철회 여부 결정 기관이 다른 원심 반덤핑 조사와 달리 **시행령 제71조의 8, 제①항**에 따라 무역위원회가 조사신청의 철회를 결정한다. 이때 무역위원회는 기획재정부 장관과 관계 행정기관의 장과 협의한 후에 조사 중지 여

부를 결정한다.

철회 신청에 대해 수락할지 여부를 결정한 후 무역조사실은 그 내용을 통지해야 한다. 조사개시 결정 이전에는 조사 신청 물품의 공급국 정부에 통지해야 하고, 조사개시 결정 이후에는 조사 대상 물품의 공급국 정부와 조사 대상으로 선정된 공급자 등에게 통지한다. 조사 결과를 기획재정부에 제출한 이후는 문안상으로는 조사신청 철회가 가능하지 않다. 즉 시행령 문안에는 "조사 결과를 제출하기 전까지" 서면 신청서를 무역위원회에 제출하여야 하고, 조사 결과 제출 이후에는 철회 관련 규정이 없다. 즉, 우회 조사 결과를 무역위원회가 기획재정부에 제출한 이후에는 신청 철회가 가능하지 않다.

철회 신청을 수락할지에 대한 판단기준은 일반 덤핑 조사와 동일하다. 즉, 철회 신청 수락 여부 검토 시 무역위원회는 다음과 같은 요소들을 종합적으로 고려하여 판단한다. 첫째, 철회서 제출이 조사절차 진행을 심히 저해하는 시기에 이루어졌는지, 둘째, 신청인과 조사 대상 공급자가 우회덤핑 제소를 이용하여 가격담합 등 자유경쟁을 부당하게 저해하는 행위를 통해 철회요청을 하는 정황이 있는지, 셋째, 신청인이 조사신청 및 철회를 반복하는 등 부당하게 우회덤핑 제도를 남용하는 정황이 있는지, 기타 무역위원회가 철회 사유가 부당하다고 인정하는 사유가 있는지 등이다. 둘째 요건의 담합 행위 정황은 혹시라도 담합과 관련된 정황이 있는지 등을 검토하는 것이지, 공정거래위원회에 공문 등의 협조를 통해 담합 여부를 공식적으로 파악하라는 뜻은 절대 아니다.

시행령 제71조의 8, 제②항은 직권조사의 경우에 무역위원회는 조사 진행이 필요 없다고 판단할 경우에는 직권으로 조사를 종결할 수 있다는 조항이다. 물론 이 과정에서도 기획재정부 장관 및 관계 행정기관의 장과 협의는 진행해야 한다. 이 조항은 우회덤핑 조사에 직권조사가 포함되어 있기 때문에 삽입된 규정으로, 원심 반덤핑 조사 조항에는 유사 조항이 없다. 필자는 직권조사이기 때문에 조사를 직권으로 철회하기 위한 상세 요건을 별도로 규정하는 것은 불요하다고 생각하여, 상세 절차는 규정하지 않았다.

(9) 관세법 시행령 제71조의 9 – 우회덤핑과 관련한 이해관계인에 대한 자료협조 요청 등

> **관세법 시행령 제71조의 9**
> **우회덤핑과 관련한 이해관계인에 대한 자료협조 요청 등**
>
> 본조신설 2024.2.29. 시행일 2025.1.1
>
> ① 우회덤핑과 관련한 이해관계인에 대한 자료협조요청에 관하여는 제64조를 준용한다. 이 경우 제64조제1항 본문 중 "법 제52조의 규정에 의한 조사"는 "법 제56조의2에 따른 우회덤핑 조사"로 보고, 같은 항 단서 중 "덤핑사실여부"는 "우회덤핑여부"로 보며, 같은 조 제2항 중 "제59조제6항"은 "제71조의4제1항"으로 보고, 같은 조 제5항 중 "법 제52조의 조사"는 "법 제56조의2에 따른 우회덤핑 조사"로 보며, 같은 조 제7항 전단 중 "제59조제6항"은 "제71조의4제1항"으로, "제1항, 제8항 후단 및 제68조에 따라 제출 또는 통보된 자료"는 "제1항 및 제8항 후단에 따라 제출된 자료"로 보고, 같은 조 제8항 전단 중 "공청회 등을 통해 의견"은 "의견"으로 보며, 같은 항 후단 중 "공청회 등이"는 "진술 또는 협의가"로 본다.
>
> ② 관세청장은 제71조의6제1항 및 제2항에 따른 우회덤핑 여부 검토를 위해 필요하다고 인정되면 관계 행정기관, 국내 생산자, 수입자 및 국내 이해관계인에게 관계 자료의 제출 등 필요한 협조를 요청할 수 있다.
>
> ③ 관세청장은 제2항에 따라 제출된 자료 중 성질상 비밀로 취급하는 것이 타당하다고 인정되거나 자료제출자가 정당한 사유를 제시하여 비밀로 취급해 줄 것을 요청한 자료에 대해서는 해당 자료를 제출한 자의 명시적인 동의 없이 이를 공개해서는 안 된다.
>
> ④ 관세청장은 제2항에 따라 취득한 자료, 정보 및 인지한 사실을 다른 목적으로 사용할 수 없다.

시행령 제71조의 9, 제①항은 우회덤핑 조사와 관련된 이해관계인의 자료협조 요청 관련 내용이다. 기본적으로는 원심의 반덤핑 조사 과정에서 이해관계인의 자료협조 요청을 규정한 제64조를 준용한다. 예컨대 비밀 자료가 포함된 자

료는 보통 비공개본으로 분류하고, '영업상 비밀', 'Business Proprietary'[10] 또는 '비공개본'이라고 표기해야 한다.^(운영 규정 제12조 제①항) 비밀 자료가 담기지 않은 자료는 공개본으로 표기하는데, 다른 이해관계인에게 제공하기 위한 것으로서 영업상 비밀이 아닌 요약서 정도의 개념이다.^(협정 제6.5.1조, 시행령 제64조 제③항, 제71조의 9 제①항) 공개본을 제출할 수 없을 때에는 그 사유를 기재한 서류를 제출하여야 한다.^(시행령 제64조 제③항, 제71조의 9 제①항) 이때 무역위원회 또는 기획재정부는 공개본 제출을 요구할 수도 있다.^(시행령 제64조 제③항, 제71조의 9 제①항)

조사 대상은 우회덤핑 조사 대상 물품의 공급자인데, 만약 제3국 조립 또는 완성을 우회의 유형으로 신설할 경우 조사 대상 물품의 부품 또는 원재료 공급자도 포함하는 것이 바람직하다. 자료 제출자는 비공개본 3부와 공개본 3부를 무역조사실에 제출하고, 무역조사실은 이해관계인이 공개본을 열람할 수 있도록 비치한다. 실무적으로는 보통 이메일로 먼저 제출하고, 인쇄된 자료는 나중에 무역조사실에 제출한다. 참고로 미국은 상무부와 ITC에서 행정 보호 명령(Administrative Protective Order: APO) 절차를 거쳐 허가한 비밀 자료를 허용된 자에게만 제한된 방법으로 공개한다.

원래 71조의 9, ①항 초안에는 64조를 준용한다는 단순한 규정만 있었다. 하지만, 우회덤핑 조사는 원심 반덤핑 조사와 달리 공청회 규정이 없다. 공청회 규정이 없어지면서, 현재와 같이 복잡한 문안이 된 것이다.

시행령 제71조의 9, 제②항은 관세청의 요청으로 삽입된 규정이다. 이 규정에 따르면 관세청은 우회덤핑 조사 과정에서 필요하다고 판단할 경우, 관계행정기관은 물론 국내 생산자, 수입자 및 국내 이해관계인에게 자료협조 요청을 할 수 있다. 동 조항에 대해서는 무역위원회와 관세청 상호 간에 상당한 진통이 있었는데, 그 과정을 상세히 서술하기는 어려울 것 같다. 하여튼 관세청은 동 조항의 삽입으로 해외 생산자나 해외 이해관계인이 아니라 국내 생산자, 국내 수입

---

10 동 용어는 『덤핑방지관세 부과 신청, 조사, 판정에 관한 세부 운영』 상의 표기이며, 통상 "Confidential"이라는 용어로 사용되고 있다.

자 혹은 국내 이해관계인에 대한 자료협조 요청을 할 수 있게 되었다. 이 조항이 조사 권한을 부여한 것은 아니지만, 실제 운영 과정에서는 조사와 비슷한 형태로 운용될 것으로 본다.

시행령 제71조의 9, 제③항은 관세청이 제②항의 협조 요청으로 취득한 비밀 자료는 당사자의 동의 없이는 공개해서는 안 된다는 조항이다. WTO 반덤핑 협정 제6.5조와 원심의 반덤핑 조사에도 이와 유사한 조항^(시행령 제64조 제②항)이 있는데, 관세청이 자료협조 요청의 주체로 새로 삽입되면서 이 조항도 새로 삽입된 것이다. 시행규칙 제20조의 4에는 비밀 자료의 예로서 제조원가, 공표되지 않은 회계자료, 거래선의 성명·주소 및 거래량, 비밀정보 제공자에 관한 사항, 기타 비밀로 취급하는 것이 타당하다고 인정되는 자료 등이 열거되어 있다. 문안의 해석상 열거된 사항과 관련되어 있지 않으면 비밀 자료가 되지 않으나, 마지막 기타 조항 때문에 실무적으로는 사실상 거의 모든 내용이 비밀정보로 분류가 가능하다.

시행령 제71조의 9, 제④항도 원심의 반덤핑 조사에 적용되는 규정^(시행령 제64조 제⑥항)을 그대로 끌고 온 것이다. 이 조항은 반덤핑 조사 실무에서 매우 활발하게 적용되는 조항 중의 하나이다. 즉, 외부 기관에서 무역위원회가 조사 과정 중 취득한 자료에 대한 공개를 요청할 때, 시행령 제64조 제③항과 제⑥항을 근거로 무역위원회는 자료 공개를 통상적으로 거부한다.

아울러 이 조항이 형사 절차와 관련된 정보 요청에도 적용되는지에 대한 논란도 있다. 즉, 범죄 행위 소명을 위해서 무역위원회나 관세청이 조사 과정에서 취득한 정보를 사용할 수 있느냐 하는 이슈가 있다. 하지만 필자는 시행령 문구 그대로 해석하여 비록 범죄 행위 소명을 위해서라도 무역위원회나 관세청이 조사나 검토 과정에서 취득한 정보를 다른 목적을 위해 사용하는 것은 법령의 취지상 허용되지 않는다고 생각한다. 만약 범죄 행위 소명을 위해서 필요한 경우에 조사나 검토 과정에서 취득한 정보를 사용할 수 있다고 동 조항을 해석하게 되면, 조사나 검토 대상자가 중요한 정보를 제출하지 않을 가능성이 높다. 나아가 만약 범죄 행위 소명을 위해서 조사나 검토 과정에서 취득한 정보의 사용이 가

능하다면, 시행령 문구에 그 취지를 명확히 서술했어야 했다. 하지만 그런 내용이 없으므로, 동 조항은 어떤 경우에도 무역위원회나 관세청은 조사나 검토 과정에서 취득한 정보를 조사나 검토 이외의 다른 목적으로 사용되는 것은 금지된다고 해석하는 것이 합리적이다.

(10) 관세법 시행령 제71조의 10 - 우회덤핑에 대한 덤핑방지관세의 부과

> 관세법 시행령 제71조의 10
> **우회덤핑에 대한 덤핑방지관세의 부과**
>
> 본조신설 2024.2.29. 시행일 2025.1.1
>
> ① 법 제56조의2에 따른 우회덤핑 물품에 대한 덤핑방지관세의 부과는 법 제51조 및 이 영 제65조에 따라 해당 덤핑방지 관세물품에 적용되는 공급자 또는 공급국별 덤핑방지 관세율이나 기준 수입가격에 따른다. 다만, 정당한 사유 없이 제71조의9 제1항에 따라 준용되는 제64조 제1항에 따른 자료 제출 요청에 응하지 않거나 같은 조 제4항에 따라 자료의 공개를 거부하는 경우 또는 그 밖의 사유로 조사 또는 자료의 검증이 곤란한 공급자에 대해서는 덤핑 방지 관세 물품에 부과되는 덤핑 방지 관세율 또는 기준 수입 가격을 초과하지 않는 범위에서 별도로 정하여 부과할 수 있다.
>
> ② 법 제56조의2제3항에 따른 우회덤핑에 대한 조사의 개시일은 제71조의5제3항 전단 및 제71조의6제4항에 따른 관보게재일로 한다.

시행령 제71조의 10은 우회덤핑 판정에서 가장 핵심적인 조항이다. 즉, 이 조항은 우회덤핑 판정 후에 어떤 덤핑률을 적용할지에 대한 규정이다. **시행령 제71조의 10, 제①항** 전단은 문구가 어렵게 규정되어 있는데, 쉽게 말하면 우회덤핑률은 원심 덤핑률과 같다는 조항이다. 즉 A 수출자가 m%의 원심 덤핑률, 혹은 n 가격의 기준 수입 가격을 부과받은 후 우회 조사를 받았다면, 이 A 수출자의 우회덤핑률은 원심 덤핑률과 동일한 m% 혹은 n 가격의 기준 수입 가격이다.

우회 조사 대상자가 원심 조사 대상자가 아니면, 원심에서 결정된 그 밖의 공급자 덤핑률이 우회 덤핑률이 된다.

이 조항과 관련하여 우회덤핑 시행령 공청회 과정에서 질의가 상당히 많았다. 즉 우회덤핑 긍정 판정을 받은 경우에는, 패널티 성격의 높은 관세율을 부과받아야 한다는 취지의 질문이 대부분이었다. 이는 우회덤핑을 일종의 범죄 행위로 간주해야 한다고 암묵적으로 전제하는 것이다. 특히 사소한 변경의 경우에는 수출자가 원심 덤핑을 회피하려는 명확한 "의도(mens rea)"를 가지고 있다고 볼 수도 있다. 따라서 상식적으로만 판단하면 우회덤핑 긍정 판정의 경우에는 원심보다 높은 관세율을 부과하는 것이 정당화될 여지가 전혀 없다고 보지는 않는다.

하지만 WTO 반덤핑 협정 제9.3조에서는 반덤핑 관세 부과 금액이 덤핑마진을 초과해서는 안 된다는 규정이 있다.[11] 나아가 사소한 변경의 우회덤핑 조사에서 긍정 판정이 났다면, 무역위원회가 해당 물품은 원심의 조사 대상 물품과 "본질적으로" 동일하다고 판단했다는 뜻이다. 그런데 단지 우회 긍정 판정이 났다고 해서, 원심 조사 대상 물품과 본질적으로 동일한 물품에 대해 원심 덤핑마진 이상으로 덤핑 관세를 부과하는 것은 WTO 반덤핑 협정 제9.3조의 취지에 부합할까?

필자는 아니라고 생각한다. 즉, 반덤핑 협정 제9.3조에 따라 사소한 변경의 우회 긍정 판정의 경우에는 원심 덤핑마진을 초과하여 부과해서는 안 된다. 미국도 해당 우회 수출자가 최초 원심의 조사 대상이 아닌 경우 우회 긍정 판정을 받았다면, 덤핑마진율 혹은 상계관세율 중 그 밖의 공급자 덤핑마진율이나 그 밖의 상계관세율을 사용한다. 이는 원심에서 해당 우회 수출자가 덤핑마진이나 상계관세율을 부여받지 않았으므로, 조사 대상이 아닌 그 밖의 공급자로 간주할 수 있기 때문이다.

혹자는 미국이 우회덤핑 수출자에 대해 무조건 최고율을 부과한다고 생각

---

11 Agreement on Implementation of Article VI of the General Agreement on Tariffs and Trade 1994, Article 9.3: The amount of the anti-dumping duty shall not exceed the margin of dumping as established under Article 2.

하는데, 이는 사실이 아니다. 다만, 미국의 경우는 국가 단위 방식(country wide)으로 우회 조사를 실시하고 이를 부과할 때,[12] 해당 국가가 중국과 같은 비시장 경제(Non-market Economy, NME)인 경우에는, 원심 조사 대상 업체가 아니라면 우회 긍정 판정을 받았을 때 개별 덤핑마진이 아니라 그 밖의 공급자 덤핑마진인 기타율, 즉 해당 국가 전체에 부과되는 덤핑마진을 적용한다. 보통 비시장 경제에 국가 단위(country wide entity)로 부과하는 덤핑마진은 개별 덤핑마진 조사를 신청하고 부과받은 덤핑마진보다 훨씬 높기 때문에, 중국과 같은 비시장 경제의 우회덤핑 행위에 대해서 미국이 최고율을 부과하는 것처럼 보인다.

그러나 이는 개별 덤핑마진을 부과받지 않은 우회 수출자에 대해 개별율이 아닌 그 밖의 공급자율인 기타율을 적용한다는 원칙에 따른 것이다. 다만 중국과 같은 비시장 경제 국가(NME)의 그 밖의 공급자율인 기타율이 개별 사건에서 최고율로 산정될 뿐이다. 즉 국가 단위로 우회 조사를 수행하고 NME가 개입된 경우라면 개별 조사 기업이 아예 없는 경우이므로, NME 원심의 최고율인 기타율이 자동으로 국가 단위 우회덤핑 마진이 된다. 요컨대 만약 비시장 경제에서 개별 덤핑마진을 부과받은 수출자가 국가 단위가 아닌 우회 조사에서 우회 긍정 판정을 받았다면, 원칙적으로 해당 수출자의 우회덤핑 마진은 해당 기업의 덤핑마진이 된다. 만약 비시장 경제가 개입된 사건의 국가 단위 조사에서 우회 긍정 판

---

12 19 CFR 351.226(m) Applicability of circumvention determination; companion orders -
   (1) Applicability of circumvention determination. In conducting a circumvention inquiry under this section, the Secretary shall consider, based on the available record evidence, the appropriate remedy to address circumvention and to prevent evasion of the order. Such remedies may include:
     (i) The application of the determination on a producer-specific, exporter-specific, importer-specific basis, or some combination thereof;
     (ii) The application of the determination on a country-wide basis to all products from the same country as the product at issue with the same relevant physical characteristics, (including chemical, dimensional and technical characteristics), regardless of producer, exporter, or importer of those products;
     (iii) The application of the determination on a country-wide basis to all products from the same country as the product at issue with similar relevant physical characteristics, (including chemical, dimensional and technical characteristics), regardless of producer, exporter, or importer of those products; and
     (iv) The implementation of a certification requirement under 19 CFR 351.228.

정이 나왔다면, 개별 조사 기업이 없으므로 해당 사건의 모든 수출자의 우회덤핑 마진은 원심에서 최고율인 그 밖의 공급자 덤핑마진인 기타율이 된다. 비시장경 제에서 기타율은 해당 사건에서 가장 높은 덤핑마진이 부과되므로, 마치 최고율 을 작정하고 부과한 것처럼 보일 뿐이다.

실제 사례를 소개하면, 미국 상무부는 냉난방기의 냉매로 사용되는 물질인 튀르키예산 R-410B가 반덤핑과 상계관세의 대상이었던 중국산 수소 불화 탄소 (Hydrofluorocarbon, HFC) 구성 물질인 R-32 (difluoromethane)와 R-125 (pentafluoroethane)를 사용하여 미국 내에서 사소하게 변경하였다고 판단하고, 튀르키예에게 2023년 7월 7일에 국가 단위의 우회 조사를 실시하였다. 미국은 우회 조사 끝에 튀르키예에게 중국 국가 단위의 덤핑률인 216.37%를 부과하였는데, 이는 튀르키예 우회 조사 대상자가 원심의 우회 조사 대상자가 아니었기 때문이었다.[13] 다시 말해 미국 상무부는 튀르키예에게 우회 조사에서 원심의 최고 덤핑률을 부과한 것이 아니라, 튀르키예의 우회 생산자가 원심의 해당 생산자나 수출자가 아니었으므로, (혹은 같을 리가 없기도 하므로) 그 밖의 공급자 덤핑마진으로 원심 최고 덤핑마진인 중국의 국가 단위 덤핑률을 사용한 것이다. 만약 튀르키예 수출자가 이에 해당하지 아니하면, 개별적인 인증을 받아서 216.37%의 우회덤핑률을 부과받지 않으면 된다.

< R-32와 R-125의 원심 덤핑마진율 판정 >

원심 물품(부과 시점)	수출자	생산자	덤핑마진
HFC (2016. 8.19)	T.T. International Co., Ltd	Sinochem Environmental Protection Chemicals (Taicang) Co., Ltd	101.82
	...	...	101.82
	T.T. International Co., Ltd	Zhejiang Lantian Environmental Protection Fluoro Material Co. Ltd	
	PRC – Wide Entity		216.37

출처: Federal Register, 2016.8.19.(A-570-028)

---

13 A-570-028, Cash Deposit Instructions, 2024.7.16

물론 우회덤핑 규정이 반덤핑 협정에 없기 때문에, 어떤 덤핑마진을 사용하더라도 WTO 규정에 위배되지 않는다고 주장할 수도 있다. 그러나 우회덤핑이 원심 조치를 우회하는 행위라는 점을 고려하면, 우회 행위에 대한 덤핑마진의 원칙도 WTO 반덤핑 협정의 기본 취지에는 부합하는 것이 바람직하다.

그렇다고 한국의 우회 방지 제도에 자료 제출을 하지 않은 우회 물품 공급자에게 불리한 조항이 전혀 없는 것은 아니다. 우리 관세법 시행령에 따르면 개별 덤핑마진을 받지 않은 그 밖의 공급자인 우회 수출자가 조사에 응하지 않는 등의 경우에는 불리한 가용정보(Adverse Facts Available, AFA)를 사용할 수 있다. 다시 말해 필자는 **시행령 제71조의 10, 제①항 후단**에 우회 조사에 협조하지 않는 그 밖의 공급자가 있는 경우에는, 원심 덤핑률 중 최고 덤핑률을 부과할 수 있게 규정해 두었다. 유의할 점은 현행 규정에 따르면 해당 원심 판정의 동일 국가 덤핑마진 중 최고를 가져와야지, 다른 원심 판정이나 다른 국가의 덤핑마진을 가져올 수는 없다는 것이다. 즉, 우회 수출자의 불리한 가용 정보에 따른 최고 덤핑률은 해당 원심의 동일 국가에서 판정이 난 최고 덤핑마진만 사용이 가능하다. 다만 제3국 조립 또는 완성이 추가되는 경우에는 다른 국가의 덤핑마진을 가져올 수 있도록 법령을 개정할 필요는 있다. 이에 대해서는 후술한다.

한편 필자는 개별 덤핑률을 부과받지 않는 기타 공급자에게는 불리한 가용 정보(AFA)를 적용할 수 있는 요건을 WTO 규정보다는 완화하여 규정하였다. WTO 반덤핑 협정에서는 가용 정보를 이용할 수 있는 요건을 정보 접근 거부, 정보 미제공, 그리고 조사 방해 등 3가지로 한정해 두었다. 하지만 우리 우회덤핑 규정에서는 자료 제출 요청에 미응답, 자료 공개 거부 혹은 "그 밖의 사유로 자료 검증이 곤란한 경우"로 범위를 넓혔다. 이는 그 밖의 공급자에 대해 최고 덤핑률 부과를 위한 AFA 재량의 요건을 WTO 규정보다 넓힌 것이다. 해석상으로 WTO 규정의 요건을 따라야 한다는 주장도 있을 수 있으나, WTO 반덤핑 협정 제9.3조는 개별율을 받은 공급자에게만 적용된다는 점, 사소한 변경의 패널티 성격의 필요성 등을 고려할 때 최소한 개별 덤핑률을 부과받지 않는 기타 공급

자가 자료 제출에 응하지 않았을 경우 등에는 최고율을 부과할 수 있도록 재량의 범위를 넓히는 것이 법리상으로는 큰 문제가 없다고 생각한다.

그런데 우회 수출자가 원심에서는 그 밖의 공급자로 개별율을 받지 않고 AFA를 받으면 최고율을 부과받을 수 있지만, 만약 원심의 조사 대상자가 우회 조사 대상자로서 AFA를 받으면 원심의 개별율이 아닌 최고율을 부과받을 수 있을까? 예컨대 원심에서 A 회사의 반덤핑 관세율은 25%, B 회사의 반덤핑 관세율은 17%, 그 밖의 공급자인 기타 회사는 19%의 반덤핑 관세율을 맞았다고 가정해 보자. A 회사가 만약 우회 조사를 받고 우회 긍정 판정을 받았다면, 25%의 원심 반덤핑 관세율이 우회 물품에도 적용된다. 전술한 대로 기타 회사인 C 회사가 만약 자료 제출에 응하지 않았다면, AFA를 받아 25%의 반덤핑 관세율을 우회 물품에 적용할 수 있다. 이 경우 재심에서 C 회사는 25%의 우회덤핑률이 개별 덤핑률로 전환된다. 그런데 원심에서 조사를 받은 B 회사가 자료 제출을 하지 않아 AFA를 적용할 수 있을 때, B 회사의 우회덤핑률은 얼마가 될까?

시행령 문안에는 자료 제출을 거부할 경우, 원심에서 부과된 최고 관세율을 부과할 수 있다고 규정한다. 이 문안에 따르면 B 회사는 25%의 우회덤핑률을 부과받을 수 있을 것처럼 보인다. 하지만 앞서 말한 대로 WTO 반덤핑 협정문 제9.3조에는 덤핑마진 이상의 개별 마진율을 부과할 수 없다는 규정이 있다. 즉 B 회사의 개별 마진율 이상으로 덤핑마진율을 부과하는 것은 WTO 협정 위반이다. 물론 우회덤핑 규정이 WTO에 없기 때문에, WTO 반덤핑 협정이 적용되지 않는다고 주장할 수도 있다. 하지만 사소한 변경에 따른 우회덤핑의 경우, 우회덤핑 조사는 원심의 조사 대상 물품을 확대한다는 차원에서만 적용된다. 이 때문에 B 회사의 개별 관세 부과율이 덤핑마진과 일치한다면 B 회사의 우회덤핑률은 덤핑마진을 초과해서는 안 된다. 따라서 이 경우 B 회사의 우회덤핑률은 AFA가 적용되고 최고 관세율이 25%임에도 불구하고 17%이다.

< 사소한 변경 사례 ① >

	반덤핑 관세율	덤핑마진	산업피해율 I
A 회사	25%	25%	30%
B 회사	17%	17%	30%
기타 회사(C, D, E.)	19%	19%	30%

- A 회사에 대해 우회 판정이 나왔다면, 기존 (원심) 개별 덤핑률인 25% 부과
- C 회사에 대해 우회 판정이 나왔다면, 기존 (원심) 가중평균 덤핑률인 17% 부과
- C 회사가 정당한 사유 없이 제71조의 9 규정에 따른 자료를 제출하지 아니하는 경우 등에는 25%를 초과하지 않는 범위 내에서 단일 관세율 또는 가격을 정하여 부과 가능
- B 회사가 정당한 사유 없이 제71조의 9 규정에 따른 자료를 제출하지 아니하는 경우 등에는 25%를 초과하지 않는 범위 내에서 단일 관세율 또는 가격을 정할 수 있으므로 25% 부과 가능? ⇨ 아니다. 17%이다.

그런데 만약 원심의 산업피해율이 15%로 최소부과 규칙(Lesser Duty Rule, LDR)[14]이 적용되었다고 가정해 보자. 이때 B 회사의 덤핑마진은 17%였지만 LDR이 적용되면서, 부과 관세율은 산업피해율과 같은 15%로 되었다. 그런데 새로운 우회조사가 실시되었고, B 회사는 자료협조에 응하지 않아 AFA를 적용할 수 있게 되었다. 이 경우 B 회사의 우회덤핑률은 얼마가 될까? 이 경우 WTO 반덤핑 협정 제9.3조에 따르면 덤핑마진을 초과하지 않는 범위인 17%까지 부과할 수 있을까? 이 규정만 보면 당연히 가능하다. 하지만 우리나라는 관세법 시행령 제65조 제①항에 따라 최소부과 규칙이 의무 조항이다. 즉 반덤핑 관세율은 산업피해율을 절대 초과할 수 없다. 다시 말해 이 경우에도 B 회사는 원심 반덤핑 관세율과 같은 15%가 우회 조사에서도 적용된다.

---

14 덤핑마진율보다 산업 피해율이 낮은 경우에는 산업 피해율을 적용한다는 원칙으로, WTO 반덤핑 협정에는 권고 규정으로 되어 있지만 우리나라에서는 관세법 시행령 제65조 제①항에 따라 의무적으로 적용한다.

< 사소한 변경 사례 ② >

	반덤핑 관세율	덤핑마진	산업피해율 II
A 회사	15%	25%	15%
B 회사	15%	17%	15%
기타 회사(C, D, E.)	15%	19%	15%

- A 회사에 대해 우회 판정이 나왔다면, 기존 (원심) 개별 덤핑률인 15% 부과
- C 회사에 대해 우회 판정이 나왔다면, 기존 (원심) 가중평균 덤핑률인 15% 부과
- C 회사가 정당한 사유 없이 제71조의 9 규정에 따른 자료를 제출하지 아니하는 경우 등에는 15%를 초과하지 않는 범위 내에서 단일 관세율 또는 가격을 정하여 부과 가능. 다만, 최소부과 규칙을 개정하면 25%까지도 부과 가능
- B 회사가 정당한 사유 없이 제71조의 9 규정에 따른 자료를 제출하지 아니하는 경우 등에는 17% 부과 가능? ⇨ 아직은 아니다, 15%이다. 다만 최소부과 규칙을 개정하면 17%로 부과 가능하다.

자료를 내지 않았음에도 불구하고 아무런 벌칙도 없이 원심 덤핑률을 그대로 적용받는 것에 대해 매우 불편한 생각이 들 수도 있다. 하지만 사례 ①에서는 아무리 감정적으로 불편하지만, 사소한 변경이라는 특성을 고려한 논리적인 전개상 비록 AFA를 적용받는다 하더라도 원심 반덤핑 관세율을 초과한 우회덤핑률은 합리적이지 않다. 왜냐하면 WTO 협정상 동일 기업이 사실상 동일 물품에 대해 자신의 개별 덤핑마진을 초과한 덤핑 방지 관세율을 적용받을 수 없기 때문이다.

다만 사례 ②에서는 덤핑마진을 초과하지 않는 범위 내에서는 AFA의 벌칙 조항을 적용하는 것에는 아무런 문제가 없다고 본다. 왜냐하면 B 기업의 반덤핑 관세율은 최소 부과 규칙 때문에 개별 덤핑 마진보다 낮게 적용된 수준이기 때문이다. 즉, B 회사의 덤핑마진은 17%임에도 불구하고, 부과된 반덤핑 관세율 15%는 최소부과 규칙 때문에 정해진 수준이다. 이에 따라 B 회사는 17%까지 반덤핑 관세율을 올려서 적용할 수 있다. 이 점에서 필자는 최소부과 규칙은 우

우회덤핑 방지 제도 해설書 - 이원희 著
한국 우회덤핑 방지 제도 설계자의 해설書

회덤핑의 AFA 적용 사례에는 적용되지 않는다는 예외 적용이라도 두는 것이 필요하다고 생각한다.

다만 이 경우에도 우회 물품에 대해서만 별도로 고율의 우회덤핑률을 적용할 수 있을지는 별개의 문제이기는 하다. 즉 앞선 사례 ②에서 B 회사의 원심 조사 대상 품목은 15%, 우회 물품에 대해서는 17%의 관세를 부과하는 것이 가능한지 여부에 대한 이슈는 남는다. 필자가 보기에는 이는 기술적인 문제로 관세 부과 규칙에 B 회사는 원심의 조사 대상 물품에 대해서는 15%, AFA를 적용받는 우회 물품에 대해서는 17%를 부과하는 것이 불가능하지는 않다고 본다. 다만 이렇게 규정할 경우 일선 세관의 통관 행정에서 많은 불편이 가중되므로, 이 부분에 대해서는 향후 관계부처 협의를 통한 해결책 마련이 필요하다고 생각한다. 나아가 최소부과 규칙을 규정한 관세법 시행령 제65조 제①항은 우회덤핑의 경우에는 적용되지 않는 방향으로 개정하는 것이 바람직하다.

그렇다면 제3국 생산의 경우는 어떠한가? 현행 제도상으로 제3국 생산에 대한 우회는 허용되지 않지만, 부과 대상국이 여러 개인 경우에는 제3국 생산에 따른 사소한 변경도 우회 조사 대상이다. 이 경우에는 특수관계 등이 없어 회사의 동일성이 사라진다고 가정했을 때, 우리 규정에 따르면 자료 제출 거부 등으로 인해 해당 국가의 원심 최고율을 부과할 수 있다. 그렇다면 만약 여전히 특수관계 등으로 인해 회사의 동일성이 원심 기업과 함께 유지된다면 어떻게 될까? 이 경우 제3국 생산을 통한 우회덤핑률은 AFA를 적용하더라도 해당 국가 원심 기업의 덤핑률을 적용하는 것이 합리적일까, 아니면 해당 국가가 아닌 원재료를 조달한 국가에 적용된 원심의 최고율을 적용하는 것이 합리적일까?

예를 들어 ㉮ 국가의 A 회사는 15%의 반덤핑 관세율을 부과받았고, ㉯ 국가의 F 회사는 8%, G 회사는 12%, 기타율은 9%로 ㉮ 국가의 관세율인 15%보다 낮았다고 가정하자. ㉮ 국가의 A 회사는 우회 물품의 사소한 변경을 위해 ㉯ 국가에 H 회사라는 공장을 신설했다. 이 경우 관세율은 자국의 15%보다 낮은 9%이기 때문이다. 그런데 ㉮ 국가와 ㉯ 국가에 우회 조사가 실시되었고, ㉯ 국

가의 우회 조사 대상으로 H 회사가 선정이 되었다.

우선 한국 규정에 따르면, 만약 H 회사가 자료협조에 응하여 우회 긍정 판정을 받았다면 우회덤핑률은 9%이다. 만약 H 회사가 자료협조에 응하지 않았다면, 다소 모호하다. 이 경우 H 회사의 우회덤핑률은 ⓝ 국가 최고율인 12%인가, 아니면 특수관계와 원재료 조달 상황을 고려하여 A 회사의 반덤핑 관세율인 15%인가, 아니면 ㉮ 국가 A 회사의 덤핑마진인 25%인가? 우리 규정에 따르면 ⓝ 국가의 A 회사 관계사인 H 회사의 우회덤핑률은 AFA를 적용받는 경우 12%이다. 왜냐하면 시행령 문구에는 "공급자 또는 공급국별" 덤핑 방지 관세율이나 기준 수입 가격에 따른다고 규정되어 있으므로, 다른 공급국에서 덤핑마진을 가져오기는 어렵기 때문이다.[15]

< 사소한 변경 사례 ③ >

㉮ 국가	반덤핑 관세율	덤핑마진	산업피해율 III
A 회사	15%	25%	15%
B 회사	15%	17%	15%
기타 회사(C,D,E..)	15%	19%	15%
ⓝ 국가	반덤핑 관세율	덤핑마진	산업피해율 III
F 회사	8%	8%	15%
G 회사	12%	12%	15%
기타 회사(H, I, J.)	9%	9%	15%

- ㉮ 국가의 A 회사는 ⓝ 국가의 기타 회사 덤핑마진인 9%를 위해 ⓝ 국가로 공장을 이전하여 H 회사 설립
- 이 경우 이 H 회사가 우회의 조사 대상
- H 회사가 자료 제출에 협조하여 AFA를 받지 않는다면 9% 적용
- H 회사가 자료 제출 거부로 AFA 적용을 받는다면 덤핑마진은 ⓝ 국가의 최고율인 12%인가? 아니면 ㉮ 국가의 A 회사 반덤핑 관세율인 15%인가? 아니면 ㉮ 국가의 A 회사 덤핑마진인 25%인가? ⇨ 이 경우 H 회사의 우회덤핑률은 12%이다.

---

15 다만 특수관계를 근거로 공급자 범위를 확대 해석하여 타국 공급자 덤핑마진을 가져오는 것이 이론적으로 불가능하지는 않다.

미국은 다르다. 미국 규정이나 관례에 따르면 ㈎ 국가의 A 회사 관계사인 H 회사가 다른 국가에 회사를 설립하여 우회 판정을 받았다면, H 회사의 덤핑율은 원재료를 조달받은 A 회사의 덤핑마진인 25%의 우회덤핑률을 부과받는다. 만약 H 회사가 A 회사의 관계사가 아닌 경우에는 원재료를 조달받은 국가의 기타율인 19%를 부과받는다. 즉 미국은 제3국 우회의 경우에는 우회 물품을 수출한 국가의 덤핑마진이 아니라, 원재료 등을 조달한 국가의 덤핑마진을 가져올 수 있다. 미국이 부과하는 우회덤핑률을 표로 요약하면 다음과 같다.[16]

< 미국의 우회 덤핑률 >

원심 판정에서 개별 기업 덤핑마진(Company Specific Rate) 존재	원심 판정에서 개별 기업 덤핑마진(Company Specific Rate)이 있는 공급자로부터 물품을 조달	부과되는 우회 덤핑률
○		가장 최근 완료된 절차에서 해당 회사에 적용된 덤핑마진

---

16 사례: 중국산 알루미늄 시트의 한국 우회 사건(2023.11.27.) 최종 판정: Suspension of Liquidation and Cash Deposit Requirements -
Based on the affirmative country-wide determination of circumvention for Korea and Thailand, in accordance with 19 CFR 351.226(l)(3), Commerce will direct U.S. Customs and Border Protection (CBP) to suspend liquidation and require a cash deposit of estimated duties on unliquidated entries of entries of aluminum foil, assembled or completed in Korea and Thailand using Chinese-origin aluminum foil and/or sheet, for consumption on or after July 18, 2022, the date of publication of the initiation of these circumvention inquiries in the Federal Register. For exporters of aluminum foil that have a company-specific cash deposit rate under the AD Order and/or CVD Order, the cash deposit rate will be the company-specific AD and/or CVD cash deposit rate established for that company in the most recently completed segment of the aluminum foil proceedings. For exporters of aluminum foil that do not have a company specific cash deposit rate under the AD Order and/or CVD Order, the cash deposit rate will be the company-specific cash deposit rate established under the AD Order and/or CVD Order for the company that exported the aluminum foil and/or sheet to the producer/exporter in Korea or Thailand that was incorporated in the imported aluminum foil. If neither the exporter of the aluminum foil from Korea or Thailand, nor the Chinese exporter of the aluminum foil and/or sheet, has a company-specific cash deposit rate, the AD cash deposit rate will be the China-wide rate (i.e., 95.15 percent), and the CVD cash deposit rate will be the all-others rate (i.e., 13.28 percent). Commerce has established the following third-country case numbers in the Automated Commercial Environment (ACE) for such entries: Korea - A-580-053/C-580-054; Thailand - A-549-053/C-549-054. The suspension of liquidation will remain in effect until further notice.

×	○	기존 판정에서 개별 기업 덤핑마진 (Company-Specific Rate)이 있는 공급자에게 적용된 덤핑마진
×	×	원심의 기타율(그 밖의 공급자: 가중평균 덤핑마진 혹은 국가 단일 덤핑률)

따라서 필자는 만약 제3국 생산 우회 제도를 도입할 경우 우회 조사 대상 업체가 원심 조사 대상 업체와 특수관계에 있다면 원심 조사 대상 국가의 해당 업체 개별 덤핑마진을, 특수관계가 아니라면 원심 조사 대상 국가의 그 밖의 공급자 덤핑마진을 적용할 수 있도록 그 규정을 신설해야 한다고 생각한다. 이렇게 하게 되면 제3국 생산 우회를 효과적으로 막을 수 있고, 개별 덤핑마진을 초과하지 말아야 한다는 WTO 반덤핑 협정의 취지도 충분히 살릴 수 있기 때문이다.

참고로 미국은 국가 단위$^{(country\ wide)}$ 우회덤핑률이 있다. 즉 상무부는 우회덤핑 판정을 국가 전체 기준으로 그 결정을 적용할 수 있다.[17] 풀어서 설명하면 미 상무부는 우회덤핑 조사 대상자는 개별기업이라 하더라도 해당 우회 행위가 국가 전체에 만연하다고 판단하는 경우, 해당 국가 모두의 공급자에 대해 단일 덤핑률을 부과할 수 있다. 이 경우에는 개별 기업에 적용되는 우회 덤핑률이라는 개념이 없다. 단지 해당 국가에서 조사 대상으로 선정된 개별 업체가 인증 요건에 해당하면, 개별 수출 건별로 인증을 받아서 우회덤핑 적용을 배제할 뿐이다. 사실상 국가 단위 조사의 경우에는 인증이 개별율$^{(즉\ 0\%)}$인 셈이다. 인증이라는 단어가 편리한 개념처럼 들리지만, 사실은 수출 건건이 인증을 적용받아야 하므로 매우 불편한 절차이다. 이런 점을 고려하여 우리나라도 미국과 같은 국가 단위의 우회 덤핑률 규정을 도입하는 방안을 검토하는 것이 필요하다고 본다.

시행령 제71조의 10, 제②항은 우회덤핑 조사개시일은 관보에 게재된 날로

---

17 19 CFR 351.226(m)(1)

한다는 일반적 규정이다. 일반적으로 관보는 게재하는 날 상대방에 도달한 것으로 간주하기 때문에, 상대방의 인지 여부와 상관 없이 게재하는 날 효력을 발생한다. 이 때문에 조사개시일은 우회덤핑이든, 원심 반덤핑 조사이든 동일하게 관보에 게재한 날이 된다.

(11) 관세법 시행령 제71조의 11 – 우회덤핑과 관련한 이해관계인에 대한 통지·공고 등

관세법 시행령 제71조의 11 ['26.1.2부터 법문의 기획재정부는 재정경제부로 변경]
우회덤핑과 관련한 이해관계인에 대한 통지·공고 등

본조신설 2024.2.29. 시행일 2025.1.1

① 기획재정부 장관은 법 제56조의2에 따른 덤핑방지관세를 부과하거나 부과하지 않기로 결정한 경우에는 그 내용을 관보에 게재하고 이해관계인에게 통지해야 한다.

② 기획재정부 장관 또는 무역위원회는 다음 각호의 구분에 따른 경우에는 그 내용을 이해관계인에게 통지해야 한다.

1. 기획재정부 장관: 제71조의7제5항 단서에 따라 덤핑방지관세의 부과 기한을 연장한 경우

2. 무역위원회: 다음 각 목의 어느 하나에 해당하는 경우

가. 제71조의5제2항에 따라 조사신청이 기각된 경우

나. 제71조의7제2항에 따른 우회덤핑 조사의 결과에 따라 최종 판정을 한 경우

다. 제71조의7제3항에 따라 조사 기간을 연장한 경우

라. 제71조의8제1항에 따른 조사신청의 철회로 조사개시 여부의 결정을 중지하거나 조사를 종결한 경우 또는 같은 조 제2항에 따라 조사를 종결한 경우

③ 기획재정부 장관 또는 무역위원회는 조사과정에서 제71조의7에 따른 조사와 관련된 이해관계인의 서면요청이 있는 경우에는 조사의 진행상황을 통지해야 한다.

④ 무역위원회는 제71조의7제2항에 따른 우회덤핑 조사의 결과에 따라 최종 판정을 하기 전에 해당 판정의 근거가 되는 핵심적 고려사항을 이해관계인에게 통지해야 한다.

시행령 제71조의 11, 제①항과 제②항은 이해관계인에 대한 통지와 공고 규정이다. 원심 반덤핑 조사 절차와 마찬가지로 우회덤핑의 경우에도 적법 절차(due process)는 핵심 이슈이다. 예컨대 조사 과정에서 상대방 통지를 빠뜨렸거나, 방어권을 충분히 보장하지 않으면 조사 절차가 제대로 진행되었다고 볼 수 없다. 절차의 흠결은 조사 결과의 공정성과 객관성에도 부정적 영향을 미치기 때문에, 이해관계인에 대한 통지와 공고의 중요성은 아무리 강조해도 지나치지 않다.

사례가 있어 하나 소개한다. 필자가 덤핑조사과장으로 있을 때 A국에 대한 반덤핑 조사가 신청이 철회된 후 다시 개시되었다. 이때 A국 정부는 이해관계인으로 등록하지 않았고, A국의 조사 대상기업도 덤핑 질의서에 대한 답변서 제출에 전혀 응하지 않았다. 이처럼 A국이 이해관계인으로 등록하지도 않고, A국의 조사 대상 기업이 답변서를 전해 제출하지 않은 경우, 무역위원회는 핵심적 고려사항과 판정 결과를 사전에 통지할 의무가 없을까? 시행령 규정을 보면 이해관계인 등록이 통지의 요건이 아님을 금방 알 수 있다. 즉 이해관계인으로 등록하지 않았더라도 예비 판정과 최종 판정 전 핵심적 고려 사항을 통지하고, 예비 및 최종 판정 결과를 반드시 송부해야 한다. 결국 필자의 지시에 따라 덤핑조사과는 예비 판정과 최종 판정에서의 결정 내용과 주요 결정 근거를 이해관계인으로 등록하지 않았던 해외의 조사 대상 기업과 한국에 주재한 A국 대사관에 통지하였다.

결국 A국은 기획재정부가 신청인의 덤핑마진율에 따른 관세 부과를 입법 예고한 이후에야, 관련 사실을 전혀 인지하지 못했다면서 결국 무역위원회를 접촉했다. 그것도 제네바의 WTO를 통한 공식 항의 형태였다. 무역위원회는 A국과 A국 조사 대상 기업에게 보낸 우편물 송장 번호와 이메일 송, 수신 기록을 WTO를 통해서 A국에 전달했다. 무역위원회가 나중에 인지하게 되었지만, A국의 주한 대사관은 무역위원회의 이메일과 우편물을 받고도 A국 정부에 전달하지 않은 것으로 확인되었다. 만약 이해관계인 등록이 안 되었다는 이유로 제대로 통지하지 않았다면, A국은 WTO 제소를 통한 공식 분쟁해결 절차를 밟았을

것이라 필자는 확신한다.

하여튼 우회덤핑 조사 절차에서 규정하는 이해관계인에 대한 통지와 공고 규정은 원심 반덤핑 규정과 사실상 동일하다. 원심 반덤핑 규정의 이해관계인에 대한 통지와 공고 규정은 시행령 제71조에 규정되어 있다. 우회덤핑 조사 절차도 사실상 원심 덤핑조사 절차의 이해관계인 통지 및 공고와 사실상 동일하다고 보면 된다. 즉, 조사신청을 기각할 경우, 무역위원회가 조사 기간을 7개월('25.8.12~9.22 입법 예고된 시행령 안에 따르면 8개월)로 연장할 경우, 기획재정부가 관세 부과 결정 기한을 9개월('25.8.12~9.22 입법 예고된 시행령 안에 따르면 10개월)로 연장할 경우, 무역위원회가 최종 판정을 할 경우, 조사신청 철회 혹은 직권조사 중지 등으로 조사를 종결한 경우 등에는 이해관계인에게 통지하고 공고해야 한다.

시행령 제71조의 11, 제③항은 이해관계인의 서면 요청이 있는 경우 조사 진행 상황을 통지해야 한다는 규정이다. 이는 일반적인 원심 반덤핑 절차(시행령 제71조 제③항) 및 상계관세 절차(시행령 제85조 제③항)와 동일한 조항이다.

시행령 제71조의 11, 제④항은 최종 판정과 관련된 핵심적 고려 사항을 최종 판정 전에 이해관계인에게 통지해야 한다는 규정이다. WTO 반덤핑 협정 제6.9조에서도 동일한 내용이 삽입되어 있다. 이는 우리 관세법 시행령에서 규정하는 일반적인 원심 반덤핑 절차(시행령 제71조 제④항) 및 상계관세 절차(시행령 제85조 제④항)에도 적용되는 동일한 절차이다.

II. 텍스투스 - **한국의 우회덤핑 방지 제도 해설**

04 한국의 우회덤핑 방지 제도 - 관세법 시행규칙 제20조의 2~4

(1) 관세법 시행규칙 제20조의 2~제20조의 4 개관

우회덤핑과 관련된 관세법 시행규칙은 총 3개 조항이다. 즉 경미한 변경 행위 등의 판단 요소, 우회덤핑 조사신청의 철회 절차, 그리고 비밀취급 자료의 대상 등이다. 우회덤핑 조사에서 시행규칙 중 가장 중요한 조항은 시행규칙 제20조의 2인 경미한 변경 행위 등의 판단 요소이다.

< 우회덤핑 관련 관세법 시행규칙 개관 >

| 경미한 변경 행위의 판단요소 (20조의2 ①항) | 1. 물리적 특성 및 화학성분 차이
2. 관세·통계 통합품목 분류표상 품목번호 차이
3. 대체 범위 및 우회덤핑 조사 대상 물품의 용도
4. 생산설비 차이
5. 경미한 변경 행위에 소요되는 비용
6. 그 밖에 무역위원회가 필요하다고 인정하는 사항
참고: 입법 예고('25.10.17~11.26) 안: 제3국 조립 또는 완성이 우회 유형에 포함되면서 다음 판단 요소 추가 - 1. 제3국 조립 또는 완성 공정의 성격 및 해당 공정에 소요되는 비용, 2. 제3국 조립 또는 완성에 투입된 생산 설비 등 투자의 수준, 3. 제3국 조립 또는 완성에 사용된 덤핑방지관세물품 공급국의 부품 또는 원재료의 비중 및 제3국 조립 또는 완성으로 발생한 부가가치 비중, 4. 덤핑방지관세물품 조사개시 전·후 해당 물품과 관련한 부품 또는 원재료 등의 교역 변화, 5. 그 밖에 무역위원회가 필요하다고 인정하는 사항(제20조의 2, 제②항 신설) |

우회덤핑 조사신청 철회 (20조의3)	① 신청 철회의 경우에는 철회 사유를 적은 철회서 및 관련 자료를 무역위원회에 제출 ② 무역위원회는 조사 기간 중 해당 철회 사유가 부당하다고 인정되면 해당 조사가 종료될 때까지 철회에 따른 조사 종결 여부에 대한 결정 유보
우회덤핑 조사 관련 비밀취급 자료 (20조의4)	비밀로 취급하는 자료 1. 제조원가 2. 공표되지 않은 회계자료 3. 거래처의 성명·주소 및 거래량 4. 비밀정보의 제공자에 관한 사항 5. 그 밖에 비밀로 취급하는 것이 타당하다고 인정되는 자료

(2) 관세법 시행규칙 제20조의 2, 제①항 – 경미한 변경행위의 판단

관세법 시행규칙 제20조의 2, 제①항[제3국 조립·완성 추가로 제②항 신설 예정]
경미한 변경행위의 판단

본조신설 2024.2.29. 시행일 2025.1.1

① 영 제71조의2제2항에 따라 경미한 변경행위 여부를 판단할 때에는 다음 각호의 사항을 고려해야 한다.

1. 법 제51조에 따라 덤핑방지관세가 부과되는 물품[이하 "덤핑방지관세물품"이라 한다]과 법 제56조의2제1항에 따른 우회덤핑[이하 "우회덤핑"이라 한다] 조사 대상 물품의 물리적 특성 및 화학성분 차이

2. 덤핑방지관세물품과 우회덤핑 조사 대상 물품의 법 제84조제3호에 따른 관세·통계 통합품목 분류표상 품목번호 차이

3. 덤핑방지관세물품을 우회덤핑 조사 대상 물품으로 대체할 수 있는 범위 및 우회덤핑 조사 대상 물품의 용도

4. 덤핑방지관세물품과 우회덤핑 조사 대상 물품의 생산설비 차이

> 5. 영 제71조의2제1항에 따른 경미한 변경행위에 소요되는 비용
> 6. 그 밖에 무역위원회가 필요하다고 인정하는 사항

관세법 **시행규칙 제20조의 2, 제①항**은 경미한 변경 행위의 판단 요소에 대한 규정이다. 이 규정은 기본적으로 미국의 규정을 참조하여 만들었다. **시행규칙 제20조의 2, 제①항 제1호**는 물리적 특성 및 화학성분의 차이로 경미한 변경 여부를 판단할 때, 가장 기본적으로 고려해야 할 요소이다. 예컨대 열간 압연을 한 후 별도로 표면 처리를 하지 않은 후판^(HS 코드 7298, 7225 등)에 최대 38%의 반덤핑 관세를 부과하였더니, 이 후판에 페인트를 칠한 후에 HS 코드를 7210.70 등으로 변경하여 컬러 후판으로 통관시켜 반덤핑 관세를 회피하였다고 가정하자. 이 경우 컬러 후판의 물리적 특성은 반덤핑 관세 대상인 열연 후판과 표면에 페인트를 칠한 것 외에는 사실상 동일한 제품이라고 본다. 이런 경우는 경미한 변경이라고 판단할 가능성이 매우 높다.

특히 문안 상으로 물리적 특성 및 화학성분이라고 되어 있어, 무역위원회는 물리적 특성과 화학성분 모두를 고려해야 한다. 그렇다고 두 가지 요소 모두 경미한 변경일 필요는 없다. 예컨대 화학성분은 달라질 수 있지만, 그렇다고 하여 경미한 변경이 부정되는 것은 아니다. 조사보고서 작성 단계에서 물리적 특성과 화학성분의 제목은 통합해서 기재하되, 통합된 제목하에서 물리적 특성, 화학성분을 둘 다 검토하면 된다. 만약 물리적 특성 및 화학성분이 분리되기 어렵다면 통합해서 분석하면 된다.

물리적 특성의 사례로는 알루미늄 제품의 표면 마감처리, 절단 길이의 두께, 스테인레스 스틸의 경우 강종·표면의 거친 정도·색상·광택·인장 강도·직경, 목재의 경우 판 종류·성분·라벨, 종이의 경우 두께·무게·밝기·평활도^(표면의 매끄러운 정도)·불투명도, 마늘의 경우 가공된 후 크기, 엔진의 경우 총출력량 및 전체 무게·배기량·피스톤의 크기·엔진 모양·부품의 위치나 형태, 유리 섬유의 경우 폭·길이·구성 비율 등이 이에 해당한다.

화학성분의 경우 모든 화학성분이 동일할 필요는 없으며, 성질이나 특성이 유사한 화학성분이면 사소한 변경으로 판단이 가능하다고 본다. 예컨대 미국 상무부는 3003 알루미늄 합금과 4017 알루미늄 합금의 마그네슘 성분이 무게의 각 0.05%와 0.10%로 차이가 있지만, 마그네슘을 제외하고는 모두 중복되므로 일견 두 제품의 특성이 동일해 보여 사소한 변경이라고 판단했다.[1]

물리적 특성과 화학성분이 결합할 수도 있다. 예컨대 스테인레스는 니켈 함량에 따라 녹이 스는 정도가 달라진다. 이 경우에는 물리적 특성과 화학성분을 동시에 고려해야 한다. 참고로 우리 규정에는 없지만, 캐나다에는 기술적 사양(technical specifications)도 고려한다. 기술적 사양은 제품의 물리적 특성과 화학성분보다는 좁은 개념으로, 특정 제품 생산 공정에서 적용되는 물리적, 화학적 스펙을 의미한다. 우리도 기술적 사양을 참조하여, 물리적 특성과 화학성분을 동시에 분석하면 도움이 될 것이라고 본다.

시행규칙 제20조의 2, 제①항 제2호는 HS 코드의 차이이다. 만약 원심 조사 대상 물품과 우회 의심 대상 물품의 HS 코드가 같다면 우회 가능성이 높지만, 그렇다고 HS 코드가 다르다고 하여서 경미한 변경이 아니라고 단언해서는 안 된다. 예컨대 전술한 H형강과 H형강의 위, 아래를 패치로 덧된 제품의 HS 코드는 다르다. 그렇다면 H형강의 위, 아래를 패치로 덧된 제품은 H형강의 경미한 변경이 아닌가? 나아가 열연 후판과 이 표면에 페인트를 칠한 컬러 후판도 HS 코드가 다르다. 그렇다고 해서 이 두 제품은 경미한 변경이 가해진 제품이 아니라고 할 수 있나? 필자는 경미한 변경이 맞다고 본다. 즉 HS 코드는 참조일 뿐, 경미한 변경 여부를 판단하는 결정적인 요인이 아니다. 다만 HS 코드가 다른 경우에는 원래 반덤핑 조치가 적용되던 물품의 수입량 감소 여부 및 우회 물품의 수입량 증가 여부 등의 무역 패턴을 같이 분석하는 것이 바람직하다. 만약 원심 조

1　Common Alloy Aluminum Sheet from the People's Republic of China: Decision Memorandum for Initiation of Circumvention Inquiry on the Antidumping and Countervailing Duty Orders(A-570-073, , C-570-074, Circumvention Inquiry 4017 Aluminum Sheet), 2022.8.2, p. 6. 3003의 경우 마그네슘 함량은 무게의 0.05%, 4017의 경우 마그네슘 함량은 0.10%였다.

치 적용 품목의 수입이 감소하고, 우회 의심 물품의 수입량이 증가한다면 사소한 변경에 따른 우회일 가능성이 높다.

실무적으로는 HS 코드와 함께, 회사 내부적으로 관리하고 있는 상품 코드도 같이 분석하는 것이 필요하다. 회사 내부의 상품 코드는 원가 관리를 위해 회사가 별도로 부여한 코드인데, 만약 우회 물품에 동일한 상품 코드가 부여되고 있다면 우회 판정 가능성이 높을 것이다. 다만 서로 다른 상품 코드가 부여된다고 해서, 우회 가능성을 배제해서는 안 된다.

참고로 우리나라는 HS 코드 기준으로 관세를 부과하고 있는데, 이는 우회 덤핑 판정에서 실무적으로 매우 어려운 문제를 야기한다. 가장 대표적인 사례가 바로 H형강 사례이다. 즉, H형강의 우회 물품으로 분류되는 코드[730890] 하나에는 위, 아래 패치를 덧된 제품 외에도 기타 철강 구조물이 모두 포함되어 있다. 만약 H형강에 대해 우회 긍정 판정을 내릴 때 HS 코드 기준으로 우회 관세를 부과하게 되면, H형강의 우회 물품인 위, 아래 패치를 덧된 제품 외에도 기타 철강 구조물이 모두 우회 관세 대상에 포함이 된다. 이를 방지하기 위해서는 기획재정부나 관세청이 통관 행정상 실무적으로는 어렵더라도 최소한 우회 판정에서는 HS 코드 기준이 아니라, 물품의 기술적 스펙을 기준으로 우회 관세를 부과할 수 있도록 제도를 개선해야 한다. 만약 통관 행정상 이런 제도 개선이 불가능하다면, 우회 판정 때마다 해당 우회 물품의 물리적 특성이나 화학성분을 기초로 매번 새로운 HS 코드를 부여하는 방안도 고려할 필요가 있다.

시행규칙 제20조의 2, 제①항 제3호는 대체 범위 및 용도이다. 만약 대체 범위가 비슷하고, 용도가 크게 다르지 않으면 우회 가능성이 매우 높다고 본다. 예컨대 깐 마늘과 다진 마늘의 경우는 대체 범위가 비슷하고, 최종 용도가 크게 다르지 않기 때문에 사소한 변경일 가능성이 높다. 나아가 대체 범위 및 용도를 분석하기 위해서는 해당 물품이 원자재 투입물인지, 중간생산물인지, 완제품 여부인지를 구분하는 것도 필요하다. 만약 한 제품이 중간생산물이고 다른 한 제품이 완제품이라면, 이 두 물품이 서로 대체 가능하다고 판단하는데 신중을 기해

야 한다.

다만 이 요소도 미국 상무부에서는 사안별로 다르게 판단한다. 예컨대 미국 상무부는 두 제품 중 하나인 생마늘은 중간생산물이고 원심 조치의 대상인 깐마늘은 생마늘을 추가로 가공해야 하는 일종의 최종재이므로, 사소한 변경이 아니라는 수출자의 주장을 받아들이지 않았다. 미국 상무부는 이 주장보다는 생마늘과 깐마늘의 최종 용도가 식품 첨가와 양념이라는 점에서 동일하므로, 사소한 변경에 해당한다고 판단했다.[2]

미국 상무부는 한국의 SSWR이 베트남으로 수출된 후 그곳에서 사소한 변경을 거쳐 SSWire 제품을 만든 후 미국으로 우회 수출했다는 우회 사건에서도 최종 용도를 우회 결정의 중요한 요소로 삼았다. 즉 상무부는 SSWR과 SSWire는 모두 중간재임에도 불구하고, 최종 사용 용도가 다르기 때문에 대체 가능하지 않다고 판단했다.[3] 구체적으로 상무부는 SSWire가 패스너, 스프링, 와이어 메쉬, 스트랜드, 와이어 로프, 용접 와이어, 의료 기기 및 기타 횡단면 와이어와 같은 다양한 미세 와이어 제품을 만드는 데 사용되는 반면, SSWR은 SSWire 등을 만드는 원재료라는 점을 강조하면서 SSWR과 SSWire의 최종 용도가 다르기 때문에 두 제품 간의 대체 가능성을 부인하고 우회 부정 판정을 내렸다. 비슷한 맥락에서 상무부는 밝기가 차이가 나는 비코팅 용지라 하더라도 최종 용도가 프린트 용지나 복사 용지로 같다면, 사소한 변경에 해당한다고 판단했다.

시행규칙 제20조의 2, 제①항 제4호는 생산설비의 차이로 원심 조사 대상 물품과 우회 의심 대상 물품의 생산설비가 거의 차이가 없다면, 이는 우회의 가능성이 높다고 본다. 예컨대 H형강과 H형강 위, 아래 패치로 덧된 제품은 생산설비가 같을 가능성이 높다. 위, 아래 패치는 모든 작업이 끝난 후 별도의 장비를

---

2   Issues and Decision Memorandum for the Final Affirmative Circumvention Determination of the Antidumping Duty Order on Fresh Garlic from the People's Republic of China(A-570-831), 2024.6.10, p. 12

3   Decision Memorandum for the Final Negative Determination of Circumvention Inquiry of the Antidumping Duty Order on Stainless Steel Wire Rod from the Republic of Korea, (A-580-829), 2023.5.22, p. 20

통해서가 아니라, 인력 등 설비 이외의 방식으로 나사를 붙여 고정한 것으로 보이기 때문이다. 이 경우는 경미한 변경이 될 가능성이 매우 높을 것이다. 열연 후판과 이 표면에 단순히 페인트만 칠한 컬러 후판 또한 특별한 생산설비를 통한 작업이 필요 없을 것이 거의 확실하다. 전술한 알루미늄 합금 사례에서도 상무부는 3003 알루미늄 합금과 4017 알루미늄 합금의 생산설비가 동일하다는 신청인의 주장을 수용하여, 두 제품의 사소한 변경 가능성이 일견 높다고 판단했다.[4] 생산설비의 차이 여부는 캐나다의 우회 규정에도 삽입되어 있는 요소이기도 하다.[5]

시행규칙 제20조의 2, 제①항 제5호의 경우에는 변경 행위에 소요되는 비용인데, 변경 과정에서 발생한 원재료비, 인건비, 판매비 및 일반관리비, 이자 비용 등 가치의 총합을 감안한 변경 비용을 도출하여 제품 변경이 사소한지를 판단해야 한다. 변경 비용을 추적할 때는 회계 원칙에 비추어 제출된 회계자료가 적절한지도 검토해야 한다. 보고된 매출과 비용이 정확히 기록되었는지를 판단하는 정확성과 모든 거래가 빠짐없이 기록되었는지를 판단하는 완결성을 확인하는 완전성 검증 또한 필수적이다.

나아가 개별 항목별로 회계적 지식을 활용하여 수치의 정확성과 적절성을 검증해야 한다. 예컨대 원재료를 개별법으로 처리하고 있는 회사라면, 세부 물품별 생산원가를 계산할 때 원재료 수량과 가격을 개별 추적하여 보고하였는지를 확인해야 한다. 아울러 답변서에 제시된 단위당 직접비, 간접비 및 투입된 노동량을 계산하는 데 사용된 방법론을 사전에 검토하고 실사를 통해 그 적절성을 확인해야 한다. 제출된 단위당 공장 간접비가 있다면 사용된 방법론과 회계자료가 이에 일치하는지 등도 검토해야 한다.

---

4 Common Alloy Aluminum Sheet from the People's Republic of China: Decision Memorandum for Initiation of Circumvention Inquiry on the Antidumping and Countervailing Duty Orders(A-570-073, , C-570-074, Circumvention Inquiry 4017 Aluminum Sheet), 2022.8.2, p. 7.

5 SIMR 57.14, The following factors may be considered in determining whether a modification of like goods referred to in paragraph 57.12(c) is slight: (h) the difference in the processes to produce, the facilities used to produce and the costs of producing the modified goods and the like good

아울러 재고자산 평가에 따라 손실이 발생했다면 세부 물품별 생산원가에 손실 금액이 적절히 반영되었는지를 확인해야 한다. 고정자산 재평가나 감가상각 방법 등의 변경을 통하여 조사 대상 기간 중 발생한 감가상각비를 부적절하게 감소시킨 것이 있는지 등도 확인이 필요하다. 만약 연말에 결산 조정을 해야 하는 항목이 있다면 결산 조정이 이루어졌는지, 나아가 그 조정 금액이 조사 대상 기간 중 합리적으로 배분되었는지 등을 확인하는 것이 좋다. 조사 대상 물품과 우회 물품의 단위당 직접 판매비, 간접 판매비, 이자와 같은 금융비용 등의 배분 원칙 또한 사전에 검토하고, 실사를 통해 이 회계자료의 정확성과 완전성을 검증해야 한다.

답변 자료를 받은 후 실사 과정에서는 단위 거래별로 데이터 시스템에서 생성된 생산, 재고, 판매, 배송 등의 모든 회계자료를 확인하고, 무작위 샘플링을 통하여 이를 송장별로 비교하여 검증하여야 한다. 생산설비 또한 직접 견학함으로써, 실물로 설비를 눈으로 확인하는 실사 작업을 반드시 거쳐야 한다. 생산설비뿐만 아니라, 생산 공정 전체에 대해서도 실사를 통하여 현장에서 확인하는 것이 바람직하다.

아마도 이 작업은 우회 판단 요소에서 가장 힘든 작업일 수도 있다고 본다. 이 때문에 필자는 원래 이 조항을 삽입하는 데 고심이 매우 많았지만, 미국과 캐나다 우회 규정에서도 이 조항을 주요 요소로 인용하고 있다는 점을 고려하여 결국 삽입하기로 결정하였다.[6] 대표적으로 미국은 3003 알루미늄 합금과 4017 알루미늄 합금의 변경 비용의 차이가 극도로 적다는 신청인의 주장을 수용하

---

6 CFR 351.226 (j) Minor alterations of merchandise. Under section 781(c) of the Act, the Secretary may include within the scope of an antidumping or countervailing duty order articles altered in form or appearance in minor respects. The Secretary may consider such criteria including, but not limited to, the overall physical characteristics of the merchandise, (including chemical, dimensional, and technical characteristics), the expectations of the ultimate users, the use of the merchandise, the channels of marketing and the cost of any modification relative to the total value of the imported products. The Secretary also may consider the circumstances under which the products enter the United States, including but not limited to the timing of the entries and the quantity of merchandise entered during the circumvention review period. (총 5가지 요소)

여, 우회 조사를 개시하기도 하였다.[7]

만약 조사 대상 업체가 우회 물품 생산 시 덤핑 방지 관세 물품과 동일한 생산설비를 사용했다면, 변경 비용이 거의 없을 것이므로 우회 판정 가능성이 높다고 본다. 다만 생산설비가 혹시 같다 하더라도 변경에 소요되는 비용이 상당할 정도로 높다면, 우회로 판정할 때는 신중해야 한다. 반대로 우회 물품 생산에 새로운 설비를 설치하였는데, 이 새로운 설비 투자 비용이 낮고 원심 판정 이후부터 이 설비 투자를 진행했다면, 새로운 설비의 설치는 우회 판정 가능성을 높일 것이다.

필자는 생산 비용 변경 정보를 파악하기 위해 질의서에 덤핑 방지 관세 물품과 우회덤핑 조사 대상 물품에 적용되는 각 생산 공정에 대하여 공정의 도표, 공정의 각 단계에 대한 기술적 설명(공정 각 단계에서의 자동화 수준, 공정 각 단계에서 사용되는 기계 종류 등), 그리고 각 공정 구간별 근로자 수 등에 대한 질문 등을 포함했다. 만약 중간재를 사용한다면, 중간재에서 덤핑 방지 관세 물품으로 처리하는 데 사용되는 생산 공정에 대하여 위와 동일한 정보를 제공하는 보충 질의서를 발송하는 것이 좋을 것으로 본다.

한편 비용 차이의 기준이 무엇인지에 대한 명시적 규정은 삽입하지 않았는데, 이는 사안별로 기준을 유연하게 적용해야 하기 때문이다. 굳이 기준을 제시하자면 상당한(significant) 정도의 차이가 난다면 우회라고 판정하지 않는 것이 옳다. "상당한"의 기준은 사안별로 다르게 판단해야 하지만, 필자가 보기에 그 차이가 20~30% 이상이면 상당한 차이라고 본다.

마지막 **시행규칙 제20조의 2, 제①항 제6호**는 무역위원회가 필요하다고 인정하는 사항이다. 필자는 이 문구에 무역 패턴의 변화를 포함해서 검토하는 것이 좋다고 생각한다. 예컨대 경미한 변경이 의심되는 물품의 수입이 원심 반덤핑

---

[7] Common Alloy Aluminum Sheet from the People's Republic of China: Decision Memorandum for Initiation of Circumvention Inquiry on the Antidumping and Countervailing Duty Orders(A-570-073, , C-570-074, Circumvention Inquiry 4017 Aluminum Sheet), 2022.8.2, p. 7.

부과 이후 급격히 증가했다면 경미한 변경에 따른 우회일 가능성이 높다고 판단하는 것이다. 실제로 필자는 우회덤핑 질의서에 무역 패턴의 대상 기간에 발생한 물량의 변화와 관련된 질의 내용을 포함하였다. 무역 패턴의 발생 국가도 부과국이 1개 나라인 경우와 여러 개 나라인 경우로 나누어서, 종합적으로 분석할 수 있도록 질의서를 구성하였다. 무역 패턴의 관찰 대상 기간은 무역위원회 조사관이 정하면 되는데, 필자는 최소한 3년의 범위는 필요하다고 본다.

참고로 EU는 무역 패턴의 변화를 관찰하는 기간을 3년 내외로 설정하여 조사 기간(Investigation Period)이라고 부르고, 무역 구제 효과의 훼손 여부나 덤핑의 존재 여부에 대해서는 1년으로 하여 보고 기간(Reporting Period)이라고 부른다. 아래는 EU가 조사한 우회 사례의 예시이다.

< EU 우회 조사 사례 >

우회 조사 물품 (조사 연도)	조사 기간 Investigation Period(IP)	보고 기간 Reporting Period(RP)
중국산 내식 합금제 (2019)	2013.1.1.~2019.9.30.[8] (6년 9개월)	2018.10.1.~2019.9.30.[9] (1년)
중국산 MSG[10] (2020)	2013.1.1.~2019.12.31.[11] (7년)	2019.1.1.~2019.12.31[12] (1년)

---

8   The investigation period covered the period from 1 January 2013 to 30 September 2019 (the 'IP'). For the IP, data were collected to investigate, inter alia, the alleged change in the pattern of trade.

9   For the period from 1 October 2018 to 30 September 2019 (the reporting period or 'the RP'), more detailed data were collected in order to examine the possible undermining of the remedial effects of the measures in force and the existence of dumping.

10 Commission Implementing Regulation (EU), 2020/1427 of 12 October 2020 extending the definitive anti-dumping duty imposed by Implementing Regulation (EU) 2015/83 on imports of monosodium glutamate originating in the People's Republic of China to imports of monosodium glutamate in mixture or in solution originating in the People's Republic of China; https://tron.trade.ec.europa.eu/investigations/case-history?caseId=444

11 The investigation period covered the period from 1 January 2013 to 31 December 2019 ('the investigation period' or 'IP'). Data were collected for the investigation period to investigate, inter alia, the alleged change in the pattern of trade.

12 More detailed data were collected for the reporting period from 1 January 2019 to 31 December 2019 ('the reporting period' or 'RP') in order to examine if imports were undermining the remedial effect of the

특히 무역 패턴의 변화를 관찰할 때, 경제적 타당성에 대한 분석도 병행하는 것이 좋다. 무역 패턴의 변화가 무역 전환이라는 경제적 타당성에 따른 것일 수도 있다고 보기 때문이다. 경제적 타당성은 미국을 제외하고는 사실상 거의 모든 나라가 고려하는 요소이기도 한데, 필자는 조사기관인 무역위원회의 부담을 완화하고 사소한 변경으로만 우회를 한정하였으므로 이 요소를 명시적으로는 삽입하지 않았다. 참고로 제6호는 무역위원회의 재량 사항이므로 반드시 고려해야 하는 요소는 아니지만, 제3국 조립 또는 완성이 우회 유형에 추가될 경우 경제적 타당성은 반드시 검토해야 하는 요소라는 점을 밝혀 둔다.

한편 제20조의 2가 열거한 요소는 시행규칙 문안에 "다음 각호의 사항을 고려해야 한다."라고 규정했기 때문에 무역위원회가 "모두" 고려해야 하는 사항이다. 다시 말해 무역위원회는 제6호를 제외하고는 어느 하나를 고려 요소에서 제외하면 안 된다. 나아가서 고려 요소에 대한 판단은 총체적 판단$^{(Totality\ test)}$으로 각호 모두가 우회덤핑 요건을 만족할 필요는 없다. 즉, 생산설비의 차이가 다소 있다 하더라도 물리적 특성이 비슷하고, HS 코드가 거의 동일하며, 대체 범위나 용도가 유사한 동시에, 변경에 따른 비용이 상당한 수준이 아닐 정도로 적다면, 이 물품은 경미한 변경에 따른 우회라고 판정하는 것이 가능하다.

마지막으로 '25.8.12~9.22까지 입법 예고한 관세법 시행령에 따르면 제3국 조립 또는 완성 행위 여부를 판단할 때 고려해야 하는 사항은 시행규칙으로 정한다고 되어 있다. 이에 따라 시행규칙 제20조의 2에 제3국 조립 또는 완성 행위가 우회덤핑에 해당하는지를 판단할 때 고려해야 할 세부 사항이 **제20조의 2, 제②항**으로 신설되어, '25.10.17~11.26 사이에 입법 예고되었다. 즉 제3국 공정의 성격 및 해당 공정에 소요되는 비용, 제3국 조립 또는 완성에 투입된 생산 설비 등 투자의 수준, 제3국 조립 또는 완성에 사용된 덤핑방지관세 물품 공급국의 부품 또는 원재료의 비중 및 제3국 조립 또는 완성으로 발생한 부가가치 비

---

measures in force in terms of prices and/or quantities and the existence of dumping.

중, 덤핑방지관세 물품 조사개시 전후 해당 물품과 관련한 부품 또는 원재료 등의 교역 변화, 마지막으로 그 밖에 무역위원회가 필요하다고 인정하는 사항 등 5가지가 고려 요소로 추가되었다.

필자가 보기에 공정에 소요되는 비용과 투입된 생산 설비 규모는 항목이 중복되고, 부품 및 원재료와 부가가치 비중은 EU처럼 수치가 제시되어 있지 않아 예측가능성이 떨어지는 단점이 있다. 아울러 덤핑 방지 관세 부과 물품과 관련 부품 또는 원재료 교역 변화만 고려 요소로 되어 있고 우회 물품 자체의 무역 패턴의 변화에 대해서는 언급이 없는 점, 무역 전환에 따른 경제적 타당성에 대한 고려가 빠진 점, 부품 생산자 혹은 요소 수출자와 부품 혹은 요소 사용자 간에 특수관계 검토가 없는 점, 제3국에서 수행된 R&D 수준이 빠진 점, 그리고 약식으로라도 무역 구제 조치 효과의 훼손 여부와 관련한 검증이 없다는 점은 다소 아쉬운 대목이라고 본다.

(3) 관세법 시행규칙 제20조의 3 – 우회덤핑 조사신청의 철회

> 관세법 시행규칙 제20조의 3
> **우회덤핑 조사신청의 철회**
>
> 본조신설 2024.2.29. 시행일 2025.1.1
>
> ① 영 제71조의8제1항 전단에 따라 우회덤핑 해당 여부의 조사를 신청한 자가 그 신청을 철회하려는 경우에는 철회 사유를 적은 철회서 및 관련 자료를 무역위원회에 제출해야 한다.
> ② 무역위원회는 영 제71조의7제2항에 따른 조사 기간 중에 제1항에 따른 철회서가 접수된 경우 해당 철회 사유가 부당하다고 인정되면 해당 조사가 종료될 때까지 철회에 따른 조사 종결 여부에 대한 결정을 유보할 수 있다.

관세법 **시행규칙 제20조의 3**은 우회덤핑 조사신청의 철회와 관련된 규정이

다. 이는 원심 반덤핑 조사^(시행규칙 제14조)와 원심 상계관세 조사^(시행규칙 제25조)와 완전히 동일하다. 즉, **시행규칙 제20조의 3, 제①항**에 따르면, 우회 조사를 신청한 후 신청을 철회하려면 철회서 및 관련 자료를 무역위원회에 제출해야 한다는 내용이다. 전술한 대로 시행령 제71조의 8, 제①항에 따라 철회서는 조사 결과를 제출하기 전까지만 가능하다는 점을 유의하자. 참고로 일반 반덤핑 조사의 경우에는 신청인이 조사신청을 철회하려면 철회 사유를 기재한 철회서 및 관련 자료를 무역위원회 산업피해조사과에 제출하지만, 우회덤핑 조사의 경우에는 덤핑조사지원과에 제출하여야 한다.

무역위원회는 접수 즉시 기획재정부 장관 및 관계행정기관의 장과 협의하기 위하여 회신 기한을 명시하여 의견을 요청한다. 무역위원회는 회신 내용을 참고하여 철회신청 수락 여부를 결정한다. 만약 철회신청을 수락하는 경우에는 조사 개시 여부 결정을 중지하거나 조사를 종결한다. 앞서 언급한 대로, 철회신청 수락 여부 결정 시 무역조사실은 조사개시 결정 이전에는 우회 조사 물품의 공급국 정부에게, 조사개시 결정 이후에는 우회 조사 물품의 공급국 정부와 조사 대상 공급자 등에게 통지한다. 일반 반덤핑 조사의 경우 재심사 신청철회서는 기획재정부에서 접수하지만, 우회 조사의 경우는 재심이라는 개념이 없으므로 기획재정부 접수는 해당 사항이 없다.

시행규칙 제20조의 3, 제②항은 철회 사유가 부당할 경우, 철회 결정을 유보하고 조사를 계속할 수 있다는 조항이다. 철회 사유에 대한 판단 기준은 전술한 대로 철회서 제출이 조사 절차 진행을 심히 저해하는 시기에 이루어졌는지, 신청인과 조사 대상 공급자가 우회덤핑 제소를 이용하여 가격담합 등 자유경쟁을 부당하게 저해하는 행위 등의 정황이 있는지, 신청인이 조사신청 및 철회를 반복하는 등 부당하게 우회덤핑 제도를 남용한다는 정황이 있는지, 기타 철회 사유가 부당하다고 인정되는 사유가 있는지 등 네 가지이다. 다시 말하지만, 가격담합 등의 행위에 대해서는 공정거래위원회에 공식적으로 확인하는 절차를 거치라는 뜻이 아니라, 이런 정황이 있는지 등을 고려하라는 취지임을 밝혀 둔다.

(4) 관세법 시행규칙 제20조의 4 - 우회덤핑 조사 관련 비밀취급 자료

> 관세법 시행규칙 제20조의 4
> **우회덤핑 조사 관련 비밀취급 자료**
>
> 본조신설 2024.2.29. 시행일 2025.1.1
>
> 영 제71조의9제3항에 따라 비밀로 취급하는 자료는 다음 각호의 사항에 관한 자료로서 공개되는 경우 그 제출자나 이해관계인의 이익이 침해되거나 그 경쟁자에게 중대한 경쟁 상 이익이 될 우려가 있는 것으로 한다.
> 1. 제조원가
> 2. 공표되지 않은 회계자료
> 3. 거래처의 성명·주소 및 거래량
> 4. 비밀정보의 제공자에 관한 사항
> 5. 그 밖에 비밀로 취급하는 것이 타당하다고 인정되는 자료.

관세법 **시행규칙 제20조의 4**는 우회덤핑 조사 관련 비밀자료의 취급과 관련된 규정이다. 이는 원심 반덤핑 조사(시행규칙 제15조)와 원심 상계관세 조사(시행규칙 제27조)와 완전히 동일하다. 참고로 WTO 반덤핑 협정 제6.5조에도 자료 제출자가 정당한 사유를 제시하여 비밀로 취급하여 줄 것을 요청한 자료는 자료 제출자의 명시적인 동의 없이 이를 공개하여서는 안 된다고 규정되어 있다.

전술한 대로 비공개본은 '영업상 비밀' 혹은 'Business Proprietary,' 'Confidential' 또는 '비공개본'이라고 표기한다.(운영 규정 제12조 제①항) 우리나라는 비공개본을 상대방이 볼 수 없지만, 미국은 상무부와 ITC에서 행정 보호 명령 (Administrative Protective Order: APO) 절차를 거쳐 허가한 비밀 자료를 허용된 자에게는 제한된 방법으로 제공할 수 있다.

05 한국의 우회덤핑 방지 제도 - 덤핑방지관세 부과 운영 규정 제2조 등

로마 금화, 영국박물관 소장

(1) 덤핑방지관세 부과 신청·조사·판정에 관한 세부 운영 규정 제2조, 제32조 내지 제36조 개관

우회덤핑과 관련된 최하위 규정인 덤핑방지관세 부과 신청·조사·판정에 관한 세부 운영 규정(이하 운영 규정)은 크게 다섯 가지로 구분된다. 첫째는 우회덤핑 관련 용어의 정의, 둘째는 우회덤핑 조사신청의 자격, 셋째는 조사 신청서 및 신청서 검토, 넷째는 조사참여 신청, 마지막은 조사개시 결정 시 의견 조회 규정이다. 이 중에서 가장 중요한 조항은 우회덤핑 조사신청의 자격을 규정한 제32조이다.

< 우회덤핑 관련 운영 규정 개관 >

용어의 정의 (제2조)	① 우회덤핑 조사 신청 물품 ② 우회덤핑 조사 대상 물품 ③ 우회덤핑 조사 대상 공급자
우회덤핑 조사신청 자격 (제32조)	기획재정부 장관에게 덤핑방지관세의 부과를 요청한 자 또는 조사 신청에 찬성 의사를 표시한 자

우회덤핑 조사 신청서 (제33조)	① 조사 신청서 작성 후 위원회에 제출 ② 각목의 사실에 관한 충분한 증빙 자료를 첨부
신청서 검토 등 (제34조)	① 위원회는 신청서 구비 요건을 검토 ② 위원회는 필요할 경우 보완 요청 가능 ③ 보완 자료가 제출된 날이 조사 신청서 접수된 날 ④ 위원회는 조사 신청서를 접수받은 날부터 14일 이내에 관계행정기관의 장과 당해 물품의 공급국 정부에 통보
조사범위 의견제출 (제35조)	① 우회덤핑 조사 대상 물품의 범위에 대하여 이해관계인은 관보 게재 후 3주 이내에 위원회에 서면으로 의견을 제출 가능 ② 위원회는 조사 대상 물품의 범위를 조정한 경우 이해관계인에게 통보
조사참여 신청 (제36조)	① 조사 대상 공급자가 조사받고자 하는 경우에는 '조사참여 신청서'를 관보에 게재된 날로부터 2주 이내에 위원회로 제출 ② 위원회는 조사참여 여부를 결정하고 그 결과를 통보

(2) 운영 규정 제2조 - 용어의 정의

덤핑방지관세 부과 신청·조사·판정에 관한 세부 운영 규정 제2조
용어의 정의
본조신설 2025.1.2, 시행일 2025.1.2
4. "우회덤핑 조사신청 물품"이란 영 제71조의4에 따라 우회덤핑 방지관세를 부과 요청한 물품을 말한다.

> 5. "우회덤핑 조사 대상 물품"이란 영 제71조의5에 따라 조사개시 결정을 하여 관보에 게재한 우회조사의 대상이 되는 물품을 말한다.
> 8. "우회덤핑 조사 대상 공급자"란 영 제71조의5에 따라 조사개시 결정을 하여 관보에 게재한 우회조사의 대상이 되는 공급자를 말한다.

운영 규정 제2조에는 우회덤핑과 관련된 용어의 정의이다. **운영 규정 제2조 제4목**의 우회덤핑 조사신청 물품이란 신청인이 조사를 요청한 물품을 의미한다. 조사신청 물품은 당초 원심의 조사 대상 품목에 사소한 변경을 가한 품목 또는 제3국 조립·완성 품목이 될 것이다. **운영 규정 제2조 제5목**의 우회덤핑 조사 대상 물품이란 무역위원회가 조사를 결정한 물품으로, 사소한 변경 혹은 제3국에서 조립·완성된 우회덤핑 조사 대상 물품을 의미한다.

만약 우회에 대한 최종 판정 결과 사소한 변경이라고 판단이 되면, 우회덤핑 조사 대상 물품은 원심의 조사 대상 물품에 포함된다. 이를 위해 우회 최종 판정문에는 해당 우회덤핑 물품에 대해서는 관세법 제51조에 따른 덤핑방지관세 부과 조치의 덤핑 방지 관세율 또는 기준 수입 가격이 부과된다는 취지의 내용을 반드시 포함하여야 한다. 우회 판정 이후 재심이 진행될 때에도, 재심의 조사 대상 품목은 반드시 우회덤핑 물품을 포함해서 범위를 확대, 수정해야 한다. 참고로 우회덤핑 조사신청 물품은 현행법상 관세가 부과되고 있어야 하므로, 원심이나 재심에서 부과 제외된 품목은 우회덤핑 조사신청 물품이 될 수 없다.

운영 규정 제2조 제8목의 우회덤핑 조사 대상 공급자란 우회 조사 대상 기간에 한국으로 수출한 모든 생산자(producer)와 수출자(exporter)를 말한다. 반덤핑 조사 대상 선정과 마찬가지로 공급자 수가 너무 많아 모든 공급자에 대한 조사가 어려울 경우, 무역위원회는 통계적으로 유효한 표본 추출 방법 또는 對 한국 수출 물량 기준으로 가능한 범위 내에서 조사 대상 공급자를 선정한다. 미국은 우회 생산자나 수출자가 너무 많아 국가 단위로 우회 행위가 만연하다고 판단하면, 국가 단위로 우회 조사를 실시하고 조사 대상 공급자도 사실상 무작위로 선정할

수 있다. 조사 결과 우회 긍정 판정이 나면 인증을 받는 생산자나 수출자를 제외하고는 국가 단위의 단일 우회 방지 관세를 부과한다. 우리나라도 향후에는 국가 단위로 조사 대상 공급자를 선정하고, 국가 단위의 단일 우회 방지 관세를 부과할 수 있는 법령 개선이 필요하다고 본다.

참고로 우회 물품의 경우에는 원심 물품의 HS 코드와 같지만 기술적 사양이 미세하게 다른 경우가 있을 수 있고, 원심 조사 대상 기업 이외의 수많은 다른 기업이 우회 행위를 했을 가능성이 있으므로 공급자 선정이 쉽지 않을 수 있다. 예컨대 우회 행위에 관여한 해외 공급자가 수십 개라든지, 혹은 상사 하나가 우회 물품 수출의 대부분을 차지한다든지, 우회 물품의 HS 코드는 기타 품목 하나로 분류되어 있는데 기술적 사양이 특정한 품목에 한정된 특수한 상황 등이 있을 수 있다고 본다. 바로 이런 상황 때문에 미국이 국가 단위의 조사를 실시하는 것이기도 하다.

특히 시행령 제71조의 5, 제①항에 따르면 무역위원회는 조사개시와 동시에 조사 대상 공급자를 선정해서 기획재정부에 통보해야 한다. 이 때문에 무역위원회는 우회덤핑 조사 대상 공급자를 관세청의 협조를 통해 받은 통관자료를 바탕으로 조사개시 결정 전에 확정해야 한다. 미국은 국가 단위를 제외하고는 보통 가장 많은 우회 물량을 수출하는 공급자 2곳을 선정하는데, 우리의 경우에는 반드시 2곳일 필요는 없다고 본다. 일반 덤핑 조사의 경우에는 해당 물품 통관 물량의 대략 50% 내외를 차지하는 공급자를 표본 추출 방식으로 선정하게 되는데, 우회덤핑의 경우에도 비슷한 형식을 따라야 할 것이다.

문제는 우회 물품의 HS 코드가 기타 코드 1개로 분류되어 있는데, 이 한 개 코드 안에 기술적 사양이 특수한 경우에 한정해서 우회 행위가 의심되는 경우이다. 이때는 조사 대상 공급자를 기술적 사양별로 분류해서 통관 물량을 관찰한 후 선정해야 하는데, 이 분류에 따라 개별 공급자를 선정하는 것이 실무적으로 매우 어려울 가능성이 있다. 이 경우에는 일단 최대한 물량이 많은 것으로 확인된 공급자를 우선 선정하여 조사를 개시하고, 혹시라도 자발적 조사신청이

있는 경우 이를 통해 조사 대상 공급자를 추가 선정하는 방법을 추천한다. 향후 우회 신청과 조사가 활발하게 되면, 이와 관련된 조사 기법도 좀 더 진전될 것이라 생각한다. 다만 이런 경우의 근본적인 해결책은 조사 대상 공급자를 선별할 필요가 없는 국가 단위(country wide) 조사라는 점을 밝혀 둔다.

(3) 운영 규정 제32조 - 우회덤핑 조사신청 자격

> 덤핑방지관세 부과 신청·조사·판정에 관한 세부 운영 규정 제32조 [26.1.2부터 법문의 기획재정부는 재정경제부로 변경]
>
> **우회덤핑 조사신청 자격**
>
> 본조신설 2025.1.2, 시행일 2025.1.2
>
> 법 제56조의2제1항제1호의 제51조에 따라 부과요청을 한 자란 법 제51조의 규정에 의한 실질적 피해 등을 받은 국내 산업에 이해관계가 있는 자 또는 당해 산업을 관장하는 주무부 장관 중 덤핑방지관세 부과 대상물품에 대하여 기획재정부 장관에게 덤핑방지관세의 부과를 요청한 자[당해 덤핑방지관세의 부과에 필요한 조사를 위원회에 신청한 자를 포함한다] 또는 조사신청에 찬성 의사를 표시한 자를 의미한다.

운영 규정 제32조는 우회덤핑 조사신청의 자격에 대한 조항이다. 이 조항은 우회와 관련된 반덤핑 운영 규정에서 가장 중요한 조항으로, 법에 규정된 신청인 자격을 명확히 하는 조항이다. 이 조항에 따르면 우회덤핑 신청인은 원심 반덤핑 조사를 신청한 자 혹은 이에 대해 찬성 의사를 표시한 자이다. 나아가 우회덤핑 신청은 원심 반덤핑 신청과 달리 25% 이상, 50% 초과 등의 산업 대표성 요건이 없다. 이는 우회덤핑 조사의 근본적 특성 중의 하나인 산업 피해 요건이 없다는 점에 비추어 보면 매우 당연한 것이다. 나아가 우회덤핑 조사의 신청 요건을 매우 엄격하게 규정하는 경우, 우회덤핑 방지 조치의 효율성이 떨어질 수도 있다는 점도 고려하였다.

참고로 필자는 원래 우회덤핑의 신청인 자격을 현행 규정보다 훨씬 넓힐 생각이었다. 우선 필자가 제도를 도입할 때에는 우회덤핑 방지 조치의 대상이 사소한 변경으로 한정되어 있어서, 원심 신청인 이외의 수입자들도 우회덤핑 조사신청을 허용하는 것이 우회덤핑을 방지하기 위한 정책적 효율성 측면에서 바람직할 수도 있기 때문이다. 그 일환으로 필자는 원래 우회덤핑의 신청인 자격은 시행령에 "이해관계인"으로 포괄적으로 규정하였다. 하지만 기획재정부와의 협의 과정에서 해당 내용은 삭제되었고, 할 수 없이 운영 규정으로 옮겨서 규정했다. 신청인 자격도 이해관계인 범주라는 포괄적 범위가 아니라, 신청인 혹은 조사에 찬성 의사를 표시한 자로 축소하였다.

참고로 미국과 EU, 캐나다는 우회덤핑 신청인이 이해관계인으로 매우 포괄적으로 규정되어 있다. 즉 미국은 CFR에 단순히 이해관계인$^{(interested\ party)}$이라고만 기재되어 있는데,¹ 이는 반덤핑 조사 규정에서 산업을 대표해야 하는 요건$^{(on\ behalf\ of\ an\ industry)}$이 부과되어 있는 것과 대비된다. 이에 따라 미국은 원심 반덤핑 조사 신청인뿐만 아니라, 이해관계가 있는 수입자도 우회덤핑 조사를 신청할 수 있다. EU는 충분한 증거만 있으면 어떤 이해관계자$^{(any\ interested\ party)}$도 신청할 수 있도록 법률에 규정해 두었다.² 캐나다는 신청인 요건을 법률로 명시적으로 규정하지 않으나, 시행령에서 조사 대상 물품의 생산자, 수출자, 수입자로 우회덤핑 조사 신청인의 범위를 넓혀 두었다.³ 우리나라도 향후에는 조사신청 자격 범

---

1   19 CFR § 351.226.(c) Circumvention inquiry request –
    (1) In general. An interested party may submit a request for a circumvention inquiry that alleges that the elements necessary for a circumvention determination under section 781 of the Act exist and that is accompanied by information reasonably available to the interested party supporting these allegations. The circumvention inquiry request must be served in accordance with the requirements of paragraph (n) of this section.

2   Regulation (EU) 2016/1036 Article 13 Circumvention 3: Investigations shall be initiated pursuant to this Article on the initiative of the Commission or at the request of a Member State or any interested party on the basis of sufficient evidence regarding the factors set out in paragraph 1 of this Article.

3   SIMR 57.17 For the purpose of subsection 72(3) of the Act, a complaint in respect of the alleged circumvention of an order of the Governor in Council or an order or finding of the Tribunal shall contain the following information:

위를 넓히는 방안을 적극 고려해 볼 필요가 있다고 본다.

(4) 운영 규정 제33조 - 우회물품에 대한 덤핑방지관세 부과에 필요한 조사 신청

> 덤핑방지관세 부과 신청·조사·판정에 관한 세부 운영 규정 제33조
> **우회물품에 대한 덤핑방지관세 부과에 필요한 조사신청**
>
> 본조신설 2025.1.2, 시행일 2025.1.2
>
> ① 영 제71조의4제1항의 규정에 의하여 우회물품에 대한 덤핑방지관세의 부과에 필요한 조사신청을 하고자 하는 자는 위원회가 지정한 서식에 의한 "우회물품에 대한 덤핑방지관세 부과에 필요한 조사 신청서 작성 및 증빙 자료제출요령"에 의해 작성한 "우회물품에 대한 덤핑방지관세 부과에 필요한 조사 신청서"를 작성하여 위원회에 제출하여야 한다.
> ② 제1항의 규정에 의하여 신청인이 조사 신청서를 제출하는 때에는 신청서에 우회 덤핑 조사신청 물품의 수입사실을 포함하여 제71조의4제1항제1호 각목의 사실에 관한 충분한 증빙자료를 첨부하여야 한다.

운영 규정 제33조는 우회덤핑 조사신청에 대한 조항이다. **운영 규정 제33조 제①항**에 따르면 우회덤핑 조사를 신청하려는 경우에는 무역위원회가 지정한 조사 신청서를 작성해야 한다. 우회 조사 신청서는 이 책의 별첨에 붙여 두었다. 앞서 언급한 대로 우회 조사 신청서는 법령상 조사신청에 반드시 필요한 요건들

(a) an indication of that order or that order or finding;
b) an explanation of the allegations, including a description of the goods whose importation is alleged to circumvent that order or that order or finding;
(c) the name and civic address and, if different, postal address of the complainant, along with an indication of whether the complainant is an importer, exporter or producer of goods that are subject to that order or that order or finding or like goods in relation to those subject goods;

을 모두 포함하고 있으므로, 우회 조사 신청서만 작성하면 법령상 요건을 최소한 형식적으로는 모두 충족하게 된다.

운영 규정 제33조 제②항은 우회 조사 신청서 작성 시 이를 증빙하는 "충분한" 증빙자료를 첨부해야 한다는 조항이다. "충분한"이라는 뜻은 확신의 범위를 100%라고 했을 때 확신의 정도가 50%를 초과하는 기준을 뜻한다. 즉, 언뜻 보아도 우회덤핑이 있었다는 확신이 증명되는 기준$^{(prima\ facie)}$이면 족하다. 증빙자료 또한 신청서 서식에 포함되어 있으므로, 신청서 서식만 충실히 작성하면 운영 규정에서 규정한 요건을 최소한 형식적으로는 충족하게 된다. 규정에는 명시적으로 없지만 증빙자료의 충분성 외에, 정보의 정확성과 적절성도 신청서 작성에 반드시 필요한 요건임을 유의하자.

(5) 운영 규정 제34조 – 신청서 검토 등

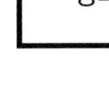

덤핑방지관세 부과 신청·조사·판정에 관한 세부 운영 규정 제34조
신청서 검토 등
본조신설 2025.1.2, 시행일 2025.1.2
① 위원회는 조사 신청서가 제출되면 영 제71조의4제1항의 규정에 의한 신청서 구비요건을 검토하여야 한다.
② 위원회는 제1항의 규정에 의한 검토결과, 보완이 필요하다고 인정하는 사항에 대하여는 신청인에게 이를 보완하여 줄 것을 요청할 수 있다.
③ 신청인은 제2항의 규정에 의하여 보완요청을 받은 때에는 보완자료를 제출하여야 한다. 이 경우 보완된 자료가 제출된 날을 조사 신청서가 접수된 날로 본다.
④ 위원회는 조사 신청서를 접수받은 날부터 14일 이내에 당해 사실을 관계 행정기관의 장과 당해 물품의 공급국 정부에 통보하여야 한다.

우회덤핑 방지 제도 해설書 - 이힘희 著
한국 우회덤핑 방지 제도 설계자의 해설書

운영 규정 제34조는 무역위원회의 우회덤핑 조사 신청서 검토 과정에 대한 조항이다. **운영 규정 제34조 제①항**은 시행령에 규정된 우회 조사 신청서 구비 요건을 검토하라는 조항이다. 무역위원회가 만든 우회 조사 신청서를 빠짐없이 충실하게 작성하였다면, 최소한 형식적으로는 큰 문제가 없을 것이다. 다만 무역위원회는 신청서에 포함된 내용이 정확한지, 우회 요건을 충족하는 내용으로 적절한 정보가 제시되었는지, 그리고 우회에 대한 증빙자료가 충분한지, 우회 조사 신청 자격은 있는지 등의 실체적 검토를 진행해야 한다. **운영 규정 제34조 제②항**은 혹시 보완이 필요한 경우 무역위원회는 신청인에게 보완 요청을 할 수 있다는 조항이다.

운영 규정 제34조 제③항에 따르면 만약 보완 요청이 있었다면 보완 자료가 제출된 날이 우회 조사 신청서가 접수된 날이 된다. 규정에는 명시되어 있지 않지만, 조사 신청서 접수가 연기되려면 보완 요청은 서면으로 이루어져야 한다. **운영 규정 제34조 제④항**은 우회 조사 신청서가 정식으로 접수된 날로부터 14일 이내에 관계 행정기관의 장과 당해 물품의 공급국 정부에 통보해야 할 의무를 규정한다. 앞서 언급한 대로 명시적 규정은 없지만, 우회 조사 신청서 접수는 원심 반덤핑 조사의 경우와 마찬가지로 일반 대중에 공개되어서는 안 된다고 본다.

(6) 운영 규정 제35조 - 우회덤핑 조사 대상 물품 범위에 대한 의견 제출

덤핑방지관세 부과 신청·조사·판정에 관한 세부 운영 규정 제35조
우회덤핑 조사 대상 물품 범위에 대한 의견 제출
본조신설 2025.1.2, 시행일 2025.1.2
① 우회덤핑 조사 대상 물품의 범위에 대하여 이해관계인은 우회덤핑 조사개시 결정에 관한 사항이 관보에 게재된 날로부터 3주 이내에 위원회에 서면으로 의견을 제출할 수 있다. 이 경우 위원회는 이해관계인의 의견을 반영하여 우회덤핑 조사 대상 물품의 범위를 조정할 수 있다.

II. 텍스투스 - 한국의 우회덤핑 방지 제도 해설

> ② 위원회는 제1항에 따라 우회덤핑 조사 대상 물품의 범위를 조정한 경우에는 이를 이해관계인에게 통보하여야 한다.

운영 규정 제35조는 우회덤핑 조사 대상 물품의 범위에 대한 의견 제출 내용이다. 무역위원회는 통상적으로 조사개시를 관보에 게재할 때, 조사 대상 물품의 정의도 관보에 같이 게재한다. **운영 규정 제35조 제①항**에 따르면 이 경우 이해관계인은 관보 게재 후 3주 이내에 조사 대상 물품의 범위에 대한 의견을 서면으로 제출할 수 있다. 만약 제시된 의견이 합리적이라면 무역위원회는 조사 대상 물품의 범위를 새로 조정할 수도 있다. 참고로 일반 반덤핑 및 상계관세 원심 조사의 경우 조사 대상 물품의 의견 제출 기한은 4주인데, 우회덤핑 조사는 이를 단축하여 3주로 정하였다.

운영 규정 제35조 제②항은 만약 조사 대상 물품의 범위가 변경된 경우에는 이해관계인에게 통보해야 한다는 조항이다. 명문에는 규정되어 있지 않지만, 통보는 서면으로 하는 것이 바람직하다.

(7) 운영 규정 제36조 - 우회덤핑 조사 참여 신청

> 덤핑방지관세 부과 신청·조사·판정에 관한 세부 운영 규정 제36조
> **우회덤핑 조사 참여 신청**
>
> 본조신설 2025.1.2, 시행일 2025.1.2
>
> ① 우회덤핑 조사 대상 공급자가 조사를 받고자 하는 경우에는 '조사 참여 신청서'를 우회덤핑 조사개시 결정에 관한 사항이 관보에 게재된 날로부터 2주 이내에 위원회로 제출하여야 한다.

> ② 위원회는 제1항에 따른 조사 참여 신청에 대하여 조사의 필요성 등을 고려하여 조사 참여 여부를 결정하고 그 결과를 우회덤핑 조사 참여 신청인에게 통보하여야 한다.

운영 규정 제36조는 우회덤핑 조사참여 신청에 대한 내용이다. 일반적으로 조사개시 내용이 관보에 게재된 후 무역위원회는 조사 참여를 희망하는 경우, 그 의사를 무역위원회에 제출하라는 내용을 관보에 게재한다. 원심 반덤핑 조사의 경우에는 3주의 기간을 부여하는데, **운영 규정 제36조 제①항**에 따르면 우회덤핑 조사의 경우에는 2주 이내에 조사 참여 신청서를 제출해야 한다.

유의해야 할 점은 조사 참여 신청서를 제출하지 않았다고 하여, 무역위원회가 조사에 필요한 적법 절차 조항을 준수할 필요가 없다고 생각하면 안 된다. 무역위원회는 조사 참여 신청서를 제출하지 않은 조사 대상 업체에 대해서도 적법 절차 등의 절차적 권한을 반드시 보장해야 한다. 예컨대, 조사 참여 신청서를 제출하지 않은 조사 대상 업체에 대해서도 우회덤핑 판정 결과는 반드시 송부해야 하고, 사전에 핵심적 고려 사항에 대한 의견 청취 기회를 제공해야 한다.

운영 규정 제36조 제②항은 만약 조사 대상 물품의 범위가 변경된 경우에는 이해관계인에게 통보해야 한다는 조항이다. 이전 조항과 마찬가지로 통보는 서면으로 하는 것이 바람직하다.

(8) 운영 규정 제37조 – 조사개시 여부 결정 시 의견 문의

> 덤핑방지관세 부과 신청·조사·판정에 관한 세부 운영 규정 제37조
> **조사개시의 결정 등**
>
> 본조신설 2025.1.2, 시행일 2025.1.2
>
> 위원회가 영 제71조의5제1항의 규정에 의한 우회덤핑 조사개시 여부를 결정함에 있어 산업 주무부 장관 및 관계 행정 기관의 장에게 다음 각호의 사항에 대한 의견을 구할 수 있다.
> 1. 우회덤핑 조사개시의 필요성 여부
> 2. 조사 신청서 및 증빙자료 내용의 타당성 여부
> 3. 당해산업에 대한 산업지원 관계법령에 의한 자금 등 각종 지원 내용
> 4. 기타 우회덤핑 조사개시 여부 결정과 관련한 의견 등

운영 규정 제37조는 무역위원회가 조사개시 여부를 결정하기 전에 해당 산업의 주무부 장관이나 관계 행정기관의 장에게 의견을 구할 수 있다는 조항이다. 실무적으로는 많이 활용되지는 않을 것으로 보이나, 만약에라도 필요한 경우 무역위원회가 의견을 구할 수 있는 근거 조항이라고 보면 된다. 이 조항은 덤핑방지관세 부과 신청·조사·판정에 관한 세부 운영 규정 제17조, 상계관세 부과 신청·조사·판정에 관한 세부 운영 규정 제18조와 동일한 내용이다.

SAPERE AUDE

III
에필로그
우회덤핑 방지 제도 개선 제언

01 한국의 우회덤핑 방지 제도 개선을 위한 제언

　한국에 우회덤핑 방지 제도 도입을 주도한 경험은 개인적으로 매우 소중한 것이었다. 주변의 많은 도움이 있었고, 제도 도입이 성공적이었다는 점은 다행이다. 하지만 아쉬운 점도 있다. 즉 EU, 미국, 캐나다 등이 도입한 정교하고 고도화된 우회 방지 제도 등이 빠져 있고, 생산지 변경을 통한 우회 제도도 처음부터 도입하지 않았다. 이 때문에 필자가 우회덤핑 방지 제도 도입을 주도하는 과정에서 고도화된 우회 방지 제도와 생산 우회 도입을 위해 메모해 놓은 몇 가지 제언을 간략히 정리해 보고자 한다.

(1) 우회 방지 고도화 ①: 국가 단위 조사 및 적용 제도 도입

　우리 우회 방지 제도에는 국가 단위 제도가 없다. 국가 단위 제도는 한 국가로부터 우회가 만연하다고 판단하면, 해당 국가의 우회 물품에 대해 단일 우회덤핑률을 적용할 수 있는 제도이다. EU, 미국, 캐나다 모두 이 제도를 가지고 있으므로, 우리도 이 제도 도입을 진지하게 검토해야 한다고 본다.

(2) 우회 방지 고도화 ②: 면제 제도 신설

　국가 단위 우회덤핑률을 도입할 경우에는 면제 제도가 필수적이다. 즉, 국가 단위 전체로 적용되는 우회덤핑률을 면제받기 위해 생산자나 수입자가 면제를 신청하는 제도가 반드시 필요하다.

(3) 우회 방지 고도화 ③: 최소부과원칙(LDR) 적용 배제

우회덤핑 조사의 경우에는 관세 부과 결정 시 최소부과원칙$^{(Lesser\ Duty\ Rule,\ LDR)}$ 적용을 배제해야 한다. 이는 우회라는 기만적 행위의 효율적 방지라는 정책 목표에 꼭 필요한 요소이다.

(4) 우회 방지 고도화 ④: 소급효 확장

현행 제도는 우회 긍정 판정이 나면, 조사개시일까지만 소급된다. 미국은 신청이나 직권으로 조사개시일 이전에도 우회 물품 수입이 확인되면, 조사개시 이전까지도 소급이 가능하다. 효율적인 우회 방지라는 정책 목표를 위해서 소급효 기간을 더 늘리는 방안도 적극 검토할 필요가 있다. 예컨대 표면 처리를 하지 않은 열연 후판$^{(HS\ 코드\ 7298,\ 7225\ 등)}$에 최대 38%의 잠정 반덤핑 관세를 부과하였더니, 표면에 페인트를 칠한 우회 행위가 극성을 이루고 있다고 가정하자. 불행히도 잠정 조치 단계이기 때문에 우회 조사는 당장 불가능하다. 이 경우에는 최종 판정 직후 직권으로 우회 조사를 실시하고, 우회 판정 후 소급효 기간을 우회 조사 개시일이 아니라 원심의 잠정 조치 단계까지 더 확대하는 방안이 바람직하다.

(5) 우회 방지 고도화 ⑤: 상계관세 우회 방지 제도 도입

현재는 덤핑에 대한 우회 방지 제도만 포함되어 있고, 상계관세에 대한 우회 방지 제도는 포함되어 있지 않다. 하지만 향후 상계관세 조사 활성화에 대비하여, 상계관세 우회 방지 제도 또한 반드시 신설하는 것이 필요하다.

(6) 우회 방지 고도화 ⑥: 우회 관세 부과시 물리적 스펙 기준 도입 혹은 HS 코드 신속 신설 절차 마련

반덤핑 관세를 부과하는 현행 기준은 모두 HS 코드 기준이다. 즉 HS 코드에 따라 반덤핑 관세 부과 여부가 달라진다. 하지만 이는 우회덤핑 물품에 대한 관세 부과에 적합하지 않다. 예컨대 H형강의 위, 아래를 패치로 덧된 제품은 기타 철강 구조물이라는 HS 코드 730890 하나로 분류된다. 이런 상황에서 만약 H형강 우회 물품에 우회덤핑 관세를 HS 코드 기준으로 부과하면, 우회 물품 이외의 모든 기타 철강 구조물이 포함된다. 열연 후판 표면에 단순히 페인트만 칠한 컬러 후판의 경우도 마찬가지다. 만약 이 경미한 변경을 방지하고자 컬러 후판 전체 HS 코드 기준으로 반덤핑 관세를 확대 부과하면, 실제로 생산설비를 통한 정상적인 컬러 강판 제품 전체가 반덤핑 관세 부과 대상이 된다. 이는 우회 방지 제도의 본질적인 취지에도 배치된다. 따라서 우회 관세를 부과할 때는 HS 코드 기준이 아니라, 물리적 스펙을 기준으로 관세를 부과하는 방안을 검토하는 것이 필요하다고 본다. 물리적 스펙 기준으로 관세를 부과하는 통관 행정이 사실상 불가능하다면, 우회 판정 때마다 해당 우회 물품의 물리적 특성이나 화학성분을 기초로 매번 새로운 HS 코드를 부여하는 새로운 방안을 마련할 필요가 있다.

(7) 생산 우회 도입 ①: 조사 기간 1년으로 연장

생산 우회 판정에서는 기존의 덤핑이나 산업피해 판정과는 달리 부가가치를 새로 산정해야 한다. 부가가치 산정은 본문에서 언급한 대로, 결코 쉬운 작업이 아니다. 이 때문에 조사 기간이 현행 6개월로는 턱없이 부족하다. '25년 8월 입법 예고된 시행령은 단순히 연장 기간을 1개월에서 2개월로 늘렸는데, 이는 조사 현실을 적절히 반영하지 못한 규정이라고 본다. 생산 우회 조사의 경우에는 미국처럼 조사 기간을 1년으로 연장하는 것이 바람직하다.

(8) 생산 우회 도입 ②: 예비 판정과 본판정 구분 필요

조사 기간을 1년으로 할 경우, 미국처럼 예비판정과 본판정을 구분하는 방안을 고려해야 한다. 다만 기간은 예비판정 9개월, 본판정 3개월 정도로 하여, 부가가치 계산이나 실사 등 복잡한 사안을 예비판정에서 완료할 수 있도록 기간을 차별화하는 것이 필요하다고 본다. 다만 이 경우에도 우회 방지제도의 특성상 공청회는 필요 없을 것으로 본다.

(9) 생산 우회 도입 ③: 잠정 조치 신설 및 덤핑방지관세 부과 물품 범위 확대

조사 기간을 1년으로 늘리고 예비 판정과 본 판정을 구분하면, 잠정 조치가 반드시 필요하다. 잠정 조치는 EU도 미국도 모두 채택하여 활용하는 제도로, 조사 기간이 늘어나면 반드시 도입하는 것이 바람직하다고 본다. 나아가 가격 약속 대상 물품은 현행 법률 규정상 우회 조사 대상이 아닌데, 생산 우회를 도입할 경우 관세법 제56조의 2, 제①항의 덤핑방지관세가 부과되는 물품이라는 용어는 덤핑방지 조치가 적용되는 물품으로 법률 규정을 고쳐야 한다.

(10) 생산 우회 도입 ④: 무역 패턴 및 경제적 타당성 분석 필요

제3국 생산 우회를 도입하면 무역 패턴 분석과 경제적 타당성에 대한 요소도 필수적으로 검토해야 한다. 아울러 무역 구제 훼손 여부에 대한 약식 검토 또한 필요하다고 본다.

(11) 생산 우회 도입 ⑤: 부가가치 기준 신설

부가가치 기준도 새로 설정해야 한다. 주로 사용하는 수치는 25%(EU), 30%(인도) 혹은 35%(브라질)이므로, 이들 중의 하나를 사용하는 방안을 검토하는 것이 필요하다. 나아가 부가가치는 국내 생산 기준과 제3국 생산 기준을 별도로 구분하여 기준을 설정하는 것이 좋을 것으로 본다. 국내 생산 기준의 경우에는 제3국 생산 기준보다 덜 엄격하게 규정하는 것도 대안이다. 예컨대 브라질은 생산 우회 규제를 위한 부가가치 기준으로, 국내 생산은 부가가치 25% 이하, 제3국 생산은 부가가치 35% 이하 기준을 사용한다. 이렇게 함으로써 국내 생산업체의 사정을 더 고려할 수 있기 때문이다.

(12) 생산 우회 도입 ⑥: 해당 부품 혹은 구성품의 우회 요건 설정

생산 우회에는 해당 물품의 조립 또는 완성에 사용되는 부품 혹은 구성품의 요건을 설정해야 한다. EU는 60% 이상의 부품이 조치 대상국으로부터 수입되어야 하고, 캐나다는 상당량의 부품 혹은 구성품의 원산지가 조치 대상국이거나, 혹은 조치 대상국으로부터 수입되어야 제3국 생산 우회의 필요 요건을 충족하는 것으로 본다. 미국은 원심 조사개시 후 조치가 적용된 해당국으로부터 제3국으로 부품 혹은 구성품, 또는 물품(merchandise)의 수입이 증가했는지 여부를 검토한다.

우리나라는 미국이나 EU보다 캐나다 모델을 추종하여, 구성품의 원산지가 조치 대상국이거나 혹은 조치 대상국으로부터 수입되었을 요건을 설정하는 것이 바람직하다고 본다. 다만 캐나다처럼 상당량이라는 요건보다는 EU처럼 60% 이상이라는 수치 요건을 명시하는 것이 예측 가능성이라는 측면에서 합리적인 대안일 것으로 생각한다.

(13) 생산 우회 도입 ⑦: 원산지 규정 개정 및 신청서·질의서 개정

생산 우회를 도입하게 되면, 기존의 원산지 규정과 충돌할 수 있다. 이 때문에 원산지 규정을 개정하여 우회덤핑에 대한 특칙 신설이 필요하다. 아울러 현행 우회덤핑 신청서와 질의서는 생산 우회를 전제하지 않고 만든 신청서와 질의서이므로, 부가가치 산정을 위해 필요한 정보, 부품 및 요소 수입 현황에 대한 상세 정보, 제3국

생산자와의 무역 거래 및 특수관계 정보 등과 관련된 내용을 신청서와 질의서에 반드시 추가해야 한다.

(14) 생산 우회 도입 ⑧: 우회덤핑 마진 규정 개정

생산 우회의 경우 제3국 우회 의심 업체가 원심 조사 대상 업체와 특수관계에 있거나 혹은 그 조사 대상 업체의 부품을 사용하였다면, 필요할 경우 해당 원심 조사 대상 업체의 고율 덤핑마진을 적용할 수 있도록 규정을 신설하여야 한다. 나아가 생산자가 아닌 상사에 대해서도 우회 물품을 수출하는 경우, 비록 최선의 노력으로 답변서를 제출했다고 하더라도 생산자 정보를 몰라 우회 질의서에 제대로 답변하지 못했다면 최고 덤핑률을 부과할 수 있는 근거 규정을 마련하는 것이 필요하다.

(15) 생산 우회 도입 ⑨: 우회 물품의 범위를 동종 물품으로 한정

생산 우회의 경우 우회 물품의 범위를 동종 물품으로 한정하여야 한다. 이렇게 하지 않고 미국처럼 동일 분류 혹은 동일 종류 등의 개념으로 확장할 경우, 우회 물품의 범위가 무한대로 확장할 우려가 크다. 즉, 중국산 알루미늄 시트에 반덤핑 관세를 부과했더니, 한국의 알루미늄 호일 수출이 증가하였다고 하자. 생산 우회의 범위를 동종 물품으로 한정하면, 두께가 두꺼운 알루미늄 시트와 아주 얇은 알루미늄 호일을 동종 물품으로 간주하는 것은 매우 어렵다. 하지만 미국처럼 동일 분류 혹은 동일 종류로 범위를 넓히면, 중국산 알루미늄 시트는 한국산 알루미늄 호일을 통해서 생산 우회를 했다고 판정할 수 있게 된다. 필자는 제3국 생산 우회 방지 제도가 이런 것까지 우회라고 판정하려고 해서는 안 된다고 생각한다. 이와 관련하여 기획재정부가 '25.8.12~9.22까지 입법 예고한 시행령 개정안 제71조의 2, 제①항 제2호에서 제3국 조립 또는 완성의 범위를 동종 물품으로 한정한 것은 적절한 문안이라고 생각한다.

IV

별첨
우회덤핑 조사 신청서

IV. 참고 - 우회덤핑 방지 조사 신청서

【별지 서식[1]】

우회덤핑 물품에 대한 덤핑방지관세의 부과에 필요한 조사 신청서 작성 및 증빙자료제출 요령

우회덤핑 방지 관세의 부과에 필요한 조사신청 및 상담은
무역위원회 덤 핑 조 사 지 원 과 : TEL. (044) 203-3861~3866

---

[1] '25.12월 기준 신청서로 제3국 조립 또는 완성 유형이 추가되면서, 동 신청서 서식은 사소한 변경의 경우 우회조사 신청에만 해당함을 알려 드립니다.

목차

- **I** 조사신청개요 ··· 210
  - 1) 신청취지 ··· 210
  - 2) 신청인 ·· 210
  - 3) 피신청인 ·· 210
  - 4) 조사 대상 물품 및 덤핑방지관세물품 ·· 211
  - 5) 우회덤핑 조사신청 물품 ··· 211
  - 6) 국내시장현황 ·· 211

- **II** 덤핑방지관세물품과 우회덤핑 조사신청 물품에 관한 사항 ············ 212
  - 1) 덤핑방지관세물품 ··· 212
  - 2) 우회덤핑 조사신청 물품 ··· 212
  - 3) 덤핑방지관세물품과 우회덤핑 조사신청 물품의 개략적 비교 ········ 213

- **III** 신청인의 신청자격유무에 관한 사항 ··· 213
  - 1) 관세법 제51조에 따른 부과요청을 한 자라는 사실 ······················· 213

- **IV** 우회덤핑 조사신청 물품의 수입 사실과 우회덤핑 해당 여부 등의 증빙에 관한 사항(시행규칙 제20조의 2 관련 사항) ···················· 213
  - 1) 우회덤핑 조사신청 물품의 수입 사실에 관한 증빙 ······················· 213
  - 2) 물리적 특성 및 화학성분 차이 ··· 214
  - 3) 관세·통계 통합품목 분류표상 품목번호 차이 ······························ 214
  - 4) 대체할 수 있는 범위 및 용도 ·· 214

- **V** 자료의 정확성 및 증빙 목록 (시행령 제71조의 4) ··························· 214
  - 1) 첨부. 자료의 정확성 입증 및 〈증빙자료 목록〉 ······························ 215

IV. 참고 - 우회덤핑 방지 조사 신청서

< 안 내 사 항 >

이 요령은 관세법 제56조의 2 및 동법 시행령 제71조의 4 제①항의 규정에 의하여 무역위원회에 제출할 우회덤핑 물품에 대한 덤핑방지관세의 부과에 필요한 조사 신청서 작성 및 증빙자료 제출 요령입니다.

신청서를 제출하실 때에는 신청서와 관련 증빙자료 각 3부씩을 제출하여야 하며, 각종 통계 자료는 과거 3년 이상의 수치에 의거 작성하여 주시고, 손익 등 회계자료는 "기업회계기준"에 근거하여 공표된 재무제표에 연계되어야 하며, 신청서 내용 중 항목별 기재 내용이 많을 경우에는 별지를 추가하여 작성하여도 무방합니다.

신청서와 관련 증빙자료의 내용 중 영업비밀로 보호받고자 하는 자료는 비밀로 취급하여 줄 것을 요청하는 정당한 사유를 기재하고 "영업상 비밀" 자료 또는 "Business Proprietary"라는 표기를 하여 다른 자료와 구분되도록 하여 제출하여야 하며, 이 경우 이해관계인에게 제공하기 위한 영업상비밀이 아닌 요약서 3부(필요한 경우에는 추가로 요구할 수 있음)를 제출하여야 합니다. 영업상 비밀자료로 분류된 자료에 대해서는 관세법 시행령 제71조의 9 제①항, 제64조 제②항의 규정에 의해서 영업상 비밀로 보호됩니다.

신청서는 관련 증빙자료 등 사실에 근거하여 정확하게 작성하여야 하고, 가능하면 참고자료도 첨부하여 주시기 바랍니다. 신청인이 복수인 경우에는 연명으로 신청하실 수 있습니다.

(공급국)산(2개국 이상인 경우는 공급국 모두 추가)(우회덤핑 조사신청 물품명) 우회덤핑 물품에 대한 덤핑방지관세의 부과에 필요한 조사 신청서

본인은 [조사신청 국가명, 국가가 복수인 경우 모두 기재]로부터 [우회덤핑 조사신청 물품명]이 관세법 제51조에 따라 덤핑방지관세가 부과되는 물품의 물리적 특성이나 형태 등을 경미하게 변경하는 행위 등을 통하여, 해당 덤핑방지관세의 부과를 회피하려는 사실에 관한 증빙자료를 첨부하여 관세법 제56조의2 및 동법 시행령 제71조의 4 제①항의 규정에 따라 상기 물품에 대한 덤핑방지관세 부과에 필요한 조사를 하여 줄 것을 신청합니다.

아울러 본 신청서 및 별책 부록 첨부 서류에는 본인의 제조원가, 공표되지 아니한 회계자료, 거래처의 성명 주소 및 거래량, 비밀정보의 제공자에 관한 사항 [열거된 비밀정보 이외의 비밀정보가 있는 경우 그 정보와 사유를 기술하여 주기 바람] 등 관세법 시행규칙 제20조의 4에 따라 영업상 비밀로 취급되어야 할 자료가 포함되어 있으므로 관세법 시행령 제71조의 9 제①항, 제64조 제②항 규정에 의거 비밀로 취급하여 주시기 바라며, 본인의 동의 없이 공개되지 않도록 하여 주시기 바랍니다.

년　월　일

신 청 인 :　　　　　　　　(인)

　　　　　　　　　　　　　(인)

무 역 위 원 회 귀 중

Ⅰ. 조사신청개요

1. 신청취지

주) 우회덤핑 조사신청 물품^(ooo공급국, ooo물품)의 경미한 변경행위 여부 등 우회덤핑 해당 여부에 대한 요지 및 덤핑방지관세 부과의 필요성을 간략히 기술하시기 바랍니다.

2. 신청인

주) ① 대리인이 있는 경우 대리인 선임장 사본을 첨부하여 주시기 바랍니다.
　② 신청인별로 본사의 전화, 이메일 등 연락 방법을 기재한 자료를 첨부하여 주시기 바랍니다.

[년도 기준]

신청인	신청인이 2인 이상일 경우 별지 작성
대표자	
주 소	
총매출액	백만원
덤핑방지관세물품 매출액	백만원
종업원수	명

주) 가장 최근 연도를 기준으로 작성해 주시기 바랍니다.
주) 조사신청 자격이 있는 자는 관세법 제51조에 따른 부과요청을 한 자 혹은 찬성 의사를 표시한 자입니다.

3. 피신청인

공급국	공 급 자 명 (수출자, 생산자)	덤핑방지관세 물품	덤핑방지관세율

주) 우회덤핑 조사신청 물품은 공급국, 공급자^(생산자, 수출자)를 기재하시고 주소, 전화번호, 이메일 등 연락 방법을 기재한 자료를 첨부하여 주시기 바랍니다.

주) 피신청인으로 기재된 공급자에 대하여 원심 또는 재심에서 부과받은 덤핑 방지 관세율이 있다면, 이를 기재하여 주시기 바랍니다. 그밖의 공급자의 경우에는 그밖의 공급자 덤핑 방지 관세율을 기재하여 주시기 바랍니다.

4. 조사 대상 물품 및 덤핑방지관세 물품

가. 조사 대상 물품명

주) ① 덤핑방지관세 물품과 관련된 무역위원회의 의결서 공개본에 기재된 조사 대상 물품에 관한 사항을 기재하시기 바랍니다.
  ② 조사 대상 물품의 관세분류번호(HSK번호)와 CCN 기준을 기재하시기 바랍니다.

나. 덤핑방지관세 물품명

주) ① 관세법 제51조에 따라 덤핑방지관세가 부과되는 외국물품(덤핑수입)에 관한 사항을 기재하시기 바랍니다.
  ② 덤핑방지관세 부과 물품에 대한 덤핑방지관세의 부과 내용을 기재하시기 바랍니다.
  ③ 덤핑방지관세 부과 물품의 관세분류번호(HSK번호)와 기본관세율을 기재하시기 바랍니다.

5. 우회덤핑 조사신청 물품

가. 우회덤핑 조사신청 물품명

주) ① 우회덤핑 조사신청 물품은 우회덤핑 혐의물품이기 때문에 신청인의 생산품을 기재해서는 아니되며, 반드시 외국(우회덤핑) 혐의 물품에 관한 사항을 기재하시기 바랍니다.
  ② 우회덤핑 조사신청 물품의 관세분류번호(HSK번호)와 기본관세율을 기재하시기 바랍니다.

나. 우회덤핑 조사신청 물품의 특정

주) 특성, 규격, 모델 및 용도에 대한 설명을 포함하시기 바랍니다.

6. 국내시장 현황

주) 우회덤핑 조사신청 물품을 기준으로 작성 바랍니다.

가. 수입자 및 수요자

<주요 수입자>

[단위:]

수입자	수입량	비중(%)

주) 수입자와 수요자를 아는 범위 내에서 주소, 전화번호, 연락 방법 등 상세한 자료를 첨부하여 주시기 바랍니다.

<주요 수요자>

[단위:]

수요자	수요량	비중(%)

주) 신청인과 거래관계가 없는 수요자도 포함하여 주시기 바랍니다.

나. 국내 생산자

[단위:]

국내 생산자	생산량	비중(%)

주) 생산자 협회, 단체의 회원명부 등 국내 생산자 인적사항 자료를 첨부하여 주시기 바랍니다.

II. 덤핑방지관세 물품과 우회덤핑 조사신청 물품에 관한 사항

1. 덤핑방지관세 물품

가. 물리적 특성 및 화학성분

나. 관세·통계 통합 품목 분류표상 품목번호

다. 용도

2. 우회덤핑 조사신청 물품

가. 물리적 특성 및 화학성분

나. 관세·통계 통합 품목 분류표상 품목번호

다. 용도

3. 덤핑방지관세 물품과 우회덤핑 조사신청 물품의 개략적 비교

가. 물리적 특성 및 화학성분 차이

나. 관세·통계 통합 품목 분류표상 품목번호 차이

다. 덤핑방지관세 물품을 우회덤핑 조사신청 물품으로 대체할 수 있는 범위 및 우회덤핑 조사신청 물품의 용도

주) 두 물품 간의 요소를 위 항목에 따라 나누어 비교하여 주시기 바랍니다.

III. 신청인의 신청자격 유무에 관한 사항

1. 관세법 제51조에 따른 부과요청을 한 자라는 사실

주) 신청인이 관세법 제51조에 따른 부과요청을 한 자인지[법 제51조의 규정에 의한 실질적 피해 등을 받은 국내 산업에 이해관계가 있는 자 중, 덤핑방지관세물품에 대하여 덤핑방지관세를 부과한 당해 조사를 기획재정부 장관에게 신청한 자 또는 조사신청에 찬성의사를 표시한 자인지] 여부를 기술하시기 바랍니다.

IV. 우회덤핑 조사신청 물품의 수입 사실과 우회덤핑 해당 여부 등의 증빙에 관한 사항(관세법 시행규칙 제20조의 2 관련사항)[12]

1. 우회덤핑 조사신청 물품의 수입 사실에 관한 증빙

구분 \ 년도	00년	00년	증감률	00년	증감률	00년	증감률
물량(a)							
금액(b)							

주) 최근 4년간의 우회덤핑 조사신청 물품의 對 한국 수출실적(물량및금액)을 기재하여 주시기 바랍니다.

---

1 덤핑방지관세물품과 우회덤핑 조사 대상 물품을 생산하는 설비 간의 차이를 파악하고 있다면, 별도 목차(IV. "5. 생산설비 차이" 등)로 기재하여 주시기 바랍니다. 필요한 경우 가공 및 가공 설비의 특성, 가공 또는 설비에 대한 투자의 수준, 가공 관련 연구 개발의 수준 또한 함께 기재하여 주시기 바랍니다.

2 덤핑방지관세물품과 우회덤핑 조사 대상 물품의 변경과정에서 통상적으로 발생하는 비용을 파악하고 있다면, 별도 목차(IV. "6. 변경행위에 소요되는 비용" 등)로 기재하여 주시기 바랍니다. 변경비용을 구성하는 비용의 예시는 다음과 같습니다: 재료, 인건비, 에너지, 간접비, 판매비, 일반 및 관리비, 이자 비용 등.

2. 물리적 특성 및 화학성분 차이

주) ① 물리적 특성 및 화학성분이 분리되기 어려운 경우, 통합해서 작성해 주시기 바랍니다.
② 물리적 특성 및 화학성분의 예시는 다음과 같습니다: 표면 마감처리, 코일 또는 절단 길이의 두께, 표면의 거친 정도, 광택 여부, 색상, 직경 및 직경 공차, 인장 강도, 강종, 판 종류, 라벨, 구성 성분, 밝기, 기본 중량, 불투명도, 평활도, 두께, 가공 크기, 출력량, 배기량, 길이, 너비, 무게, 구성비 등
③ 사진·도면·사양·표준 등 시각적 요소를 제공하는 자료를 첨부하여 주시기 바랍니다.

3. 관세·통계 통합 품목 분류표상 품목번호 차이

주) 기획재정부고시 제2021-31호에 따른 관세·통계 통합 품목 분류표의 품목번호 및 품명을 기재하여 주시기 바랍니다.

4. 대체할 수 있는 범위 및 용도

주) ① 최종 사용 용도가 동일한지 여부
② 덤핑방지관세 물품 및 우회덤핑 조사신청 물품을 이용하여 공통된 제품을 생산하거나, 공통적으로 사용될 수 있는지 여부 등을 중심으로 상호 대체가능 범위에 대해 기재하여 주시기 바랍니다.
③ 사진·도면·사양·표준 등 시각적 요소를 제공하는 자료를 첨부하여 주시기 바랍니다.

첨부. 자료의 정확성 입증

본인은 "회사명"에 소속된 "직책, 이름"[으]로서, 제출 자료에 포함된 모든 정보는 본인이 아는 한 완벽하고 정확함을 증명합니다.

(서명)
_____

< 증빙자료 목록 >

1. 신청인이 국내 생산자인 경우 신청인 법인 등기부 등본, 대주주 및 이사회 명부, 결산서 또는 감사보고서[외부 회계감사 대상 법인인 경우]

2. 신청인인이 생산자 협회인 경우 협회 정관, 협회 회원명부 등 국내 생산자 인적사항 자료

3. 대리인이 있는 경우 대리인의 선임장 사본

4. 신청인별로 본사의 전화번호, 이메일 등 연락 방법

5. 공급자와 생산자의 주소, 전화번호, 이메일 등 연락 방법

6. 수입자와 수요자의 주소, 전화번호, 이메일 등 연락 방법

7. 덤핑방지관세 물품에 대한 덤핑방지관세 부과에 대한 기획재정부령

8. 덤핑방지관세 물품과 관련된 무역위원회의 의결서 공개본

9. 우회덤핑 조사 대상 물품의 사진·도면·사양·표준 등 시각적 요소를 제공하는 자료 및 품명·규격·특성·용도·생산자·생산량 등 우회덤핑 조사신청 물품과 덤핑방지관세 물품의 물리적 특성 및 화학성분, 용도, 생산설비, 변경행위에 소요되는 비용에 대한 비교 평가 증빙자료

10. 우회덤핑 조사신청 물품과 같은 종류의 국내 물품 품명·규격·특성· 용도·생산자·생산량별 비교평가 증빙자료

11. 신청인 및 국내업체별 공표된 재무제표[손익계산서, 대차대조표, 매입매출장] 및 우회덤핑 조사신청 물품이 단일 생산품이 아닌 경우는 별도로 작성한 재무제표